MÉLANGES
DE LOGIQUE

ŒUVRES D'EMMANUEL KANT

TRADUITES EN FRANÇAIS

13 VOL. IN-8°, 70 Fr.

Chaque ouvrage se vend séparément.

Critique de la raison pure. 2 forts vol. in-8...... 15 »
Critique du jugement, suivie d'observations sur le sentiment du beau et du sublime. 2 vol. in-8.......... 12 »
Examen de la critique du jugement. 1 vol. in-8.. 4 50
Critique de la raison pratique, précédée des fondements de la métaphysique des mœurs. 1 vol. in-8. 6 »
Examen des fondements de la métaphysique des mœurs, et de la Raison pratique. 1 vol....... 6 »
Logique, 2ᵐᵉ édition. 1 vol. in-8.................... 4 »
Mélanges de Logique. 1 fort vol. in-8............ 6 50
Principes métaphysiques du Droit, suivis du projet de paix perpétuelle et de divers fragments du même auteur sur le Droit naturel. 1 fort vol. in-8..... 6 »
Principes métaphysiques de la morale, 3ᵉ édit. augmentée; — 1° du fondement de la métaphysique des mœurs; — 2° de la Pédagogique; — 3° de divers fragments de morale. 1 fort vol. in-8.......... 6 »
La Religion dans les limites de la raison. 1 vol. in-8.. 6 50
Leçons de Métaphysique, publiées par Pœlitz. 1 vol. in-8.. 6 50

MÉLANGES
DE LOGIQUE
D'EMM. KANT

Traduits de l'Allemand

Par J. TISSOT

DOYEN DE LA FACULTÉ DES LETTRES DE DIJON

LIBRAIRIE PHILOSOPHIQUE DE LADRANGE
RUE SAINT-ANDRÉ-DES-ARTS, 41.

1862

SAINT-CLOUD. — IMPRIMERIE DE Mme Vve BELIN

AVERTISSEMENT DU TRADUCTEUR.

En donnant la seconde édition de la Logique de Kant il y a peu de mois, j'avais eu l'idée de la faire suivre des douze fragments qui composent le présent volume. Mais je m'aperçus bientôt que la Logique n'eût occupé qu'une bien petite place dans cet ensemble, et qu'il valait mieux la publier séparément que de la mettre à la tête de tant d'accessoires. Je l'ai seulement fait suivre d'un fragment essentiel, qui a pour but de faire voir que les trois dernières figures du syllogisme reviennent essentiellement à la première.

Des douze autres fragments, que je publie aujourd'hui, un seul avait été donné en entier dans la première édition de la Logique. Les autres n'y figuraient qu'en extraits analytiques, ou n'y étaient pas même mentionnés.

a.

En relisant ces morceaux, j'y ai trouvé un double intérêt, celui d'un fond où le penseur judicieux et pénétrant, souvent ironique et spirituel, se retrouve toujours, et celui qui se rattache à l'histoire de la philosophie en général, à celle de la philosophie critique en particulier.

J'ai suivi l'ordre chronologique. On voit mieux ainsi la variété, les progrès et l'enchaînement des pensées de l'auteur.

J'aurais pu, si je n'avais craint de grossir démesurément le volume, donner une analyse de chaque morceau et de nombreuses explications. Je ferai remarquer seulement : 1° que le deuxième fragment obtint l'accessit dans un concours à l'académie de Berlin, où le mémoire de Mendelssohn sur le même sujet fut couronné ; 2° que la polémique du dixième est dirigée contre la philosophie sentimentale de Jacob ; 3° qu'enfin, J. Georges Schlosser, dont il s'agit à la fin du douzième, avait vivement attaqué la philosophie de Kant, qui n'en reçut pas un grand dommage. Il était, dit M. Rosenkranz, trop attaché aux anciens, et praticien trop distingué pour avoir l'ouverture de sens et le loisir nécessaires pour entrer bien avant par la pensée et par la pratique dans la philosophie de Kant. La forme semble l'avoir en partie rebuté ; il la traite durement. C'est peut-être le cas de dire que je ne pouvais, sans tronquer la pensée de l'auteur ou sans dénaturer entièrement le tissu de la phrase et l'ordonnance des idées, supprimer les propositions incidentes si nombreuses qui contribuent à rendre la lecture de Kant difficile, ni les détacher pour en faire des phrases accessoires à part : les deux remèdes auraient été pires que le mal. J'ai laissé le mal. Il tient essentiellement à la pensée presque toujours très-complexe de l'auteur. Je me suis donc appliqué à rendre cette pensée avec l'expression de sa physionomie originale. Ceux qui ont l'habitude des méditations philosophiques ne se laisseront pas rebuter par ces légères difficultés de forme ; quant à ceux qui ne l'ont pas, ils se garderont bien de débuter par un ouvrage dont l'intelligence suppose une connaissance assez étendue de ces sortes de matières.

La difficulté de les entendre est bien autrement grande quand on les lit dans des langues étrangères ou mortes, et qu'aux imperfections de la diction de l'auteur s'ajoutent trop souvent des fautes d'impression. J'avais à surmonter toutes ces difficultés réunies, surtout pour les deux fragments qui n'ont été écrits qu'en latin. Il est bon que le lecteur ne l'ignore pas. Il serait juste qu'il voulût bien s'en souvenir.

Dijon, le 13 juillet 1862.

J. Tissot.

I

EXPLICATION NOUVELLE

DES PREMIERS PRINCIPES

DE LA

CONNAISSANCE MÉTAPHYSIQUE

QUE DÉFENDRA

M. EMMANUEL KANT
de Kœnigsberg,

DANS UNE DISCUSSION PUBLIQUE,

avec l'autorisation de la très-illustre faculté de philosophie, pour être agrégé de cette faculté,

Le 27 septembre, de huit heures à midi, dans la salle des cours de Philosophie,

SOUTENANT :

CHRISTOPHE-ABRAHAM BORCHARD,
d'Heiligenbronn, en Prusse, étudiant en théologie.

ARGUMENTANTS :

JEAN-GODEFROY MOELLER,
de Kœnigsberg, étudiant en théologie ;

FRÉDÉRIC-HENRI-SAMUEL LYSIUS
de Kœnigsberg, étudiant en droit,

ET

JEAN-REINHOLD GRUBE,
de Kœnigsberg, étudiant en droit.

L'AN MDCCLV.

OBJET DE CETTE DISSERTATION.

J'espère jeter un peu de jour sur les premiers principes de notre connaissance, et mon dessein est d'exposer, dans le plus petit nombre de pages que je pourrai, le résultat de mes méditations sur cette matière ; je m'abstiendrai donc avec soin de tout développement superflu, ne conservant que les parties essentielles d'une argumentation vigoureuse et puissante, sans songer à les revêtir d'un style élégant et gracieux. Si parfois, dans l'accomplissement obligé de cette tâche, je juge à propos, dans l'intérêt de la vérité, de m'écarter de l'opinion de savants distingués, et quelquefois même de les nommer tout en les réfutant, leur désintéressement éclairé m'est un sûr garant que je ne leur semblerai pas vouloir amoindrir le moins du monde l'estime dont ils sont dignes, et j'ai la conviction qu'ils ne se formaliseront pas de cette manière d'en user à leur égard. Car au milieu du conflit des opinions chacun a le droit d'avancer la sienne, et, pourvu qu'on s'interdise les vivacités et les intempérances d'une discussion passionnée, il n'est pas défendu d'examiner modestement et de rétorquer les arguments des autres, et je ne sache pas que, de l'avis de juges équitables, il y ait rien en cela de contraire aux lois du bon ton et des convenances.

Ainsi donc et d'abord, pour ce qui est des arguments allégués, avec plus de confiance en général que de raison, en faveur de l'autorité suprême, universelle et incontestable, du principe de contradiction, je les soumettrai autant que possible à un examen plus minutieux, et je tâcherai d'indiquer en peu de mots ce qu'il y a de raisonnable à dire sur ce sujet. Puis, abordant la loi de la raison suffisante, je dirai tout ce qui peut en rendre l'idée plus précise et la démontrer, en même temps que je ferai connaître les difficultés qui semblent en être inséparables, et j'y opposerai toute la vigueur de raisonnement dont je suis capable. Enfin faisant un pas de plus, j'établirai deux nouveaux principes de la connaissance métaphysique, principes qui ne me paraissent pas dépourvus d'une certaine importance ; non pas qu'ils soient premiers et des plus simples, mais ils sont par cela même d'une application pratique et ne laissent pas d'avoir en même temps une très-haute portée spéculative. En abordant un pareil sujet, je n'ignore pas que je m'engage dans un chemin inconnu, où je risquerai de m'égarer à chaque pas; c'est pourquoi je compte sur un lecteur impartial, bienveillant, et disposé à interpréter toutes choses dans le sens le plus favorable.

SECTION I.

Du principe de contradiction.

AVERTISSEMENT.

Comme je veux m'appliquer ici à être aussi succinct que possible, je ne crois pas nécessaire de reproduire les axiomes, non plus que les définitions qui reposent sur des notions familières à tout le monde, et qui sont conformes à la droite raison; je n'imiterai pas l'exemple de ceux qui, stériles observateurs de je ne sais quelle méthode, ne croient avoir procédé d'une manière sûre et logique qu'autant que, prenant un sujet d'aussi haut que possible, ils ont fait le recensement de toutes les erreurs qu'ils ont découvertes dans les écrits des philosophes. Qu'on ne me reproche donc pas cette omission volontaire. J'ai cru bon d'en avertir le lecteur.

Proposition I.

Il n'y a pas pour toutes les vérités un principe UNIQUE, *absolument premier, universel.*

Un principe premier et véritablement unique devrait être une proposition simple, autrement elle serait composée, et comprenant par le fait plusieurs autres propositions, elle n'aurait d'un principe unique que la trompeuse apparence. Or, une proposition vraiment simple est nécessairement ou affirmative, ou négative. Si elle est l'un ou l'autre, elle ne peut être un principe universel, comprenant toutes ces vérités sans exception ; car si vous dites qu'elle est *affirmative*, elle ne pourra être le principe absolument premier des vérités négatives ; si vous la supposez *négative*, comment servirait-elle de principe aux vérités positives ?

Admettons que cette proposition soit négative ; et tout d'abord, comme toutes les vérités découlent de leurs principes soit directement, soit indirectement, n'est-il pas évident que si vous concluez *directement* d'un principe négatif, vous n'obtiendrez que des propositions négatives. Si maintenant vous voulez tirer *indirectement* de ce même principe des propositions affirmatives, convenez que vous n'y arriverez qu'à l'aide de cette proposition intermédiaire :

Cujuscumque oppositum est falsum illud est verum (Est vrai tout ce dont l'opposé est faux). Cette proposition, affirmative de sa nature, ne pourra résulter ni directement du principe négatif, ni indirectement à plus forte raison, puisqu'elle aurait besoin pour cela d'elle-même. Ainsi elle ne pourra en aucune façon résulter du principe négatif. Puis donc qu'on ne saurait obtenir les propositions affirmatives d'un seul et unique principe négatif, un pareil principe n'est pas universel. Semblablement, si vous prenez pour principe absolument premier une proposition affirmative, vous ne pourrez certainement pas en tirer directement les propositions négatives. Si vous l'essayez par voie indirecte, il faudra faire intervenir cette autre proposition : *Si oppositum alicujus est verum illud est falsum* (Est faux ce dont l'opposé est vrai) ; c'est-à-dire que si l'opposé de quelque chose est affirmé, ce quelque chose même est nié. Et comme la proposition est négative, on voit qu'elle ne pourra dériver du principe affirmatif ni directement, ce qui est évident, ni indirectement, à moins de partir d'elle-même. Ainsi donc, malgré tous vos efforts, vous ne détruirez pas la proposition que j'ai établie tout à l'heure, à savoir qu'il n'y a pas de principe unique, dernier, de toutes les vérités sans exception.

Proposition II.

Il y a deux principes absolument premiers de toutes les vérités : l'un est celui des propositions affirmatives, à savoir; Quicquid est est (Tout ce qui est est); *l'autre est celui des propositions négatives, à savoir :* Quicquid non est non est (tout ce qui n'est pas n'est pas). *On les comprend tous les deux à la fois sous la dénomination, généralement admise, de principe de l'identité.*

Je répète qu'il y a deux sortes de démonstration, la démonstration directe et la démonstration indirecte. La première déduit la vérité en partant de la convenance des notions du sujet et du prédicat, et a toujours pour fondement cette règle : Lorsque envisageant le sujet, soit en lui-même, soit dans ses rapports, nous voyons qu'il présente les caractères renfermés dans la notion du prédicat, ou qu'il exclut ceux qui sont exclus par cette même notion, nous devons en conclure que ce prédicat convient à ce sujet. En d'autres termes et plus clairement : Quand il y a identité entre la notion du sujet et celle du prédicat, la proposition est vraie. Ce qui revient à dire en termes très-généraux, comme doit l'être un premier principe : *Quicquid est est, et quicquid non est non est* (Tout ce qui est est, et tout ce qui n'est pas n'est pas). Toute démonstration directe repose donc sur le principe de l'identité, qui est le principe premier.

Quant à la déduction par voie indirecte, elle a aussi pour fondement un double principe. Il faut toujours revenir à ces deux propositions : 1° *Cujuscunque oppositum est falsum illud est verum* (Est vrai tout ce dont l'opposé est faux); en d'autres termes : l'opposé de ce qui est nié doit être affirmé; 2° *Cujuscunque oppositum est verum illud est falsum* (Est faux tout ce dont l'opposé est vrai). De ces deux propositions, la première donne naissance à des propositions affirmatives, la seconde à des propositions négatives. Réduisez la première à sa plus simple expression, vous aurez : *Quicquid non non est illud est* (Tout ce qui n'est pas non existant existe). Car l'opposé de la négation est d'abord exprimé par la particule *non*, puis la négation rendue par la même particule *non* répétée. La deuxième proposition se formulera en ces termes : *Quicquid non est non est* (Tout ce qui n'est pas n'est pas). (Ici encore le contraire est exprimé par la particule *non*, puis la négation ou la fausseté par la même particule répétée.) Si maintenant, comme l'exige la loi de la caractéristique, on veut se rendre compte des termes de la première proposition, la première particule *non* entraînant la suppression de la seconde, il restera, quand on les aura retranchées toutes deux, la proposition : *Quicquid est est* (Tout ce qui est est). Quant à la seconde proposition ainsi conçue : *Quicquid non est non est*, elle indique clairement que, dans la démonstration par voie indirecte, le principe de l'identité, envisagé sous son double aspect, occupe la première place, et qu'en conséquence il est le dernier fondement de toute connaissance.

Scolie. Deux mots seulement sur l'art de combiner les signes; ce que je vais en dire, sans être d'une bien grande importance, n'est pas précisément à dédaigner. Les termes dont je me sers pour expliquer ces principes présentent, par leur extrême simplicité, une analogie frappante avec les signes. Leibniz vantait fort une caractéristique dont il était l'inventeur; tous les savants ont regretté qu'elle fût ensevelie avec ce grand homme. Ce regret m'est une occasion de dire mon sentiment sur l'art combinatoire. J'avoue que dans ces paroles du grand philosophe, je crois apercevoir le testament du père de famille dont parle Esope : étant sur le point d'expirer, il déclara en secret à ses enfants qu'il avait un trésor caché quelque part dans son champ, mais, surpris par la mort, il ne put leur indiquer l'endroit où il l'avait enfoui; ce fut pour les enfants l'occasion de fouiller leur champ avec la plus grande ardeur, de le creuser et de le retourner en tous sens; tant et si bien que, quoique trompés dans leurs espérances, ils finirent par se trouver plus riches de la plus grande fécondité de leur champ. Nul doute que ce ne soit là le seul fruit à retirer de la recherche de ce mécanisme inventé par Leibniz, si l'on doit s'en occuper encore. Mais qu'il me soit permis de dire la vérité. J'ai lu quelque part, dans la *Chimie de Boerhaave*, des observations pleines de finesse sur les plus célèbres d'entre les alchimistes ; quand ils eurent, nous dit-il, découvert des secrets nombreux et vraiment surprenants, ils finirent par s'imaginer que le moindre effort leur suffirait désormais pour disposer à leur fantaisie de toutes les forces de la nature ; ayant toujours hâte de deviner, ils racontaient comme faits accomplis les phénomènes qu'à la suite d'un coup d'œil très-rapide ils supposaient pouvoir ou plutôt devoir arriver. Je crains bien que cet incomparable philosophe n'ait été inévitablement entraîné dans une semblable erreur. En effet, si l'on est en possession des principes absolument premiers, je ne trouve pas mauvais qu'on use d'un certain art caractéristique, puisqu'on peut opérer à l'aide des notions et avec les termes les plus simples comme signes ; mais qu'on essaye d'exprimer la connaissance composée au moyen de signes ou caractères, alors toute la pénétration de l'esprit s'émoussera contre l'écueil de ce procédé, et se trouvera embarrassée dans des difficultés inextricables.

Un philosophe d'un grand mérite a tenté d'expliquer le principe de contradiction à l'aide de figures, représentant la notion affirmative par le signe $+\,A$, et la notion négative par le signe $-\,A$; il a obtenu l'équation : $+A - A = 0$; ce qui signifie : affirmer et nier la même chose, est l'impossible ou le néant. Que cet homme illustre me permette de le dire, je ne vois autre chose dans sa tentative qu'une pétition de principe; car si l'on donne au signe de la notion négative le pouvoir de faire disparaître la notion affirmative qui lui est jointe, évidemment on suppose le principe de contradiction, par lequel on établit que des notions contraires se détruisent mutuellement. La démonstration de notre proposition : *Cujuscunque oppositum est falsum illud est verum* (Est vrai tout ce dont l'opposé est faux), est à l'abri d'un pareil reproche. Enonçons-la dans ses termes les plus simples, nous avons : *Quicquid non non est illud est* (Tout ce qui n'est pas non existant existe); en supprimant les deux particules *non*, nous ne faisons qu'en simplifier la signification, et nous retrouvons nécessairement le principe de l'identité : *Quicquid est est* (Tout ce qui est est).

Proposition III.

Établir la supériorité du principe d'identité *sur le* principe de contradiction, *comme règle su-*

préme (principatus) dans la subordination des vérités.

La proposition qui prend le nom de principe absolument premier, et la plus générale de toutes les vérités, doit être énoncée dans les termes les plus simples d'une part, et les plus généraux de l'autre; caractère dont le double principe de l'identité me paraît manifestement marqué. Car de tous les termes affirmatifs le plus simple est le mot *est*, et de tous les termes négatifs, les mots *non est*. En outre, on ne peut rien concevoir de plus universel, à l'aide des notions les plus simples. En effet, les notions qui sont plus composées empruntent leur lumière de celles qui sont simples; et, comme elles sont plus déterminantes que ces dernières, elles ne peuvent être aussi générales.

Le principe de contradiction, exposé dans la proposition : *Impossibile est idem simul esse ac non esse* (Il est impossible qu'une chose soit et ne soit pas en même temps), n'est par le fait que la définition de l'impossible, car ce qui se contredit, c'est-à-dire qui est conçu comme étant et n'étant pas en même temps, s'appelle l'impossible. Comment prouver que toutes les vérités doivent être ramenées à cette définition comme à une pierre de touche? Car il n'est pas nécessaire de déduire toute vérité de l'impossibilité de son opposé, et, à dire vrai, cela même ne suffit pas. En effet, on ne peut passer de l'impossibilité d'un opposé à l'affirmation d'une vérité qu'à l'aide de cette proposition intermédiaire : *Cujuscunque oppositum est falsum illud est verum* (Est vrai tout ce dont l'opposé est faux), principe dont l'autorité est par conséquent égale à celle du principe de contradiction, comme nous l'avons montré précédemment.

Enfin, revendiquer de préférence en faveur d'une proposition négative le principal rôle dans le domaine du vrai, en faire le principe et le fondement de toutes les vérités, n'est-ce pas là, je vous le demande, une prétention excessive et plus que paradoxale, puisqu'on ne voit pas pourquoi une vérité négative jouirait de ce privilége plutôt qu'une vérité affirmative? Faisons mieux, et, comme il y a deux ordres de vérités, assignons-leur deux principes suprêmes, l'un affirmatif, l'autre négatif.

Scolie. Peut-être ces recherches, outre qu'on a dû les trouver subtiles et pénibles, ont-elles paru parfaitement superflues et dénuées de toute utilité, si l'on considère la fécondité des corollaires. C'est bien aussi mon avis ; car l'esprit humain n'a pas besoin d'avoir étudié un tel principe pour être à même de l'appliquer en toute occasion spontanément et d'après une certaine loi de sa nature. Mais n'est-ce pas, par cela même, un sujet digne d'étude, que de remonter la chaîne des vérités jusqu'au premier anneau? Et certes, on ne doit pas dédaigner de mieux connaître ainsi la loi qui régit les raisonnements de notre intelligence. Et, pour n'en alléguer qu'un seul motif, comme tout notre raisonnement revient à découvrir l'identité du prédicat, considéré soit en lui-même ou dans son rapport avec le sujet, nous devons en conclure que Dieu n'a que faire du raisonnement. En effet, puisque toutes les vérités brillent à son regard de leur plus pur éclat, il saisit infailliblement, par un acte unique d'intuition, les rapports de convenance et ceux de disconvenance, et se passe de l'analyse, à laquelle nous condamnent immédiatement les ténèbres qui obscurcissent notre entendement.

SECTION II.

Du principe de la raison déterminante, appelée vulgairement suffisante.

DÉFINITION.

Proposition IV.

Déterminer *quelque chose, c'est en poser un prédicat avec exclusion de son opposé. Ce qui dé-*

termine un sujet par rapport à un certain prédicat en est dit la raison. *Cette raison se distingue en* antécédemment *déterminante, et en* conséquemment *déterminante. La raison antécédemment déterminante est celle dont la notion précède ce qui est déterminé, c'est-à-dire la notion sans laquelle le déterminé n'est pas intelligible* (1). *La raison conséquemment déterminante est celle qui ne serait pas posée, si la notion qui en est déterminée ne l'était déjà pas d'ailleurs. La première répond à la question* pourquoi, *c'est-à-dire à la raison d'être ou de devenir; la seconde, à la question de* nature, *d'existence* (quod), *c'est-à-dire à la raison de connaître.*

Preuves de la réalité de notre définition. — La notion de raison, d'après le sens commun, opère une liaison, un enchaînement, entre un sujet et un certain prédicat. Aussi est-il toujours à la recherche d'un sujet et d'un prédicat qui lui conviennent. Cherche-t-on la raison du cercle ? Je ne comprends pas bien ce qu'on cherche, à moins qu'on n'ajoute un prédicat fourni par la géométrie, par exemple, que

---

(1) On peut rapporter à la raison antécédemment déterminante, la raison *identique*, où la notion du sujet détermine ce sujet par la parfaite identité avec le prédicat. Telle est la proposition : le triangle a trois côtés, proposition où la notion du déterminé ne suit ni ne précède la notion du déterminant.

c'est, de toutes les figures d'un égal périmètre, celle dont la capacité est la plus grande. Cherchons-nous la raison des maux qui affligent ce monde ? Nous avons en conséquence la proposition : Le monde renferme beaucoup de maux ; ce que nous cherchons ce n'est pas la raison de connaître, car l'expérience que nous en avons nous en tient lieu, mais bien la raison d'être qui répond à la question pourquoi ou de contingence (*fiendi*), c'est-à-dire la raison qui, une fois posée, nous fait concevoir que le monde n'est pas antécédemment indéterminé par rapport à ce prédicat, mais qui nous permet de poser le prédicat de maux avec exclusion de son opposé. Ainsi la raison détermine l'indéterminé. Et comme toute vérité résulte de la détermination d'un prédicat dans un sujet, la raison déterminante n'est pas seulement le *criterium* de la vérité, elle en est encore la source. Si l'on s'en écarte, on trouve encore une multitude de possibilités, mais on ne trouve plus aucune vérité. C'est donc pour nous un point indéterminé que de savoir si la planète de Mercure tourne ou non autour de son axe, puisque nous n'avons pas une raison qui pose en principe l'une de ces deux hypothèses avec exclusion de son opposé ; chacun des deux cas reste possible, aucun d'eux n'est le vrai par rapport à notre connaissance.

Pour expliquer par un exemple la différence entre

les raisons *antécédemment* déterminantes et les raisons *conséquemment* déterminantes, je dirai que les éclipses des satellites de Jupiter sont celles qui fournissent la *raison de connaître* par la vitesse assignable de sa lumière successive et propagée en conséquence. Mais cette raison ne détermine que cette seule vérité ; car si Jupiter n'avait pas de satellites, et si leurs révolutions n'étaient pas suivies d'occultations, la lumière n'en serait pas moins animée d'un mouvement successif, quoique nous l'ignorassions peut-être. En d'autres termes, et pour me rapprocher davantage de la définition donnée : les phénomènes des satellites de Jupiter, prouvant le mouvement successif de la lumière, supposent cette propriété même de la lumière, sans laquelle ces phénomènes seraient impossibles, et par conséquent ne déterminent par là que cette seule vérité. Quant à la raison du fait (*fiendi*), à savoir, pourquoi le mouvement de la lumière est accompagné d'une certaine durée assignable, si l'on s'en rapporte à Descartes, cette raison tiendrait à l'élasticité des globules élastiques de l'air, qui, d'après les lois de l'élasticité, cédant quelque peu au choc, finissent par rendre perceptible la somme, accumulée dans une immense série, des instants absorbés par chaque globule. Cette raison serait antécédemment déterminante ; c'est-à-dire que si elle n'était pas posée il n'y aurait pas lieu au déterminé.

Car si les globules de l'éther étaient parfaitement durs, il n'y aurait aucun intervalle perceptible de temps, malgré les immenses distances parcourues, entre l'émission et l'arrivée de la lumière.

La définition de l'illustre Wolf, péchant en un point essentiel, m'a semblé devoir être corrigée. Il définit en effet la raison, ce qui permet de concevoir pourquoi quelque chose est plutôt que de n'être pas. Le défini se trouve certainement mêlé ici à la définition ; car, bien que la conjonction *pourquoi* paraisse si facile à saisir au sens commun qu'elle semble pouvoir être mise dans la définition, elle suppose encore la notion de raison. Car, en examinant bien, on trouve qu'elle signifie la même chose que *par quelle raison*. La substitution ainsi faite, la définition de Wolf revient donc à celle-ci : La raison est ce qui permet de concevoir *pour quelle raison* quelque chose est plutôt que de n'être pas.

J'ai cru également convenable de substituer à l'expression de *raison suffisante* celle de *raison déterminante ;* en quoi j'ai l'approbation de Crusius ; car le mot *suffisant* est ambigu, comme il le fait bien voir, parce qu'on n'aperçoit pas de suite le degré de suffisance. Au contraire, déterminer étant affirmer de telle sorte que tout opposé soit exclu, ce mot indique ce qui suffit certainement pour que la chose doive être conçue ainsi et pas autrement.

Proposition V.

Rien n'est vrai sans une raison déterminante.

Toute proposition vraie indique qu'un sujet est déterminé par rapport à un prédicat, c'est-à-dire que ce prédicat est affirmé à l'exclusion du prédicat opposé. Dans toute proposition vraie l'opposé du prédicat affirmé est donc nécessairement exclu. Or, un prédicat auquel répugne une autre notion affirmée est exclu en vertu du principe de contradiction. Il n'y a donc pas d'exclusion où il n'y a pas de notion qui répugne à l'opposé qu'il s'agit d'exclure. Toute vérité comprend donc quelque chose qui, en excluant le prédicat opposé, détermine la vérité de la proposition. Ce qui revient à dire, qu'on doit mettre en principe qu'il n'y a pas de vérité sans raison déterminante.

Autre preuve du même théorème.

On peut comprendre, en partant de la notion de raison, lequel de deux prédicats opposés doit être attribué au sujet, lequel doit en être nié. Supposé que quelque chose fût vrai sans raison déterminante, il n'y aurait rien qui fît voir lequel de deux opposés doit être attribué au sujet, lequel doit être nié; ni l'un ni l'autre donc n'est exclu, et le sujet reste indéterminé par rapport à chacun des deux prédicats ; en sorte qu'il n'y a pas lieu à la vérité, qui cependant, par hypothèse, a été considérée cemme existante. Ce qui répugne manifestement.

Scolie. Le sens commun a toujours mis en principe que la connaissance du vrai a pour fondement la vue d'une raison. Mais nous nous contentons souvent d'une raison conséquemment déterminante, lorsqu'il ne s'agit que de certitude ; mais on voit facilement, par le théorème qui précède et par la définition, considérés ensemble, qu'il y a toujours une raison antécédemment déterminante, ou, si l'on veut, une raison génétique, ou du moins identique, puisque la raison conséquemment déterminante ne fait pas la vérité mais l'explique. Voyons maintenant quelles raisons déterminent l'*existence*.

Proposition VI.

Il serait absurde d'admettre que quelque chose a en soi la raison de son existence.

En effet, tout ce qui renferme en soi la raison de l'existence de quelque chose, est la cause de cette chose. Quelque chose qui aurait en soi-même la raison de son existence serait cause de soi-même. Or, comme la notion de cause est naturellement antérieure à la notion d'effet, la notion d'effet est donc postérieure : la même chose serait donc en même temps antérieure et postérieure à elle-même. Ce qui est absurde.

Corollaire. Tout ce qui s'offre à l'esprit comme existant d'une existence absolument nécessaire, n'existe pas par quelque raison, mais parce que l'opposé est absolument inconcevable. Cette impossibilité d'un opposé est la raison de connaître l'existence, mais elle manque absolument de raison antécédemment déterminante. *Il existe;* c'est tout ce qu'il convient d'en penser et d'en dire.

Scolie. On trouve, à la vérité, cette proposition dans la bouche de tous les philosophes modernes : que Dieu contient en lui-même sa raison d'être. Je ne puis être de cet avis. Il peut paraître dur à ces braves gens de refuser à Dieu, au principe dernier et parfait des raisons et des causes, sa raison d'être; et comme il n'est pas possible de lui reconnaître une cause extérieure, ils pensent que cette cause est en lui; supposition aussi peu raisonnable que possible. Car, dès qu'on est arrivé à un principe en remontant la chaîne des raisons, il est évident qu'il faut s'arrêter et mettre un terme à la question par une réponse définitive. Je sais bien qu'ils recourent à la notion même de Dieu pour en déterminer l'existence même; mais il est facile de voir que ce n'est là qu'une opération toute idéale, qu'il n'y a rien d'effectué réellement. On se fait une notion d'un certain être en qui est la plénitude de la réalité ; or, il faut reconnaître qu'on est obligé de lui accorder par cette notion jusqu'à l'existence. Tel est donc l'argument : si toutes les réalités se trouvent réunies sans distinction de degré dans quelque être, cet être existe. Si elles sont simplement conçues réunies de la sorte, l'existence de cet être n'est elle-même qu'en idée. Mieux valait donc raisonner comme il suit : en formant la notion d'un certain être que nous appelons Dieu, nous l'avons déterminé de telle sorte que l'existence s'y trouve comprise. Si donc la notion ainsi préconçue est vraie, il est vrai aussi que Dieu existe. Ceci soit dit à l'adresse de ceux qui admettent l'argument de Descartes.

Proposition VII.

Il existe un être dont l'existence précède en quelque sorte la possibilité de cet être, celle de toutes choses, un être qui est par cette raison absolument nécessaire. Cet être c'est Dieu.

Comme la possibilité n'a lieu que par la non-répugnance de certaines notions réunies, et qu'en conséquence la notion de possibilité résulte d'une comparaison; comme il est nécessaire aussi que dans toute comparaison il y ait des choses à comparer, et qu'il n'y ait pas de comparaison possible où il n'y a rien du tout, et que la comparaison corresponde à cette notion de la possibilité ; il s'ensuit que rien ne peut être conçu possible que ce qui existe réellement dans toute notion possible, et que même (puisqu'autrement il n'y aurait rien du tout de possible, c'est-à-dire qu'il n'y aurait rien que d'impossible) il existe d'une existence absolument nécessaire. Or, il est nécessaire que toute cette réalité de toute nature existe réunie dans un seul être.

Supposé en effet que ces réalités qui sont comme la matière de toutes les notions possibles, se trouvent réparties entre plusieurs choses existantes, chacune d'elles aurait une existence limitée par une certaine raison, c'est-à-dire qu'elle serait inséparable de quelques privations. Et comme l'absolue nécessité ne convient pas moins à ces privations qu'aux réalités, et qu'elles sont cependant nécessaires à la complète détermination de la chose, détermination sans laquelle rien ne saurait exister, les réalités limitées par cette raison n'existeraient donc que d'une manière contingente. Il faut donc, pour qu'il y ait nécessité absolue, qu'elles existent sans limitation, c'est-à-dire qu'elles constituent un être infini. La pluralité d'un pareil être, si l'on en peut imaginer une, n'étant qu'une répétition faite un certain nombre de fois, il faut dire, puisque la contingence est opposée à la nécessité absolue, qu'il n'existe qu'un seul être absolument nécessaire.

Scolie. Voilà une démonstration de l'existence de Dieu aussi essentielle que possible ; et bien qu'il n'y ait pas lieu à une démonstration génétique proprement dite, elle est cependant fondée sur une raison parfaitement première, à savoir, la possibilité même des choses. D'où il résulte que si l'on fait disparaître Dieu par la pensée, ce n'est pas seulement l'existence des choses qui succombe avec lui, c'est encore leur possibilité intrinsèque. Car bien qu'on ait coutume d'appeler absolument nécessaires des essences (qui consistent dans la possibilité interne), il serait plus juste de dire qu'elles *conviennent aux choses d'une manière absolument nécessaire.* En effet, l'essence du triangle, qui consiste dans l'assemblage de trois côtés, n'est pas nécessaire en soi ; quel est, en effet, celui qui, sain d'esprit, soutiendrait qu'il est nécessaire en soi que trois côtés soient toujours conçus réunis ? J'accorde bien que cette réunion est nécessaire au triangle, c'est-à-dire que, posé l'hypothèse que le triangle soit conçu ou pensé, on conçoit nécessairement trois côtés. Ce qui revient à dire que si quelque chose existe il existe. Mais de savoir comment il serait possible d'avoir la pensée des notions de côtés, d'espace à renfermer, etc., c'est-à-dire comment il y a en général quelque chose susceptible d'être conçu, d'où plus tard, par voie de combinaison, de limitation, de détermination, résulte une notion quelconque d'une chose à penser, c'est ce qui ne peut être parfaitement conçu qu'à la condition que tout ce qu'il y a de réel dans une notion existe en Dieu, source de toute réalité. Nous n'ignorons pas que Descartes a donné de l'existence de Dieu un argument tiré de la notion interne même de Dieu ; mais j'ai fait voir aussi dans la scolie du précédent paragraphe comment il s'était abusé : Dieu est l'être unique de tous les êtres, en qui l'existence est antérieure à tout le reste, ou, si l'on aime mieux, dans lequel l'existence et la possibilité sont une même chose. Faire abstraction de son existence, c'est en faire disparaître la notion.

Proposition VIII.

Tout ce qui est contingent doit avoir une raison d'être antécédemment déterminante.

Supposez qu'il en manque, rien ne fera qu'il existe. Par le fait donc que l'existence est déterminée, c'est-à-dire posée de telle sorte que tout ce qui est l'opposé de la détermination est complétement exclu, il n'y aura d'autre exclusion de cet opposé que celle qui part de la position de l'existence. Or, cette exclusion étant identique (puisque rien n'empêche la non-existence d'une chose que le fait de sa non-existence), l'opposé de l'existence sera exclu par lui-même, c'est-à-dire sera absolument impossible. En d'autres termes : la chose existera nécessairement, absolument, ce qui répugne à l'hypothèse.

Corollaire. De ce qui a été démontré suit une chose, à savoir, que la seule existence des êtres contingents réclame le secours d'une raison déterminante; que cela seul qui est nécessaire est exempt de cette loi. Il ne faut donc pas admettre dans un sens absolu que le principe de la raison antécédemment déterminante comprenne l'universalité de toutes les choses possibles.

Scolie. Je suis donc parvenu, j'aime à le croire, à éclairer de la lumière d'une certitude complète la démonstration du principe de la raison suffisante. On sait, du reste, que des philosophes contemporains, doués d'une très-grande pénétration, parmi lesquels il faut placer l'honorable Crusius, n'ont cessé de se plaindre du peu de solidité de la démonstration de ce principe, telle qu'on la trouve exposée dans tous les écrits sur cette matière. Ce grand homme désespérait si fort de pouvoir remédier à l'essence de ce mal, qu'il soutenait sérieusement que cette proposition n'était pas susceptible de démonstration, supposé même qu'elle fût vraie. Si je n'ai pas tenu à donner de ce principe une démonstration si courte, si succincte qu'elle se réduisît à un seul argument, comme on a généralement essayé de le faire ; si j'ai cru nécessaire de prendre quelque détour pour arriver à une entière certitude, je vais en dire la raison.

Il fallait d'abord distinguer soigneusement entre la raison de la vérité et la raison de l'existence, quoiqu'il eût pu sembler que l'universalité du principe de la raison suffisante dans le domaine du vrai, s'étende également à l'existence. Car si rien n'est vrai, c'est-à-dire si un prédicat ne convient à un sujet qu'autant qu'il y a raison déterminante, il s'ensuit que le prédicat de l'existence ne sera pas non plus une existence, sans cette raison même. Mais il est certain que, pour affirmer la vérité, il n'est pas besoin de la raison antécédemment déterminante, et qu'il suffit de l'identité entre le prédicat et le sujet. Mais dans les choses qui existent, il faut chercher la raison antécédemment déterminante ; s'il n'y en a pas, l'être existe alors d'une manière absolument nécessaire ; si l'existence est contingente, cette raison ne peut pas ne pas la précéder ; je l'ai prouvé. Ainsi, puisant la vérité à sa source même, nous l'avons, ce me semble, recueillie plus pure.

Le célèbre Crusius pense que certaines choses existantes sont suffisamment déterminées par le fait même de leur être, et qu'il est superflu de rien demander de plus. Titius agit en vertu de sa libre volition ; si je lui demande pourquoi il a agi d'une façon plutôt que d'une autre, il me répondra que c'est parce qu'il l'a voulu. — Mais pourquoi l'a-t-il voulu? Sotte question! pense-t-il. Lui demandez-vous pourquoi Titius n'a pas fait plutôt autre chose? il vous répondra que c'est parce qu'il a fait cela. Il pense donc que la libre volition actuelle est déterminée par son existence même, et qu'elle ne l'est pas antécédemment par des raisons antérieures à son existence. Il soutient que toutes les déterminations opposées sont exclues par la seule position du fait de l'existence, et que par conséquent la raison déterminante est inutile. Mais qu'il me soit permis de prouver encore par un autre argument, que si l'on abandonne la raison antécédemment déterminante, la chose contingente ne sera jamais suffisamment déterminée, et qu'elle ne pourra pas même exister. L'acte de la libre volition existe ; cette existence exclut l'opposé de cette détermination ; mais comme il n'a pas existé autrefois, et que l'existence ne décide pas par elle-même si elle a été ou si elle n'a pas été autrefois, l'existence de cette volition laisse indéterminée la question de savoir si elle a déjà existé auparavant ou si elle n'a pas existé. Et comme, dans une détermination, quelle qu'elle soit, il faut toujours savoir si l'être a commencé ou non, l'être restera indéterminé à cet égard, et ne pourra sortir de cette indétermination qu'à la condition qu'on en recherche non-seulement les caractères propres à l'existence interne, mais encore les notions qui peuvent se concevoir indépendamment de son existence. Mais comme ce qui détermine la non-existence antécédente d'un être réel précède la notion d'existence, et que ce qui fait que l'être actuellement existant n'existait pas auparavant, a déterminé en même temps le passage de la non-existence à l'existence (car les propositions : pourquoi ce qui existe maintenant n'a-t-il pas existé autrefois ? et pourquoi ce qui n'a pas existé autrefois existe-t-il maintenant ? sont identiques en réalité), c'est-à-dire est la raison antécédemment déterminante de l'existence ; il est suffisamment clair que, sans cette raison, il y a lieu aussi à une détermination indéfiniment diversifiée de l'être dont on peut concevoir le commencement de l'existence, et qu'ainsi la non-existence reste possible. Ceux qui pourraient trouver cette démonstration un peu obscure, à cause de la profondeur de notre analyse, pourront se contenter de ce que nous avons dit plus haut.

Enfin, je vais dire en peu de mots pourquoi je n'ai pas admis la démonstration employée par Wolff et ses disciples. Voici, pour résumer beaucoup de choses en quelques paroles, à quoi revient la démonstration de cet homme illustre, telle que nous la trouvons exposée avec lucidité par le pénétrant Baumgarten : Si quelque chose n'avait pas de raison, rien

n'en serait la raison ; donc rien serait quelque chose ;
ce qui est absurde. Mais il eût été plus juste de raisonner ainsi : Si une chose qui est n'a pas de raison,
la raison de cette chose n'est rien (*nihil est*), c'est-à-
dire un non-être. Ce que j'accorde complétement : car
s'il n'y a pas de raison, la notion qui y répond sera
celle d'une chose qui n'est pas ; mais si l'on ne peut
assigner d'autre raison à une chose que la raison à
laquelle aucune notion ne correspond, cette chose
n'aura pas de raison ; ce qui revient à la supposition. Il
ne suit pas de là une proposition absurde, comme on le
croyait. Je donnerai un exemple à l'appui de mon opinion. J'essayerai de donner une démonstration d'après
cette manière de raisonner, à savoir que le premier
homme a eu un père. Supposez, en effet, qu'il n'ait pas
été engendré, rien ne l'aurait engendré. Le premier
homme aurait donc été engendré par rien. Et comme
il y a là contradiction, il faut convenir qu'il a été engendré. Il n'est pas difficile d'échapper à ce qu'il
y a de captieux dans cet argument. Si le premier
homme n'a pas été engendré, rien ne l'a procréé.
Ce qui veut dire que celui qu'on pourrait regarder
comme son auteur n'est rien ou est un non-être. Proposition d'une parfaite certitude ; mais, prise en sens
inverse, elle prend une signification très-abusivement
détournée.

Proposition IX.

Enumérer et résoudre les difficultés auxquelles semble être sujet le principe de la raison déterminante, vulgairement appelée raison suffisante.

On peut regarder à bon droit (1) S... R... et le profond Crusius (qui est, à mon avis, je ne dirai pas le premier des philosophes allemands, mais l'un des premiers promoteurs de la philosophie dans ce pays), comme les chefs et les représentants des adversaires de ce principe. Si je suis assez heureux pour dissiper les doutes de celui-ci (et la vérité de ma cause me le fait espérer), je croirai avoir triomphé de toutes les difficultés. Il commence par critiquer la formule de ce principe ; il la trouve équivoque et d'un sens indécis. Il remarque avec justesse que la raison de connaître, la raison morale et d'autres raisons idéales, sont souvent employées à la place de raisons réelles et antécédemment déterminantes ; de sorte qu'il est souvent difficile de savoir quelle est de ces deux sortes de raisons

---

(1) Je n'entends contester en rien le mérite de l'illustre Darjes, dont les arguments, ainsi que ceux de quelques autres, contre le principe de la raison déterminante, sont d'un grand poids ; mais comme ils sont tout à fait analogues à ceux de M. Crusius, qui doivent être examinés, j'ai cru pouvoir me borner à dissiper surtout les doutes qui naissent de ces derniers, sans que des hommes si distingués puissent le trouver mauvais.

celle que l'on veut sous-entendre. Nous n'avons pas à parer ce coup, parce qu'il ne porte pas ; nos assertions y échappent. Pour peu qu'on examine nos paroles, on verra que nous distinguons soigneusement entre la raison de vérité et la raison de réalité (*actualitatis*). Dans la première, il s'agit seulement de cette position du prédicat qui a lieu par l'identité des notions comprises dans le sujet (considéré soit en lui-même, soit dans ses rapports) avec le prédicat; le prédicat, déjà inhérent au sujet, se trouve ainsi à découvert. Par la raison d'actualité, où les choses sont posées comme existantes, on examine, non pas si l'existence de ces choses est déterminée, mais *d'où* elle l'est. Si rien n'exclut l'opposé, la chose doit être affirmée existante, non-seulement d'une existence absolue, mais aussi par elle-même et d'une manière absolument nécessaire. Mais si l'existence de la chose est contingente, il faut qu'il y ait d'autres choses qui, la déterminant ainsi et non autrement, excluent déjà d'une manière antécédente l'opposé de l'existence de cette chose. Cela soit dit de notre démonstration en général.

Mais une objection de ce grand homme, qui peut donner plus d'embarras aux défenseurs de ce principe, est celle par laquelle il nous accuse, avec une vigueur de raisonnement qui n'est pas à dédaigner, de faire revivre l'immuable nécessité de toutes choses, le fatalisme des stoïciens, et de détruire jusqu'à la liberté et à la responsabilité morale. Cet argument n'est pas nouveau ; mais Crusius le reproduit d'une manière plus nette et plus ferme, et avec une clarté qui ne laisse rien à désirer ; je le reproduirai, autant que possible, sans rien lui faire perdre de sa force ni de sa clarté.

Si tout ce qui arrive ne peut arriver sans une raison antécédemment déterminante, il s'ensuit que *tout ce qui n'arrive pas ne peut pas non plus arriver*, parce qu'il n'y a pas pour cela de raison, et que sans raison cependant une chose ne peut absolument pas arriver. Et comme il faut l'accorder en remontant ainsi à toutes les raisons des raisons, il s'ensuit que toutes choses arrivent en vertu d'un enchaînement si naturel et si étroit, que souhaiter l'opposé d'un fait quelconque et même d'une action libre, c'est souhaiter l'impossible, puisqu'il n'y a pas là de raison propre à produire le résultat désiré. Et, remontant ainsi la chaîne inévitable des événements, chaîne qui, d'après l'expression de Chrysippe, n'a voulu qu'une seule fois, et qui s'étend à des ordres de conséquence éternels, on ne s'arrête enfin qu'au commencement du monde, à l'action immédiate d'un Dieu créateur. C'est là qu'est toute raison dernière des événements, raison pleine de tant de conséquences. Une fois cette raison posée, les choses sortent ensuite les unes des autres pendant le cours des siècles à venir, suivant une loi fixe qui ne se dément jamais. Crusius attaque cette distinction rebattue entre la nécessité absolue et la nécessité hypothétique, distinction à l'aide de laquelle ses adversaires pensent lui échapper comme par une issue. Il croit donc qu'elle ne détruit en rien la force et l'efficacité de la loi fatale. A quoi sert-il, en effet, de se représenter l'opposé possible (lorsqu'on l'envisage en lui-même) d'un fait exactement déterminé par des raisons antécédentes, quand ce fait n'en doit pas moins arriver en réalité, puisque les raisons qui pourraient le faire exister, ne sont pas, et qu'il existe en vertu du contraire? L'opposé d'un fait pris séparément peut, dites-vous, se concevoir; donc, il est possible. — Et après? Il ne peut cependant pas avoir lieu, parce que les raisons déjà existantes s'opposent à ce qu'il arrive jamais. Un exemple : Caius a menti. Je vous accorde qu'en vertu de ses déterminations primitives, à savoir en tant qu'il est homme, Caius a été capable de franchise. Mais, d'après la détermination actuelle de Caius, la franchise ne lui va pas; car en lui sont des raisons qui constituent le contraire, et la sincérité ne peut lui être attribuée sans apporter le trouble dans la série de raisons qui l'enchaînent jusqu'au commencement du monde. Ecoutons maintenant ce que Crusius en conclut. Par la raison déterminante, non-seulement cette action arrivera plutôt que toute autre, mais aucune autre ne peut avoir lieu en sa place. Dieu a donc tellement pourvu à l'enchaînement de tout ce qui se passe en nous, que rien autre n'y peut survenir. Nous ne sommes donc pas responsables de nos actes ; la cause unique de tous ces actes, c'est Dieu, dont les lois nous assujettissent en tous cas à l'accomplissement de notre destinée. N'est-ce pas là faire qu'aucun péché ne puisse offenser Dieu ? Par le fait qu'un péché se commet, il est assez prouvé que la série des choses enchaînées ne permettait pas une autre issue. Qu'est-ce que Dieu peut donc reprocher aux pécheurs de toutes les actions qu'ils ont dû commettre depuis le commencement du monde ?

Réfutation des doutes.

Quand nous distinguons en morale la nécessité hypothétique de la nécessité absolue, il ne s'agit pas alors de la force et de l'efficacité de la nécessité, c'est-à-dire de savoir si, dans l'un ou l'autre cas, la chose est plus ou moins nécessaire ; mais il est question du principe nécessitant, c'est-à-dire de savoir *d'où* vient qu'une chose est nécessaire. J'accorde volontiers qu'ici des partisans de la philosophie de Wolff s'écartent un peu du vrai quand ils semblent se persuader qu'une chose soumise à une série de raisons hypothétiquement déterminantes est exempte d'une nécessité complète parce qu'elle n'est pas d'une nécessité absolue. Mais mon illustre adversaire a mon approbation quand il soutient que la distinction tant prônée ôte peu à la force de la nécessité et à la certitude de la détermination. Car, de même qu'on ne peut rien concevoir de *plus vrai* que le *vrai*, ni rien de *plus certain* que le *certain*, de même on ne peut rien concevoir de *plus déterminé* que le *déterminé*. Les événements de ce monde ont été déterminés d'une manière si certaine, que la prescience divine, incapable de se tromper, voit, par l'enchaînement des raisons, avec une égale certitude, et la futurition de ces événements et l'impossibilité du contraire, tout comme si le contraire de ces événements était exclu par une notion absolue. Mais la question n'est pas de savoir *jusqu'à quel point*, mais *d'où* la futurition des choses contingentes est nécessaire. L'acte de la création du monde n'a rien en Dieu d'indécis ; il a été déterminé avec une telle certitude que l'opposé est indigne de Dieu, c'est-à-dire est tout à fait impossible. Personne n'en saurait douter. Cependant l'action de Dieu n'est pas moins libre parce qu'elle est déterminée par des raisons qui renferment les motifs de son intelligence infinie, en inclinant certainement sa volonté, et qui ne procèdent point de quelque efficace aveugle de la nature. De même aussi, dans les actions libres des hommes, en les considérant comme déterminées, l'opposé se trouve sans doute exclu; mais il ne l'est pas par des raisons indépendantes des désirs et des inclinations spontanées du sujet, comme si l'homme était poussé, même malgré lui, par une inévitable nécessité, à faire ce qu'il fait. Mais dans l'inclination même de nos volitions et de nos désirs, en tant qu'elle cède volontairement aux attraits des représentations, nos actions sont déterminées par une liaison très-certaine sans doute mais volontaire, qui est une loi invariable. La différence entre les actions physiques et celles qui résultent de la liberté morale, ne consiste pas dans la différence de l'enchaînement et de la certitude, comme si les actions morales seules étaient soumises à une futurition douteuse, et qu'exemptes de l'enchaînement des raisons elles avaient une raison d'être vague et incertaine. Elles seraient peu dignes alors de compter parmi les prérogatives d'êtres intelligents. Mais la manière dont la certitude de ces actions est déterminée par leurs raisons, nous permet d'affirmer qu'elles portent le caractère de la liberté morale ; car elles n'ont lieu que par suite de l'application des motifs de l'intelligence à la volonté. Dans les brutes, ou dans les actions physico-mécaniques, au contraire, tout est nécessité en conséquence des sollicitations et des impressions extérieures, sans qu'il y ait aucune inclination spontanée du libre arbitre. On reconnaît que l'homme peut indifféremment se déterminer à agir dans un sens ou dans un autre; mais qu'il est déterminé par la seule inclination de son bon plaisir aux choses qu'il se représente comme agréables. Et plus la nature de l'homme est plus sûrement assujettie à cette loi, plus il est libre; car ce n'est pas être libre que d'être porté en tout sens par un vague effort vers les objets. — Il n'agit pas, *dites-vous,* par une autre raison que celle de son *bon plaisir*. — Je vous tiens par vos propres aveux. Qu'est-ce donc que ce bon plaisir, sinon l'inclination de la volonté dans un sens plutôt que dans un autre, suivant l'attrait de l'objet?

Ce bon plaisir *ou* l'agrément dont vous parlez, indique par conséquent que l'action est déterminée par des raisons internes. Car, à votre avis, le bon plaisir détermine l'action; or, le bon plaisir n'est que l'acquiescement à l'objet, en conséquence de la raison de l'attrait par lequel cette raison invite. Il y a donc une détermination relative dans laquelle, en supposant que la volonté soit également attirée, et qu'il y ait plus d'agrément d'un côté, c'est supposer qu'il y a plaisir tout à la fois égal et inégal; ce qui répugne. Mais il peut y avoir des cas où, n'ayant pas une parfaite conscience des raisons qui inclinent la volonté dans un sens ou dans un autre, on opte cependant pour l'un des deux; mais alors le fait s'accomplit par le passage de la faculté supérieure de l'esprit à l'inférieure, et l'esprit est ainsi dirigé d'un côté ou d'un autre suivant la prédominance d'une représentation obscure, prédominance dont nous parlerons plus amplement par la suite.

Qu'il me soit permis de faire de cette célèbre controverse l'objet du dialogue suivant entre Caius, défenseur de la liberté d'indifférence, et Titius, partisan de la raison déterminante :

Caius.— J'avoue que ma conscience me tourmente et me reproche ma conduite passée ; je n'ai plus qu'un motif de consolation, celui de pouvoir adopter tes idées ; alors je ne serais pas responsable de mes actions. Garrotté que j'aurais été pour ainsi dire par les raisons qui s'enchaînent tour à tour depuis l'origine des choses, j'aurais été l'agent forcé de toutes mes actions, et quiconque me reproche aujourd'hui mes vices, et me fait vainement un crime de ne m'être pas conduit autrement, n'agit pas avec plus de raison que s'il me reprochait de ne pas avoir arrêté le cours du temps.

Titius. — Voyons un peu ; quelle est cette série de raisons à laquelle tu te plains d'avoir été asservi ? Tout ce que tu as fait, ne l'as-tu pas fait volontairement ? Sur le point de mal faire, n'as-tu pas été averti par la voix secrète de ta conscience, et par la crainte de Dieu, qui vainement te remontrait au fond de l'âme ? N'as-tu pas préféré boire, jouer, sacrifier à

Vénus, et ainsi de suite? As-tu jamais été entraîné au mal, à ton corps défendant?

Caius. — Je ne le nie pas le moins du monde. Je sais bien que ce n'est pas de vive force, et tout en résistant avec courage que j'aurais été entraîné violemment à mal faire. C'est en toute connaissance de cause et avec pleine volonté que j'ai été l'esclave de mes vices. Mais d'où m'est venue cette inclination de ma volonté vers le mal? Avant que j'eusse mal fait, alors que les lois divines et humaines m'invitaient, dans mon hésitation, à les suivre, n'était-il pas déterminé déjà par l'ensemble des raisons, que j'irais plutôt au mal qu'au bien? Quand une raison complète de tout point existe, est-il plus possible d'en empêcher l'effet que de faire que ce qui est accompli ne le soit pas? Or, dans ton système, toute inclination de ma volonté a été parfaitement déterminée par une raison antécédente, et celle-ci par une raison antérieure, et toujours ainsi jusqu'au début de toutes choses.

Titius. — Je dissiperai cependant tes scrupules. La série des raisons impliquées dans chaque point de toute action à faire, a fourni des mobiles attrayants *pour* et *contre ;* tu t'es rendu de ton plein gré aux uns ou aux autres, parce que tu as trouvé plus agréable d'agir ainsi qu'autrement. Mais, dis-tu, il était déjà décidé par l'ensemble des raisons que tu inclinerais dans le sens prédéterminé. Penses-tu donc que l'inclination spontanée de ta volonté, l'attrait de l'objet, soit nécessaire pour qu'il y ait raison parfaite de l'action !

Caius. — Prends garde, tu parles d'inclination spontanée; or, je dis qu'elle n'a pas pu ne pas pencher dans ce sens.

Titius. — Tant s'en faut que la spontanéité se trouve par là détruite qu'elle en est plutôt rendue très-certaine, pourvu toutefois qu'on entende bien la chose. En effet, la *spontanéité* est une action partie d'un *principe interne.* Quand cette action est déterminée conformément à la représentation du mieux possible, on l'appelle *Liberté.* Un homme est d'autant plus libre qu'il se conforme plus sûrement à cette loi, et que par conséquent il est plus déterminé par tous les motifs de vouloir. Ton argumentation ne prouve pas que la liberté soit détruite par la force des raisons antécédemment déterminantes. Tu t'es suffisamment réfuté toi-même en disant que tu as agi volontairement, et non malgré toi. Ainsi, ton action n'a pas été *inévitable* comme tu parais le soupçonner, car tu n'as pas cherché à l'éviter; mais elle a été *infaillible* par suite de la tendance de tes goûts dans les circonstances où tu étais placé. Et cela même t'accuse plus hautement. Car telle a été la violence de tes désirs qu'ils ne t'ont pas permis de changer de résolu tion. Mais je veux t'immoler avec tes propres armes. Voyons : qu'est-ce qui te fait penser qu'on doit se former plus aisément, selon toi, une notion de la liberté?

Caius. — Je pense, en effet, que si tu faisais bon marché de tout cet enchaînement de raisons qui se déterminent par un événement inflexible, si tu admettais que l'homme, dans toute action libre, se prononce indifféremment dans un sens ou dans un autre, et que, posé toutes les raisons déterminantes dans une situation quelconque, il peut cependant choisir à volonté entre un parti et un autre, alors je reconnaîtrais que la question de la liberté a été bien traitée.

Titius. — Juste ciel! si quelque divinité permettait que ton souhait fût exaucé, quels malheurs ne viendraient pas continuellement t'assaillir? Suppose que tu aies résolu d'entrer dans la voie de la vertu. Suppose que tu aies fortifié ton âme des préceptes de la religion, et de tout ce qui peut affermir de bonnes résolutions. Maintenant s'offre l'occasion d'agir. Tu tombes subitement dans le mal, car les raisons qui t'invitent ne te déterminent pas. Quelles plaintes ne seront pas les tiennes? Il me semble t'entendre. Ah! quel destin ennemi m'a fait tout à coup abandonner une résolution salutaire! A quoi sert-il de s'attacher aux préceptes de la vertu, puisque nos actions dépendent de la fortune, et qu'elles ne sont pas déterminées par des raisons ! Assurément, dis-tu, je ne me plains pas d'une violence qu'un destin irrésistible exercerait sur moi, mais j'abhorre ce je ne sais quoi, qui me rend complice de ma propre chute dans le mal. O honte ! Comment cette inclination que je déteste m'a-t-elle fait tomber juste dans le pire des partis, quand elle pouvait aussi bien me porter au parti contraire !

Caius. — C'en est donc fait de toute liberté.

Titius. — Vois à quelles extrémités je t'ai réduit. Ne t'arrête pas à des semblants d'idées ; car tu te sens libre, mais ne te fais pas de cette liberté une idée peu conforme à la droite raison. Agir librement, c'est agir conformément à son désir, et avec conscience. Il n'y a rien là qui ne se concilie fort bien avec la loi de la raison déterminante.

Caius. — Bien que je n'aie pas grand'chose à te répondre, cependant le sens interne me paraît en désaccord avec ton sentiment. Fais-moi une faible concession : accorde-moi que, si je m'observe attentivement, je remarque que je suis libre d'incliner d'un côté et de l'autre, et qu'ainsi je suis très-persuadé qu'une série de raisons antécédentes n'a pas déterminé la direction de mon action.

Titius. — Je vais te dévoiler la secrète imposture de ton imagination, qui te fait croire à un équilibre de l'influence. La force naturelle du désir enraciné dans le cœur de l'homme se porte non-seulement sur les objets, mais encore sur leurs représentations variées qui peuvent se fixer dans l'esprit. Il nous est d'autant plus difficile de ne pas croire que l'application de notre volonté est exempte de toute loi, affranchie de toute détermination fixe, que nous nous sentons les auteurs de représentations qui renfermeraient les motifs de notre choix dans un cas donné, de telle sorte que nous pouvons très-bien appliquer notre attention à ces motifs, l'en détourner, l'appliquer à autre chose; d'où la conscience encore, non-seulement de tendre vers les objets, suivant nos goûts, mais aussi de pouvoir changer à volonté les raisons objectives elles-mêmes. Mais en nous attachant à bien comprendre que si, dans un cas donné, telle tendance de l'attention à combiner les représentations l'emporte sur telle autre, c'est par des raisons qui ont leur côté attrayant, comme si également, pour faire au moins preuve de liberté, nous reportons notre attention dans le sens contraire, nous lui donnons l'avantage, nous resterons alors facilement convaincu que l'appétit se dirige *ainsi, pas autrement*, et qu'il doit y avoir des raisons certainement déterminantes.

Caius. — Me voilà, j'en conviens, avec plus d'une difficulté sur les bras; mais je suis sûr que tu n'es pas moins embarrassé que moi. Comment crois-tu pouvoir concilier avec la bonté et la sainteté de Dieu la futurition déterminée des maux dont il est la cause dernière et déterminante?

Titius. — Ne perdons pas inutilement notre temps dans de vaines disputes ; les hésitations qui te tiennent en suspens, j'en ferai prompte justice, et je vais dissiper tes doutes. La certitude de tous les événements physiques ou moraux étant déterminée, ce qui suit se trouve contenu dans ce qui précède, ce qui précède dans ce qui remonte plus avant, et ainsi toujours par un enchaînement ininterrompu dans des raisons de plus en plus reculées, jusqu'à ce que le commencement du monde, qui réclame immédiatement Dieu pour auteur, apparaisse comme la source et l'origine d'où toutes choses découlent comme par un canal incliné, en vertu d'une nécessité infaillible.

Partant de là, tu penses que Dieu est très-clairement désigné comme l'auteur du mal ; à ton avis, il ne peut haïr son propre ouvrage, ni rien de ce qui s'accomplit sur son prototype pendant la durée indéfinie des siècles ; il semble ne devoir punir aucune des fautes que sa sainteté a permis d'entrer dans la composition du monde, car la faute retombe en définitive sur Dieu, cause première de tous les maux. Voilà tes doutes. Essayons d'en dissiper les ténèbres. Dieu, en mettant la main aux commencements de l'universalité des choses, a commencé une série. Cette série renferme dans la contexture étroite et fixe de l'enchaînement des raisons, les maux de l'ordre moral même, et les maux physiques qui en sont la suite. Mais il ne suit pas de là qu'on puisse accuser Dieu d'être l'auteur de nos mauvaises actions morales.

Si, comme cela a lieu pour les machines, les êtres intelligents se portaient d'une manière toute passive aux choses qui tendent à des déterminations et à des changements fixes, je ne trouverais pas mauvais que la faute de toute chose fût, en fin de compte, rejetée sur Dieu, l'architecte de la machine. Mais des actions qui se font par la volonté d'êtres intelligents, et doués de la faculté de se déterminer comme il leur convient, proviennent, sans aucun doute, d'un principe interne, de désirs dont on a conscience et d'un choix dans un sens ou dans l'autre, selon le bon plaisir de la volonté.

Ainsi, quoique une créature intelligente puisse être si fort engagée dans l'établissement raisonné des choses avant l'émission d'actes libres, et si étroitement prise dans ce tissu de circonstances qu'elle ne puisse douter qu'elle commettra des fautes morales, qu'elle puisse le prévoir, toujours est-il que cette futurition est déterminée par des raisons dans lesquelles la direction volontaire de ces actes vers le mal est l'affaire essentielle, et que les fautes commises avec le plus d'entraînement ne sont pas moins imputables aux pécheurs; ils n'en sont pas moins les auteurs, et c'est parfaite justice qu'ils portent la peine d'un plaisir défendu.

Quant à l'aversion de Dieu pour le péché, aversion dont sa sainteté lui fait une loi, mais qui semble peu d'accord avec le plan du monde connu, puisque la futurition de ces maux devait en faire partie, c'est là une difficulté qui n'est pas insurmontable, sois-en sûr.

L'infinie bonté de Dieu tend à la plus grande perfection possible des créatures, ainsi qu'à la félicité du monde spirituel. Mais dans cet effort infini de se manifester, il ne s'est pas seulement occupé des séries plus parfaites d'événements qui devaient un jour se réaliser par ordre de raisons, mais il a pourvu encore à ce qu'aucun des biens d'un degré inférieur ne fût omis, afin que l'universalité des choses enveloppât tout dans son immensité, depuis le plus haut degré de perfection, qui comprend les choses finies, jusqu'à tous les degrés inférieurs, et même, si je puis le dire, jusqu'au néant. Il a même permis que son dessein se reconnût dans les choses qui présenteraient encore à sa sagesse quelque bien à retirer même des plus grands maux, afin de manifester sa gloire divine par la diversité infinie des choses. Il était digne de la sagesse, de la puissance et de la bonté divine, que cet ensemble ne fût pas privé de l'histoire du genre ; si lugubre qu'elle soit, elle porte néanmoins avec elle, à travers un déluge de maux, des témoignages infinis de la bonté divine.

Ce n'est pas à dire que Dieu ait voulu faire entrer

les maux eux-mêmes dans le plan de son œuvre ébauchée, et qu'il les en ait tirés à dessein.

Il a voulu les biens et a reconnu qu'ils ne pouvaient subsister sans leurs raisons d'être, et sa souveraine sagesse ne lui a pas permis de les arracher avec le mal qui s'y trouvait mêlé. Du reste, les hommes ont péché volontairement, et en vertu d'une passion qui tient à l'âme; l'ordre des raisons antécédentes ne les a ni poussés, ni entraînés, il les a attirés; et, bien qu'il ait été prévu qu'ils céderaient aux excitations, cependant, comme l'origine des fautes réside dans un principe interne de détermination de soi-même, il est évident que les pécheurs seuls doivent porter la responsabilité de ces fautes. Et, parce qu'en permettant ces maux, la Divinité s'y est en quelque sorte arrêtée, ce n'est pas une raison pour croire qu'elle déteste moins le péché. Car, la compensation que Dieu s'applique activement à obtenir pour les maux permis, employant à cette fin les avertissements, les menaces, les encouragements, les moyens, est proprement la fin qui a déterminé le divin architecte. En retranchant ainsi les causes du mal, en les contenant dans la mesure permise par l'entier respect de la liberté, Dieu fait assez voir qu'il est ennemi du mal moral, tout en montrant son amour pour les perfections qui peuvent provenir du mal même. Mais je reviens à mon sujet, après en être resté trop longtemps éloigné.

ADDITION A LA PROPOSITION IX.

Pas de prescience divine à l'égard des actions libres, à moins d'admettre que leur futurition est déterminée par ses raisons.

Les partisans de notre principe ont toujours attaqué avec avantage leurs adversaires par cet argument. Je renvoie cette partie de ma tâche à un autre moment, me bornant à répondre aux objections de Crusius. Il prétend que cette opinion est indigne de Dieu, parce qu'on le ferait, pour ainsi dire, raisonner.

S'il en est, parmi mes partisans, qui pensent ainsi, je me range volontiers à l'avis de mon illustre adversaire; car j'avoue que l'immensité de l'intelligence divine s'accommode mal des détours du raisonnement. L'intelligence infinie n'a pas besoin d'abstraire les notions universelles, de les combiner ni de les comparer pour en déduire des conséquences. Mais nous affirmons que Dieu ne peut prévoir des choses dont la futurition n'est pas antécédemment déterminée; et cela non par défaut de moyens, nous reconnaissons qu'il n'en manque pas; mais parce que la prescience d'une futurition, qui est parfaitement nulle si l'existence est en soi complétement antécédemment indéterminée, est impossible en soi. On conclut de la contingence qu'elle est indéterminée par elle-même. Nos adversaires prétendent qu'étant aussi antécédemment indéterminée elle est complétement privée en elle-même de détermination, c'est-à-dire de futurition, et que l'intelligence divine est obligée de s'en faire une représentation.

Notre honorable adversaire avoue cependant qu'il y a là quelque chose d'incompréhensible, mais qui, grâce à la contemplation qui s'étend à l'infini, est en parfaite harmonie avec la grandeur de l'objet. Mais tout en confessant que si l'intelligence humaine veut entrer plus avant dans les profondeurs de la connaissance, elle est à jamais incapable de pénétrer certains secrets d'une intelligence plus profonde, il est cependant vrai de dire qu'il ne s'agit pas ici de savoir comment la chose même existe, mais si elle existe. C'est donc une question de fait. Or, de l'avis même de l'adversaire, l'impossibilité d'un fait est chose tout à fait accessible à la connaissance humaine.

Réponse aux instances invoquées par les défenseurs de l'équilibre de l'indifférence.

Nos adversaires nous défient de faire justice d'exemples qui paraissent prouver de la manière la plus positive et la plus manifeste, l'indifférence de la volonté humaine dans des actions libres. Quand nous jouons à *pair* ou *impair*, et que nous cherchons, en devinant, à gagner des fèves contenues dans la main, nous nous prononçons indifféremment, sans calcul et sans aucune raison de choisir pair plutôt qu'impair.

Ils parlent encore d'un prince, je ne sais lequel, qui donna à quelqu'un le choix de deux boîtes, parfaitement semblables par le poids, la forme et la nature ; l'une contenait du plomb, l'autre de l'or ; pas de choix possible fondé sur une raison. Ils parlent, dans le même sens, de la liberté d'indifférence à se mettre en marche du pied droit ou du pied gauche.

Un seul mot suffit, je crois, pour répondre péremptoirement à tout cela. Quand, développant notre principe, nous parlons des raisons déterminantes, il ne s'agit pas ici d'une ou de deux espèces de raisons, par exemple, dans les actions libres, des raisons qui s'offrent à un entendement accompagné de conscience ; mais de quelque manière que l'action soit déterminée, il faut, si elle doit être, qu'elle soit déterminée par une raison quelconque. Les raisons objectives peuvent fort bien être étrangères à la détermination de la volonté, et l'équilibre entre les motifs qu'on se représente avec conscience peut être parfait, quoiqu'il y ait encore lieu à un grand nombre de raisons capables de déterminer l'esprit ; car cette hésitation et cette indécision de l'esprit font seulement qu'une chose passe de la faculté supérieure à l'inférieure, depuis la représentation avec conscience jusqu'aux représentations obscures, dans lesquelles il est difficile d'établir l'identité parfaite des motifs. La tendance du désir inné à des perfections ultérieures ne permet pas que l'âme reste dans le même état. Il faut donc que l'esprit incline dans un sens ou dans un autre par la variation même de l'état des représentations internes.

Proposition X.

Exposition de quelques corollaires naturels du principe de la raison déterminante.

1. — *Il n'y a rien dans le raisonné qui n'ait été dans la raison*, car il n'y a rien sans une raison déterminante; il n'y a donc rien dans le raisonné qui ne témoigne de sa raison déterminante. Mais, pourrait-on objecter, puisque les choses créées ont des limites, ne s'ensuit-il pas que Dieu, qui contient la raison de ces choses, est également limité?

Je réponds : les limites qui circonscrivent les choses finies prouvent que leur raison est également limitée dans l'acte de la création divine. Car l'action créatrice de Dieu est limitée, en raison de la limitation de l'être à produire. Mais cette action étant une détermination relative de Dieu, qui doit correspondre aux choses à produire, n'est pas interne, ni absolument intelligible en Dieu, d'où il suit que ces limitations ne conviennent pas à Dieu considéré en lui-même.

2. — *De deux choses qui n'ont rien de commun, l'une d'elles ne peut être la raison de l'autre.* Cela revient à la proposition précédente.

3. *Il n'y a pas plus dans le raisonné que dans la raison.* C'est encore une conséquence de la même règle.

Corollaire. — La quantité de réalité absolue dans le monde ne change *naturellement* ni par augmentation ni par diminution.

Eclaircissement. — Les modifications des corps rendent frappante l'évidence de cette règle. Si, par exemple, un corps A choque et met en mouvement un autre corps B, une certaine force, une certaine réalité (1), par conséquent, s'ajoute à ce dernier. Mais une égale quantité de mouvement a été enlevée au corps choquant; la somme des forces dans l'effet égale donc les forces de la cause. La loi qu'on a donnée du choc entre deux corps élastiques, de grosseur inégale, semble donc erronée. Mais elle ne l'est pas. Le *plus petit* de ces corps élastiques, en venant heurter le *plus gros*, en est frappé à son tour, et acquiert, en sens op-

---

(1) Qu'il me soit permis de concevoir ici, avec le sens commun, la force imprimée, comme une réalité transmise, bien qu'à proprement parler ce ne soit qu'une certaine limitation ou direction de la réalité interne.

posé, une certaine force, qui, ajoutée à celle qu'il a communiquée au corps plus gros, donne une somme de force supérieure à la force initiale du corps choquant. On le démontre en mécanique, et cette loi, qu'on appelle vulgairement absolue, serait avec plus de vérité nommée relative, car ces forces agissent en sens divers. Aussi, la somme des forces déployées par des machines qui agissent conjointement et qui sont considérées dans leur ensemble, et en général, s'estime-t-elle par les effets qu'elles peuvent produire, en retranchant les mouvements en sens contraire, qui doivent finir par se détruire, et ne laisser subsister que le mouvement du centre de gravité, qui, comme l'indique la statique, est le même après comme avant le choc. Cette destruction complète du mouvement, par la résistance de la matière, loin de ruiner la règle que nous avons énoncée, ne fait que la confirmer. Car la force qui résulte du concours de plusieurs causes, rentre dans le repos d'où elle est sortie, en dépensant, pour résister aux obstacles, tout ce qu'elle avait reçu, et l'ancien état de choses se rétablit. Le mouvement perpétuel est donc impossible ; car le mouvement dépensant toujours une partie de sa force à vaincre les résistances, sans avoir toujours le même pouvoir de réparer cette perte, la perpétuité en est également opposée et à la règle précédente et à la saine raison.

Souvent nous voyons des forces considérables procéder d'un principe de cause infiniment petit. Quelle immense force d'expansion acquiert une étincelle jetée sur de la poudre ! Et si cette étincelle tombe sur une matière inflammable, elle produit des incendies terribles, détruit des villes entières et ravage longtemps de vastes forêts. Combien de corps détruits et dissous par l'action à peine sensible d'une légère étincelle? Mais ici, la cause capable d'aussi grands effets par le déploiement de forces immenses, la cause qui a son foyer dans la structure intime du corps, c'est-à-dire la matière élastique soit de l'air, comme dans la poudre à canon (d'après les expériences d'Halez), soit de la matière ignée, comme dans un corps combustible quelconque, est plutôt manifestée que produite par une faible excitation. Des espèces de ressorts (*elastra*) comprimés sont renfermés dans les corps, et, pour peu qu'ils soient excités, déploient des forces proportionnelles à l'effort réciproque de l'attraction et de la répulsion.

Les forces des esprits et la progression continue de ces forces vers des perfections ultérieures semblent, il est vrai, n'être pas soumises à cette loi ; mais je suis persuadé qu'elles n'en sont pas exemptes. Sans doute, quoique très-obscure, la perception infinie de l'ensemble de l'univers, perception interne toujours présente à l'âme, contient déjà toute la réalité qu'auront plus tard les pensées quand une lumière plus vive les aura éclairées; et l'esprit, en donnant ensuite son attention à certaines de ces pensées, quand il la retire au même degré de certaines autres, jette ainsi sur celles-là une lumière plus vive, et acquiert une connaissance de plus en plus étendue. Il n'agrandit point par là le domaine de la réalité absolue (car le matériel de toutes les idées résultant des rapports avec l'univers, reste constamment le même); mais le formel de cette réalité, qui consiste dans la combinaison des notions et dans l'attention appliquée à leur diversité ou à leur convenance, s'en trouve certainement diversifié. C'est précisément ce qui se passe dans la force inhérente aux corps. Les mouvements, si nous voulons nous en faire une idée exacte, étant, non pas des réalités, mais des phénomènes, et la force d'un corps, modifiée par le choc d'un autre corps qui résiste à cette impulsion en vertu de son principe interne d'action (*efficaciæ*), dans la mesure même des forces acquises dans le sens du corps choquant, tout le réel des forces dans les phénomènes du mouvement équivaut au réel qui était déjà dans le corps à l'état de repos; seulement, dans l'état de repos, la puissance interne était indéterminée relativement à la direction, tandis qu'elle prend une direction par l'impulsion extérieure.

Tout ce que j'ai dit jusqu'ici de la quantité immuable de réalité absolue dans l'univers doit s'entendre de ce qui arrive suivant l'ordre naturel des choses.

Personne ne saurait douter, en effet, que Dieu peut rétablir la perfection déchue du monde matériel, illuminer d'en haut d'une manière surnaturelle les intelligences, et porter toutes choses à un degré de perfection supérieur.

Proposition XI.

Citer et réfuter quelques faux corollaires, tirés peu logiquement du principe de la raison déterminante.

1. *Il n'y a rien sans raisonné* (sine rationato); ou bien : tout ce qui est porte avec soi sa conséquence. C'est le principe de la conséquence. Parmi les métaphysiciens qui l'ont préconisé, il faut citer en première ligne, si je ne me trompe, le philosophe Baumgarten. Mais, comme Baumgarten l'a démontré de la même manière que le principe de la raison, ce nouveau principe se trouve ruiné en même temps que l'autre. S'il s'agit seulement des raisons de connaître, la vérité de ce principe est incontestable ; car la notion d'un être quelconque est ou générale ou individuelle ; si elle est générale, il faut reconnaître que ce qui est affirmé de la notion générique convient à toutes les notions inférieures qu'elle comprend. Si la notion est individuelle, on peut conclure que les prédicats qui conviennent à ce sujet, dans un certain rapport, doi-

vent toujours lui convenir dans les mêmes conditions. En partant d'un cas donné, on détermine ainsi la vérité dans tous les cas semblables. De là aussi le moyen de connaître les conséquences (*rationata*) de la connaissance (*cognoscendi*). Mais s'il s'agit des conséquences de fait ou d'existence (*rationata existendi*), les êtres n'en renferment pas à l'infini ; c'est ce qu'on vient de voir, et ce qu'on verra encore dans la dernière section de ce travail, où nous montrerons par des raisons décisives, que l'état d'une substance qui n'a pas de rapport avec d'autres n'éprouve aucun changement.

2. *L'universalité des choses n'en présente aucune qui soit semblable, en tous points, à une autre.* C'est le principe des indiscernables. Pris dans le sens le plus large, comme on le fait ordinairement, il devient très-faux. On le démontre par deux raisons principalement : la première, tout à fait expéditive, franchit d'un bond léger la question et mérite à peine les honneurs de l'examen.

Voici les arguties dont on use : des choses dont tous les caractères sont parfaitement pareils, et qui ne se distinguent par aucune différence, semblent ne devoir être regardées que comme un seul et même être. Donc, toutes les choses parfaitement semblables ne sont qu'un seul et même être, qui occupe plusieurs lieux. Ce qui, étant contraire à la saine raison, fait dire que la proposition implique. Mais qui ne voit le côté faux de ces arguties ? Pour qu'il y ait identité parfaite entre deux choses, il faut qu'il y ait aussi identité entre tous leurs caractères ou déterminations, tant internes qu'externes. Qui donc alors ne fera pas entrer dans cette universelle détermination la circonstance du lieu ? Donc les choses qui, tout en présentant les mêmes caractères internes, ne diffèrent que par la place qu'elles occupent, ne sont pas un seul et même être. Mais nous devons nous attacher principalement à l'examen de la démonstration donnée et acceptée également à tort, du principe de la raison suffisante.

On ne cesse de répéter qu'il n'y aurait pas de raison pour que Dieu eût assigné des lieux divers à deux choses qui auraient été parfaitement identiques entre elles, à tous autres égards. Quelles sottises ! Et ce qui m'étonne, c'est que des hommes très-sérieux se complaisent dans ces puérilités logiques. Appelez A une substance, et B une autre substance ; faites que A occupe la place de B ; alors A, occupant la place de B, et présentant les mêmes caractères internes que B, sera identique à B, et ce qui s'appelait A s'appellera B. D'un autre côté, la substance B, transportée à la place de A, devra s'appeler A ; car la différence de ces caractères indique seulement la différence des lieux. Montrez-moi maintenant, je vous prie, comment Dieu aurait fait autre chose, si, comme vous le prétendez, il avait déterminé les positions. Les deux choses n'en sont véritablement qu'une seule ; le changement imaginé par vous n'existe pas ; or, à mon avis, le néant n'est susceptible d'aucune raison.

La fausseté de cette loi se trouve très-bien établie par l'universalité entière des choses et par la gloire de la sagesse divine. En effet, les corps que nous appelons homogènes : l'eau, le vif-argent, l'or, les sels les plus simples, se ressemblent parfaitement par les caractères internes et homogènes de leurs éléments ; il y a la même ressemblance dans l'identité de l'usage et de la fonction qu'ils doivent remplir. On voit aussi cette ressemblance par l'identité presque absolue des effets qu'ils produisent. Il ne convient pas de présumer qu'il y ait une certaine différence cachée, qui échappe à nos sens, comme si Dieu en avait besoin pour reconnaître les parties de son propre ouvrage ; ce serait là chercher des difficultés où il n'y en a pas.

Il est vrai que Leibniz, l'auteur de ce principe, a toujours remarqué dans la constitution des corps organisés, et même dans la composition d'autres corps, de ceux qui sont le plus composés, une notable diversité, et l'on peut présumer qu'il en est ainsi dans tous les cas semblables ; car, dès que plusieurs choses doivent nécessairement faire partie d'une autre, il n'est pas évident que des déterminations dissemblables puissent toujours en résulter. Aussi trouverait-on difficilement sur un même arbre deux feuilles parfaitement semblables. Mais on ne conteste ici que l'universalité métaphysique de ce principe. Au reste, il paraît difficile de nier que, dans les figures des corps naturels, il n'y ait souvent une identité d'exemplaire. Qui oserait soutenir que dans les cristaux, par exemple, entre une infinie diversité, on ne rencontre une forme ou une autre qui en exprime parfaitement une seconde ou une troisième?

SECTION III.

Deux nouveaux principes de la connaissance métaphysique, très-féconds en conséquences, et découlant du principe de la raison déterminante.

I

PRINCIPE DE SUCCESSION.

Proposition XII.

Aucun changement ne peut affecter des substances qu'en tant qu'elles sont en rapport avec d'autres; leur dépendance réciproque détermine leur mutuel changement.

Il suit de là qu'une substance simple, privée de tous rapports avec d'autres objets, et laissée à elle-même, est de soi parfaitement immuable.

Or, une substance, fût-elle unie à d'autres par des rapports, si ces rapports ne changent pas, ne peut non plus subir aucun changement d'état interne. Ainsi, dans un monde privé de toute espèce de mouvement (car le mouvement est le phénomène d'un changement de rapport), on ne verra pas la moindre succession dans l'état interne des substances.

Donc l'abolition du rapport des substances entraîne l'anéantissement de la succession et du temps.

DÉMONSTRATION.

Qu'une substance simple, privée de tout rapport avec d'autres, existe solitaire, je dis que son état interne ne peut subir aucun changement. En effet, puisque les déterminations qui se rapportent à la substance interne sont elles-mêmes des effets de raisons internes, avec exclusion de l'opposé, une autre détermination ne pourrait survenir qu'en vertu d'une autre raison. Mais, comme l'opposé de cette raison est dans les raisons internes, et qu'aucune raison externe ne survient, d'après la supposition, il est clair que cette détermination ne peut survenir dans la substance.

Autre détermination. — Tout ce qui est le fait d'une raison déterminante doit se trouver avec elle; car il est absurde que, la raison déterminante étant posée, le raisonné ne le soit pas. Il faut donc que toutes les déterminations soient en même temps que tous les principes déterminants dans quelque état d'une substance simple. Mais comme un changement est une succession de déterminations, c'est-à-dire un état où survient une certaine détermination qui n'était pas auparavant, si un être est déterminé à l'opposé d'une certaine détermination qu'elle possède, cette détermination ne peut s'effectuer par les raisons internes qui se trouvent dans cette substance ; si donc elle s'effectue, c'est nécessairement par suite d'un rapport externe.

Même démonstration encore un peu diversifiée. — Supposez qu'un changement survienne sous des conditions indiquées; par le fait qu'il commence à exister, puisqu'il n'existait pas auparavant, c'est-à-dire puisque la substance était déterminée en sens opposé, et qu'il n'y a, par hypothèse, que des principes internes pour déterminer cette substance, les mêmes raisons qui la déterminent d'une certaine façon la détermineront d'une façon contraire. Ce qui est absurde.

ÉCLAIRCISSEMENTS.

Cette vérité, quoique tenant à une chaîne de raisons faciles à saisir et certaines, a si bien échappé aux représentants de la philosophie de Wolff, qu'ils prétendent qu'une substance simple est, en vertu d'un principe interne d'activité, sujette à des changements continuels. Leurs arguments me sont parfaitement connus; mais j'en connais aussi la faiblesse. Car, après avoir donné une définition arbitraire de la force, en faisant signifier à ce mot : ce qui renferme la raison des *changements*, tandis qu'il faudrait plutôt dire qu'elle renferme la raison des *déterminations*, ils devaient naturellement tomber dans l'erreur.

Si, du reste, on désire savoir comment se produisent les changements dont on remarque la succession dans l'universalité des choses, puisqu'ils ne résultent pas des raisons internes d'une substance solitaire, il faut faire attention aux phénomènes produits par le rapport des choses, c'est-à-dire par leur dépendance mutuelle dans leurs déterminations. Au reste, comme nous ne saurions entrer dans de plus longues explications à cet égard sans sortir des limites étroites de cette dissertation, il suffit d'avoir prouvé que le changement ne peut, en aucune façon, avoir lieu autrement.

APPLICATION.

1. Des assertions contenues dans ce principe résulte d'abord, d'une manière on ne peut plus évidente, l'existence réelle des corps, que jusqu'ici la saine philosophie n'avait su défendre contre les idéalistes que

par la probabilité. Nous savons par le sens intime que l'âme est sujette à des changements internes. Or, comme ces modifications ne pourraient se produire si l'âme était isolée et privée de toute relation extérieure, ce qui a été démontré, il faut qu'il y ait en dehors de l'âme plusieurs choses avec lesquelles elle soutienne des rapports réciproques. En raisonnant de même on voit la succession des perceptions s'accomplir d'après le mouvement extérieur. Et comme il suit de là que nous n'aurions pas d'un corps quelconque une représentation variablement déterminable, s'il n'existait en réalité un corps qui, par son commerce avec l'âme, donnât à celle-ci une représentation conforme à lui-même, on peut en conclure facilement l'existence réelle de ce composé que nous appelons notre corps.

2. Notre démonstration ruine de fond en comble le système de l'harmonie préétablie de Leibniz, non pas, comme on le fait généralement, par les raisons finales qu'on croit indignes de Dieu, et qui sont souvent d'un faible secours, mais par l'impossibilité interne de cette harmonie. Car il suit immédiatement de notre démonstration que l'âme humaine, privée de tout rapport réel avec les choses extérieures, ne subirait pas le moindre changement dans son état interne.

3. L'opinion que tous les esprits finis, sans excep-

tion, doivent être revêtus d'un corps organisé, en reçoit un haut degré de certitude.

4. Nous tirons l'immutabilité essentielle de Dieu, non de sa manière de connaître, qui découle de sa nature infinie, mais du principe naturel de son être même. Car l'être suprême étant exempt de toute espèce de dépendance, puisque les déterminations qui lui conviennent ne se fondent nullement sur quelque rapport externe, il suit clairement de ce qui a été dit, que l'état de Dieu n'est pas susceptible de changement.

SCOLIE.

Notre principe paraîtra peut-être suspect d'immoralité, à cause du lien indissoluble par lequel l'âme se trouve unie à la matière dans l'exercice des fonctions internes de l'entendement, doctrine qui ne paraît pas différer beaucoup de la funeste opinion des matérialistes. Mais je ne prive nullement l'âme de l'état de ses représentations, tout en reconnaissant que cet état serait immuable et toujours semblable à lui-même, si elle était entièrement libre de tout rapport externe. Et si par hasard l'on me faisait une semblable querelle, je la retournerais contre les modernes qui, d'un commun accord, professent la nécessité de l'étroite liaison de l'âme avec un corps organisé. Je n'en citerai qu'un seul : celui de l'illustre Crusius, qui entre si avant dans ma pensée, qu'il affirme que l'âme est évidemment assujettie à la loi par laquelle l'effort destiné à produire les représentations est toujours accompagné de l'effort de la substance de l'âme destiné à produire un certain mouvement organique; et que si le second est empêché, le premier ne peut lui-même avoir de résultat. Au reste, il ne pense pas que cette loi soit si nécessaire que Dieu ne puisse l'abolir, s'il le veut; mais, comme il admet que la nature de l'âme est soumise à cette loi, il devrait reconnaître aussi qu'une autre création de l'âme serait alors nécessaire.

II

PRINCIPE DE COEXISTENCE.

Proposition XIII.

Les substances finies n'ont, en vertu de leur existence propre, aucune relation entre elles, et n'entretiennent de commerce mutuel qu'à la condition qu'elles soient maintenues par le principe de leur existence, par l'entendement divin, d'accord (conformata) *avec leurs relations respectives.*

DÉMONSTRATION.

Les substances individuelles, dont aucune n'est la cause de l'existence d'une autre, ont chacune une existence séparée, c'est-à-dire une existence parfaitement intelligible sans toutes les autres. La position pure et simple de l'existence de quoi que ce soit ne prouve donc pas l'existence d'autres substances qui en diffèrent. Mais, comme la relation est une détermination respective, c'est-à-dire qui ne se conçoit pas dans l'être considéré d'une manière absolue, cette relation, pas plus que sa raison déterminante, ne peut être comprise par le moyen de l'existence d'une substance considérée en elle-même. Si donc il n'y avait rien de plus que cette existence, il n'y aurait ni relation ni commerce entre les choses. Mais comme il n'y a pas lieu à un rapport mutuel entre ces substances, quand chacune d'elles possède une existence indépendante des autres ; que d'un autre côté, il n'y a rien dans les choses finies qui soit cause d'autres substances, et que tout néanmoins dans l'univers est enchaîné d'un lien mutuel, il faut bien reconnaître que cette relation résulte d'une cause commune des êtres, c'est-à-dire de Dieu, principe commun de tout ce qui existe. Mais comme il ne suit pas, de ce que Dieu a simplement établi l'existence des choses, qu'il ait aussi établi entre elles des rapports mutuels, à moins que le même schême de l'entendement divin qui donne l'existence n'ait conçu les existences et n'ait établi les rapports des choses dans la mesure où il en a conçu les existences corrélatives, il est bien évident que le commerce universel de toutes les choses ne peut être dû qu'à la conception de cette idée divine.

ÉCLAIRCISSEMENT.

Je crois avoir montré, le premier, par des raisons de la plus grande évidence, que la coexistence des substances de l'univers ne suffit pas pour établir un lien entre elles, mais qu'il faut encore qu'elles aient une certaine communauté d'origine et une dépendance harmonique qui en soit la conséquence. Pour m'en tenir à l'essence de ma démonstration, je redirai brièvement : S'il existe une substance A, et qu'il existe en outre une substance B, cette dernière peut être considérée comme n'ayant aucune action sur A. Supposez en effet qu'elle détermine quelque chose en A, c'est-à-dire qu'elle contienne la raison de la détermination C; comme C est un certain prédicat relatif, inintelligible si A n'existe pas, ainsi que B, la substance B, en vertu de la raison de C, supposera l'existence de la substance A. Mais, comme en supposant seule l'existence de la substance B, il reste tout à fait incertain si une certaine substance A doit exister ou non, il est impossible de concevoir, d'après la seule existence de B, qu'il soit la raison de quoi que ce soit dans d'autres choses. De là donc aucune relation, aucun commerce absolument. Si donc, outre la substance

A, Dieu a créé à l'infini d'autres substances B, D, E, il ne suit cependant pas immédiatement du fait de leur existence qu'il y ait entre elles une dépendance mutuelle dans leurs déterminations. Car de ce que, outre la substance A, il existe aussi des substances B, D, E, et de ce que A est déterminé d'une certaine façon en lui-même, il ne s'ensuit pas que B, D, E, aient des déterminations d'existence conformes à celles de A. Il faut de plus que, dans le mode de la dépendance commune des substances à l'égard de Dieu, soit aussi la raison de leur dépendance mutuelle. Il n'est même pas impossible de savoir comment le fait s'accomplit. Le schême de l'entendement divin, l'origine des existences, est un acte permanent, appelé conservation, et dans lequel il n'y aurait ni rapport ni lien mutuel entre les substances, si ces substances y avaient été conçues par Dieu, solitairement et sans relation entre leurs déterminations. Mais, si elles ont été conçues respectivement dans l'intelligence divine, alors, et en conséquence de cette idée, s'établissent par la suite dans le cours de l'existence des rapports mutuels entre les déterminations ; c'est-à-dire qu'il y a action et réaction, et qu'il se forme ainsi un état externe de chaque chose, état qui n'est pas possible au moyen de l'existence isolée des substances, et en dehors de notre principe.

APPLICATIONS.

1. Comme le lieu, la situation, l'espace, sont des relations des substances par rapport à d'autres substances qui s'en distinguent réellement par des déterminations mutuelles, et sont par cette raison contenus dans un rapport externe ; comme aussi nous avons vu démonstrativement que la seule existence des substances n'implique pas par elle-même un rapport de ces substances avec d'autres, il est évident que si l'on admet l'existence de plusieurs substances, il ne s'ensuivra pas que le lieu et la situation soient en même temps déterminés, non plus que l'espace, qui se trouve mêlé à toutes ces relations diverses. Mais, comme le rapport mutuel des substances demande un plan conçu relativement dans la représentation efficace de l'entendement divin, et que cette représentation est tout à fait arbitraire pour Dieu, qui peut fort bien, selon son bon plaisir, l'accepter ou la rejeter, il s'ensuit que les substances peuvent exister à la condition *de n'être nulle part*, et sans aucune relation, par rapport aux choses de notre univers.

2. Comme il peut y avoir dans l'univers, si Dieu le trouve bon, plusieurs substances isolées qui soient néanmoins unies entre elles par un certain rapport de déterminations, produisant par là le lieu, la position

et l'espace, elles formeront un monde dont nous faisons partie, mais un monde restreint, c'est-à-dire solitaire. Par cette raison, il n'est pas absurde de dire, au sens métaphysique même, que si Dieu l'a voulu, il peut y avoir plusieurs mondes.

3. La seule existence des substances étant donc absolument insuffisante pour établir leur commerce mutuel et les rapports de leurs déterminations, et qu'ainsi le rapport externe prouve une cause commune de toutes choses, dans laquelle leur existence a été conçue relativement, et qu'il n'y a pas de rapport universel concevable sans cette communauté du principe, il résulte manifestement de là le témoignage d'une cause suprême de toutes choses, c'est-à-dire de Dieu, et même d'un seul Dieu, témoignage qui me paraît bien supérieur à l'argument tiré de la contingence du monde.

4. Notre principe fait également bonne justice de l'extravagante opinion des manichéens, qui soumettaient l'empire du monde à deux principes également premiers et indépendants l'un de l'autre; car une substance ne peut avoir quelque commerce avec les choses de l'univers qu'à la condition ou d'en être la cause commune ou d'en procéder avec tout le reste. Si donc vous déclarez que l'un de ces deux principes est la cause de toutes les substances, l'autre ne pourra exercer sur elle absolument aucune action;

Si l'un d'eux n'était cause que d'un certain nombre de substances, ces substances ne pourraient pas avoir la moindre relation avec les autres. Il faut donc ou que l'un de ces deux principes dépende de l'autre, ou bien qu'ils dépendent tous deux d'une cause commune; ce qui est également contraire à l'hypothèse.

5. De plus, les déterminations des substances étant réciproques, c'est-à-dire les substances différentes entre elles agissant mutuellement les unes sur les autres (car l'une produit des déterminations dans l'autre), la notion d'espace résulte des actions réciproques des substances, actions qui supposent toujours une réaction. Le phénomène externe de cette action et de cette réaction universelle à travers la sphère entière de l'espace dans lequel les corps sont en rapport, constitue leur rapprochement mutuel. Ce phénomène prend le nom d'*attraction* ; et lorsque cette attraction a lieu par la seule présence simultanée, elle s'étend à toutes les distances, et n'est autre chose que l'*attraction de Newton*, ou gravitation universelle. Il est donc probable qu'elle résulte de ce même rapport des substances qui donnent naissance à l'espace, et qu'elle est, par conséquent, la toute première loi de la nature, à laquelle la matière a été assujettie, loi qui ne subsiste que par l'action immédiate de Dieu, suivant l'opinion des newtoniens.

6. Le commerce de toutes les substances, en tant

qu'elles sont contenues dans le même espace, étant un commerce mutuel, on conçoit ainsi la dépendance réciproque de leurs déterminations, et par suite l'action universelle des esprits sur les corps et des corps sur les esprits. Mais, comme une substance quelconque ne peut pas, en vertu de ses caractères internes, déterminer d'autres substances (proposition démontrée), qu'elle ne peut le faire qu'en vertu du rapport qui l'unit à ces substances dans la pensée de l'être infini, toutes les déterminations et les changements qui s'y trouvent se rapportent sans doute à l'externe, mais l'influx physique, proprement dit, est exclu, et l'universelle *harmonie* des choses reste. Mais cette harmonie n'est cependant pas cette *harmonie préétablie de Leibniz*, qui met, à proprement parler, un *accord* et non une *dépendance* mutuelle dans les substances ; car Dieu ne se sert pas de moyens artificiels appropriés, dans la série des raisons concordantes, à l'harmonie (*conspirationem*) des substances.

Notre harmonie n'est pas non plus cette action toujours spéciale de Dieu, c'est-à-dire du commerce entre les substances par les *causes occasionnelles de Malebranche* : car la même action individuelle qui fait exister les substances et les conserve, établit entre elles une dépendance réciproque et universelle. De cette manière l'action divine n'a pas besoin de les déterminer de telle et telle façon suivant les circonstances : non ; une véritable action s'exerce entre les substances, action qui est un commerce opéré par des causes efficientes, par la raison que le même principe qui établit l'existence des choses, les montre soumises à cette loi de telle sorte que les déterminations qui s'attachent à l'origine de leur existence constituent un commerce réciproque. On peut donc dire avec non moins de raison, que les changements externes sont produits par des causes efficientes au même titre que les changements internes, résultant de l'activité interne d'une substance, bien que l'efficacité naturelle de cette activité, ainsi que le fondement des relations externes, ait une base divine.

Le système du commerce universel entre les substances, ainsi établi, est beaucoup plus satisfaisant que celui de l'*influx physique* généralement admis. Il montre que l'origine même du rapport mutuel des choses doit être cherchée ailleurs, dans le principe des substances isolément considérées ; en quoi le système rebattu des causes efficientes s'éloigne surtout du vrai.

SCOLIE.

Tels sont, bienveillant lecteur, les deux principes d'une connaissance métaphysique plus approfondie, et dont l'emploi peut être d'un grand secours dans la recherche de cet ordre particulier de vérités.

En cultivant la métaphysique d'après ces règles, on en trouvera le fonds moins stérile; et le reproche que lui adressent des esprits dédaigneux, de n'être qu'un tissu de vaines et ténébreuses subtilités, tombera devant l'acquis imposant d'une connaissance plus noble.

Il est des gens qui, toujours ardemment désireux de trouver dans les livres des conséquences inadmissibles, ne manquent jamais de tirer des opinions d'autrui quelque poison. Peut-être trouveront-ils le moyen de corrompre le sens de plusieurs passages de cette dissertation ; c'est possible : mais tout en les laissant faire, je crois que j'ai moins à m'occuper des critiques mal fondées que chacun peut imaginer, qu'à marcher dans le droit chemin de l'investigation et de la science. Je prie, avec tout le respect nécessaire, ceux qui aiment les études libérales, de vouloir bien me soutenir dans cette voie laborieuse.

II

RECHERCHE

SUR LA CLARTÉ DES PRINCIPES

DE LA

THÉOLOGIE NATURELLE

ET

DE LA MORALE,

En réponse à la question posée en **1763** par l'Académie des Sciences de Berlin.

> Verum animo satis hæc vestigia parva sagaci
> Sunt, per quæ possis cognoscere cætera tute.

1763.

INTRODUCTION.

La question proposée est telle que, si elle est convenablement résolue, la philosophie supérieure doit en recevoir une forme déterminée; si la méthode d'après laquelle le plus haut degré de certitude possible, dans cette espèce de connaissance, peut être acquis, et si la nature de cette persuasion bien aperçue est une fois solidement établie, alors, au lieu de l'éternelle inconsistance des opinions et des sectes scolastiques, une règle immuable dans la manière d'enseigner ramènera infailliblement les têtes pensantes à des efforts uniformes, de la même manière que la méthode de *Newton* a remplacé dans la science de la nature le décousu des hypothèses physiques par un procédé certain, dont l'expérience et la géométrie sont la base. Mais quelle sera la méthode du traité même dans lequel on doit montrer à la métaphysique son vrai degré de certitude, et la marche à suivre pour y parvenir? Si cette exposition est déjà de la métaphysique, alors le jugement qui en décide est aussi incertain que l'a été jusqu'ici la science qui prétend asseoir ainsi ses fondements, et tout est perdu. Je parlerai donc des principes certains fournis par l'expérience, et les conséquences immédiates qui en découlent formeront toute la matière de mon traité. Je ne m'abandonnerai ni aux doctrines des philosophes, dont l'incertitude est précisément l'occasion du problème à résoudre ; ni aux définitions, qui sont si souvent trompeuses. La méthode dont je me sers ici sera simple et circonspecte : s'il y a quelque chose qu'on puisse encore trouver incertain, il sera de telle nature qu'il n'aura servi qu'à l'explication, mais pas à la preuve.

PREMIÈRE MÉDITATION.

Comparaison générale de la manière d'arriver à la certitude dans les connaissances mathématiques, et de la manière d'y parvenir en philosophie.

§ I. — Le mathématicien obtient toutes ses définitions par voie de *synthèse*, le philosophe fait les siennes par *analyse*.

On peut s'élever à une notion quelconque de deux manières, ou par la *liaison arbitraire* des notions, ou par une *séparation* d'avec une connaissance qui a été élucidée au moyen d'une décomposition. Les mathématiques forment toujours leurs définitions de la première manière. Concevez, par exemple, quatre lignes prises à volonté, mais qui renferment une surface plane, de telle façon que les côtés opposés ne soient pas parallèles, et appelez cette figure un *trapèze*. La notion que je détermine ainsi n'est pas donnée avant la définition; elle en est au contraire le produit. Un cône peut signifier tout ce qu'on voudra; en mathématique il résulte de la représentation arbitraire d'un triangle rectiligne en révolution autour d'un côté. Ici, et dans tous les autres cas, la définition résulte évidemment de la *synthèse.*

Il en est tout différemment des définitions en philosophie. Il s'agit ici de la notion d'une chose déjà donnée, mais d'une manière confuse ou pas suffisamment déterminée. Il faut donc que je la décompose, que j'en compare les éléments séparés avec la notion donnée dans tous les cas possibles, et que je m'explique et me détermine cette pensée abstraite. C'est ainsi, par exemple, que chacun a la notion de temps; mais s'il s'agit de la définir, je suis obligé de considérer cette idée dans toutes sortes de rapports, pour en découvrir, par voie de décomposition, tous les éléments; de relier différents éléments abstraits, s'ils donnent une notion suffisante, et de les rapprocher entre eux, si l'un ne renferme pas l'autre en partie. Si je voulais essayer ici de parvenir par la synthèse à une définition du temps, quel heureux hasard ne faudrait-il pas pour que cette notion synthétique fût précisément celle qui exprimerait parfaitement l'idée donnée !

Cependant, dira-t-on, les philosophes définissent aussi quelquefois synthétiquement, et les mathématiciens analytiquement. C'est ainsi, par exemple, que le philosophe conçoit arbitrairement une substance douée de raison et la nomme un esprit. — Mais je réponds que de pareilles déterminations de la signification d'un mot ne sont jamais des définitions philosophiques, et que si elles doivent s'appeler définitions, elles ne sont du moins que des définitions grammaticales. Ce n'est pas, en effet, l'affaire de la philosophie de décider du nom à donner à une notion arbitraire. *Leibniz* concevait une substance simple qui n'aurait que des représentations obscures, et il l'appelait une *monade sommeillante*. En faisant cela, il n'avait pas défini cette monade, il l'avait imaginée ; la notion ne lui en était pas donnée, c'est lui qui l'avait créée. J'avoue qu'au contraire les mathématiciens ont quelquefois défini analytiquement, mais ils l'ont toujours fait mal à propos. C'est ainsi que Wolf a considéré la ressemblance en géométrie d'un œil philosophique, afin d'embrasser sous la notion générale de ressemblance jusqu'aux similitudes qu'offre la géométrie. Il aurait pu s'en dispenser ; lorsqu'en effet j'imagine des figures

dans lesquelles les angles qui renferment les lignes de
la circonférence sont réciproquement égaux, et les
côtés qui les renferment ayant un rapport identique,
cette opération peut toujours être considérée comme
la définition de la ressemblance des figures, et ainsi
des autres ressemblances des espaces. Le géomètre
n'a pas le moindre besoin de la définition générale de
la similitude. C'est un bonheur pour les mathématiques que si quelquefois, par une obligation mal entendue, le géomètre se permet de semblables définitions
analytiques, il n'en résulte rien en fait, ou que ses déductions immédiates constituent au fond la définition
mathématique ; autrement cette science serait exposée
aux dissentiments fâcheux qui affligent la philosophie.

Le mathématicien a affaire à des notions qui sont
souvent susceptibles encore d'une définition philosophique ; telle est, par exemple, la notion d'espace en
général. Mais il admet une telle notion comme *donnée*
d'après la représentation claire et universelle qu'on
s'en fait. Quelquefois, des définitions philosophiques
lui sont fournies par d'autres sciences, surtout dans
les mathématiques appliquées, par exemple, la définition de la fluidité. Mais alors une pareille définition
n'appartient pas aux mathématiques, elle y est seulement employée. C'est l'affaire de la philosophie, de
décomposer des notions qui sont données à l'état de
confusion, de les expliquer et de les déterminer ; le ma-

thématicien, lui, n'a qu'à rapprocher et comparer des notions données de quantité, notions claires et certaines, pour voir ce qui peut s'ensuivre.

§ II. Les mathématiques, dans leurs analyses, dans leurs preuves et leurs déductions, considèrent le général sous les signes *in concreto;* la philosophie le considère par les signes *in abstracto.*

Ne traitant ici nos propositions que comme des conséquences immédiates fournies par l'expérience, j'en appelle, en ce qui regarde la présente, *d'abord* à l'arithmétique, soit générale ou qui traite des grandeurs indéterminées, soit particulière, ou qui traite des nombres où le rapport des quantités à l'unité est déterminé : dans l'une et l'autre, en premier lieu, les signes des choses, et non les choses mêmes, sont posés avec les indications particulières de leur augmentation ou de leur diminution, de leurs rapports, etc.; ensuite de quoi on procède avec ces signes suivant des règles faciles et sûres, par transposition, addition, soustraction, et toute sorte de changements, de telle manière que les choses signifiées elles-mêmes sont, dans ces opérations, laissées tout à fait en dehors de la pensée, jusqu'à ce qu'enfin, dans la conclusion, la signification de la conséquence symbolique soit déchiffrée. *En second lieu,* j'en appelle à la géométrie, dans laquelle, lorsqu'il s'agit, par exemple, de connaître les propriétés de tout

cercle, on en trace un dans lequel on tire deux lignes
sécantes, au lieu de toutes les lignes possibles qui se
couperaient à l'intérieur du cercle. On montre les
rapports de ces deux lignes, et l'on y considère la
règle générale des rapports des lignes *in concreto* qui
se croisent dans tous les cercles.

Si l'on compare avec ce procédé celui de la philosophie, on le trouvera tout différent. Les signes de la
contemplation philosophique ne sont jamais que des
mots qui n'indiquent point les notions partielles (dans
leur composition) d'où résulte l'idée totale signifiée
par le mot, et ne peuvent indiquer les rapports des
pensées philosophiques dans leurs liaisons. Dans toute
réflexion qui a pour objet une connaissance de cette
nature, on est donc forcé d'avoir la chose même sous
les yeux et de se représenter l'universel *in abstracto*,
sans pouvoir recourir à cet auxiliaire important, de traiter les signes isolément, au lieu de traiter des notions
générales des choses. Lors, par exemple, que le géomètre veut démontrer que l'espace est divisible à l'infini,
il prend une ligne droite quelconque, qui est perpendi-
culaire à deux parallèles, et il tire d'un point de l'une
de ces deux parallèles d'autres lignes qui les coupent.
Il reconnaît à ce symbole, avec la plus grande certitude, que la division doit aller à l'infini. Au contraire
si le philosophe veut prouver que tout corps se compose de substances simples, il devra s'assurer d'abord

qu'un corps, en général, est un tout composé de substances ; que la composition est pour ces substances un état contingent, en dehors duquel elles peuvent également exister ; que par conséquent toute composition peut être supprimée par la pensée, sans cependant que les substances qui le composent cessent d'exister. Et comme ce qui reste d'un composé, après toute décomposition faite, est simple, il s'ensuit que le corps doit être formé de substances simples. Ici, ni figures ni signes sensibles ne peuvent exprimer les pensées ni leurs rapports ; il n'y a lieu à aucune substitution de signes, suivant certaines règles, à la place de considérations abstraites, de manière à remplacer, par ce procédé, la représentation des choses mêmes par la représentation plus claire et plus facile des figures ; le général doit, au contraire, être montré *in abstracto*.

§ III. En mathématiques il n'y a que peu de notions irrésolubles et peu de propositions indémontrables ; en philosophie le nombre des unes et des autres est infini.

Les notions de quantité en général, de l'unité, de la multiplicité, de l'étendue, etc., ne sont pas le moins du monde inexplicables en mathématique, attendu que leur décomposition et leur définition n'appartiennent pas du tout à cette science. Je sais bien que plusieurs géomètres confondent les limites des sciences, et veulent parfois philosopher dans la théorie des quantités ; ce qui les conduit à vouloir définir encore de pareilles notions, bien que la définition soit absolument sans conséquence mathématique en pareil cas. Mais il est certain que toute notion, définissable ou non, est irrésoluble par rapport à une science qui ne demande pas du tout qu'il en soit autrement. Et j'ai dit qu'il y a fort peu de notions de ce genre en mathématique. Je vais plus loin, et je dis qu'il ne peut y en avoir aucune, à savoir, en ce sens, que leur définition par la décomposition des notions fasse partie de la connaissance mathématique, supposé d'ailleurs que cette décomposition fût possible en soi. Car les mathématiques ne définissent jamais par analyse une notion donnée ; elles définissent par synthèse arbitraire un objet dont la pensée n'est possible précisément que par cette opération.

Si l'on compare à cela ce qui se passe en philosophie, quelle différence ne trouve-t-on pas ! Dans toutes les branches qui la composent, surtout en métaphysique, toute analyse possible est aussi nécessaire, puisque la clarté de la connaissance et la possibilité des conséquences certaines en dépendent. Mais on prévoit aussi qu'il est inévitable d'arriver par la décomposition à des notions irrésolubles, qui le seront ou en soi et par soi ou pour nous, et qu'il n'y en aura pas un nombre extraordinaire, puisqu'il est impossible que des connaissances générales ne se composent pas seulement d'un petit nombre de notions fondamentales. Un grand nombre ne peuvent donc absolument pas être analysées, par exemple la notion d'une *représentation*, la *simultanéité* ou la *succession*; d'autres ne peuvent être analysées qu'en partie, telles que les notions d'*espace*, de *temps*, de toute espèce de *sentiment* de l'âme humaine; les sentiments du *sublime*, du *beau*, du *laid*, etc., sans la connaissance et l'analyse précises desquels cependant les mobiles de notre nature ne sont pas suffisamment connus, et où néanmoins un observateur attentif verra que l'analyse est loin d'être suffisante. J'avoue que les définitions du *plaisir* et de la *peine*, du *désir* et de l'*aversion*, et d'une infinité d'autres pareilles, n'ont jamais été le résultat d'analyses parfaites, et je n'en suis pas surpris. En effet, des notions d'espèces si différentes doivent avoir pour fondement des notions constitutives très-diverses. La faute commise par quelques-uns, de traiter toutes les connaissances comme si elles étaient susceptibles de se résoudre en un petit nombre de notions simples, est celle des anciens naturalistes, qui s'imaginaient que toute matière, dans le monde, se compose des quatre éléments convenus, imagination démentie par une observation plus exacte.

Nous disons de plus qu'en mathématique il n'y a

que peu de propositions fondamentales *indémontrables,* et que, fussent-elles d'ailleurs susceptibles d'être prouvées, elles sont cependant considérées dans cette science comme immédiatement certaines : *le tout est égal à toutes les parties prises ensemble; il n'y a qu'une ligne droite possible entre deux points*, etc.; telles sont les propositions fondamentales que les mathématiciens ont l'habitude d'admettre au début de leur science, afin de montrer qu'on ne suppose comme immédiatement vraies que des propositions d'une telle évidence, et que tout le reste doit être strictement démontré.

Si l'on se reportait maintenant à la philosophie, particulièrement à la métaphysique, il serait curieux de voir une liste des propositions indémontrables, qui servent de fondements à toutes les parties de cette science; elle serait certainement d'une étendue incommensurable. Mais la recherche de ces vérités fondamentales indémontrables est l'affaire la plus importante de la haute philosophie, et les découvertes de cette nature ne finiront qu'avec cette espèce de connaissance. Quel que soit l'objet dont il s'agisse en effet, les notions élémentaires que l'entendement y perçoit tout d'abord et immédiatement, sont les données d'autant de propositions indémontrables, qui constituent les matériaux d'où les définitions peuvent être tirées. Avant de me disposer à dire ce que c'est que l'espace, je vois clairement que cette notion m'étant donnée, je dois rechercher avant tout par l'analyse les notions élémentaires qui s'y conçoivent de prime abord et immédiatement. J'observe donc qu'il y a une multiplicité dont les éléments sont en dehors les uns des autres ; que cette multiplicité ne se compose pas de substances, car il ne s'agit pas de la connaissance des choses dans l'espace, mais de l'espace lui-même ; que l'espace ne peut avoir que trois dimensions, etc. De pareilles propositions sont très-explicables, lorsqu'on les considère *in concreto*, pour en connaître l'objet intuitivement ; mais elles ne sont jamais démontrables. Comment, en effet, pourraient-elles l'être, puisqu'elles constituent les premières et les plus simples pensées que je puisse avoir de mon objet quand je commence à le concevoir ? En mathématiques, les définitions sont la première pensée que je puisse avoir de la chose définie, parce que ma notion de l'objet ne résulte que de la définition, et qu'il serait tout à fait absurde de la regarder comme démontrable. En philosophie, où la notion de la chose que je dois définir m'est donnée, je suis dans la nécessité de convertir en un jugement fondamental indémontrable ce qui s'y perçoit immédiatement et de prime abord. En effet, n'ayant pas encore toute la notion claire de la chose, mais la cherchant de tous côtés, elle ne peut absolument pas être prouvée à ce point par cette autre notion, à savoir, qu'elle sert plutôt à produire cette connaissance claire, et par là même une définition. Il faut donc que je possède de premiers jugements, des jugements fondamentaux, avant toute définition philosophique; et il n'y a d'autre danger en cela que de prendre pour notion élémentaire ce qui n'est encore qu'une notion dérivée. L'étude suivante mettra ce point hors de doute.

IV. L'objet des mathématiques est facile et simple, celui de la philosophie difficile et compliqué.

Comme la quantité constitue l'objet des mathématiques, et que dans l'étude qu'on en fait on n'a d'autre but que de savoir combien de fois quelque chose est posé, il est évident que cette espèce de connaissance doit reposer sur un petit nombre de théories très-claires de la théorie générale de la quantité (ce qui est proprement l'arithmétique générale). On y voit aussi l'augmentation et la diminution des quantités, leur décomposition en facteurs égaux dans la théorie des racines, sortir d'un petit nombre de notions fondamentales très-simples. Quelques notions de ce genre, concernant l'espace, permettent d'appliquer cette connaissance générale de la quantité à la géométrie. Il suffit pour s'en convaincre de comparer, par exemple, la compréhensibilité facile d'un objet arithmétique, qui comprend en soi une multiplicité excessive, avec la compréhensibilité bien autrement difficile d'une idée philosophique, où l'on cherche peu à connaître. Le rapport d'un *trillion* à l'unité se concevra très-clairement, tandis que les philosophes n'ont pas encore pu rendre intelligible la notion de *liberté* au moyen de ses unités, c'est-à-dire par les notions simples et reconnues. C'est-à-dire qu'il y a une infinité de sortes de qualités constitutives de l'objet propre de la philosophie, dont la distinction est on ne peut plus délicate. De même il est beaucoup plus difficile d'expliquer par l'analyse des connaissances complexes, que d'unir par la synthèse des connaissances simples toutes données, et d'arriver ainsi à des conséquences. Je sais que beaucoup de gens trouvent la philosophie très-facile en comparaison des hautes mathématiques. Mais ces gens-là appellent philosophie tout ce qui se trouve dans les livres qui en portent le titre. La différence se montre dans les résultats. Les connaissances philosophiques ont pour la plupart la destinée des opinions, et sont comme les météores, dont l'éclat ne promet rien pour leur durée. Elles disparaissent, tandis que les mathématiques restent. La métaphysique est sans contredit la plus difficile de toutes les études humaines; mais une métaphysique est encore à faire. La question posée par l'Académie prouve qu'on a raison de se demander quelle marche il convient de suivre pour la chercher.

SECONDE MÉDITATION.

Seule méthode d'arriver au plus haut degré possible de certitude en métaphysique.

Si la métaphysique n'est autre chose qu'une philosophie qui a pour objet les premiers fondements de notre connaissance, ce qui a été dit dans l'étude précédente touchant la connaissance mathématique comparée avec la philosophie, doit s'entendre également de la métaphysique. Nous avons vu des différences essentielles et considérables entre les deux ordres de connaissances qui font l'objet des deux sciences; ce qui peut faire dire avec l'évêque *Warburton*, que rien n'est plus pernicieux pour la philosophie que les mathématiques, c'est-à-dire que l'*imitation* des mathématiques dans la méthode de penser, où elle ne peut être employée; car, pour ce qui est de l'*application* de cette méthode dans les parties de la philosophie où se rencontre la connaissance de la quantité, c'est toute autre chose, et l'utilité en est immense.

En mathématiques, je commence par la définition de mon objet, par exemple, d'un triangle, d'un cercle, etc. En métaphysique, je ne puis jamais commencer ainsi; et on fait autant de fautes qu'on débute de fois par la définition d'une chose à connaître; la définition est bien plutôt, presque toujours la dernière chose à faire. En mathématique, je n'ai pas de notion de mon objet tant que la définition ne me l'a pas donnée; en métaphysique, j'ai une notion qui m'est déjà donnée, quoique confusément; je dois chercher à l'éclaircir, à l'étendre, à la déterminer. Comment donc pourrais-je partir de cette notion? *Augustin* disait : Je sais bien ce qu'est le temps, mais quand on me demande ce que c'est, je ne le sais plus. Un grand nombre de développements, d'idées obscures, de comparaisons, de classifications et de déterminations sur ce sujet sont donc inévitables; et je crois pouvoir dire que, bien qu'on ait débité sur le temps beaucoup de choses ingénieuses et vraies, on n'en a jamais donné la définition réelle; pour ce qui est de la définition verbale ou de mot, elle ne sert à rien ou sert peu, puisqu'on entend assez sans elle ce que signifie ce mot pour ne pas s'y méprendre. Si toutes les définitions qu'on en trouve dans les livres étaient justes, avec quelle certitude ne raisonnerait-on pas, que de conséquences ne pourrait-on pas tirer? Mais l'expérience apprend qu'il n'en est rien.

En philosophie, et singulièrement en métaphysique, on peut très-souvent avoir une connaissance claire et certaine d'un objet, et tirer de cette connaissance des conclusions sûres, avant de posséder une définition de cet objet, et même sans se mettre en peine d'en donner une. Je puis être immédiatement certain de différents prédicats de chaque chose en particulier, quoique je n'en sache pas assez pour donner la notion explicitement déterminée de la chose, c'est-à-dire la définition. Quoique je ne me sois jamais expliqué ce que c'est qu'un *désir*, je pourrais cependant dire avec certitude que tout désir suppose une représentation de l'objet désiré; que cette représentation est une prévision de l'avenir; que le sentiment du plaisir y est attaché; etc. Chacun perçoit régulièrement tout cela dans la conscience immédiate des désirs. En partant de ces sortes d'observations comparatives, on pourrait peut-être enfin parvenir à la définition du désir. Mais si l'on peut toujours, sans passer par cette définition, déduire ce qu'on cherche de quelques caractères de la chose immédiatement certains, il est alors inutile de tenter une entreprise si délicate. Il en est tout autrement, comme on sait, en mathématiques.

Dans cette science, la signification des signes est certaine, parce qu'il est facile de savoir celle qu'on a voulu leur donner. Dans la philosophie, en général, et dans la métaphysique en particulier, les mots tirent leur signification du discours ordinaire, excepté le cas où elle a été déterminée avec plus de précision par une modification logique. Mais comme, dans des notions très-semblables, qui cependant renferment une assez grande différence secrète, des mots iden-

7

tiques sont souvent employés, on doit alors, dans chaque application de la notion, quoique la dénomination de cette notion ne semble pas très-convenable d'après l'usage ordinaire du discours, procéder avec une attention scrupuleuse, bien cependant que la notion qui se trouve ici rattachée au même signe soit réellement identique. Nous disons qu'un homme *distingue* l'or d'avec le cuivre quand il reconnaît que dans l'un de ces métaux la densité n'est pas la même que dans l'autre. On dit encore qu'un animal *distingue* les espèces d'aliments lorsqu'il consomme l'une et laisse l'autre. Le mot distinguer est ici employé dans les deux cas, quoique dans le premier il signifie : *connaître* la *différence*, ce qui ne peut jamais avoir lieu sans *juger*, et qu'il n'indique, dans le second, qu'un *acte différent* avec des représentations diverses, mais sans qu'il soit nécessaire qu'un jugement précède. Nous voyons donc que l'animal est conduit à la différence des actions par la différence des sensations ; ce qui est très-possible sans qu'il ait le moins du monde besoin de juger de la ressemblance ou de la différence.

De tout ceci découlent les règles de cette méthode suivant laquelle seule peut être obtenue tout naturellement la plus haute certitude métaphysique possible ; ces règles sont bien différentes de celles qu'on a suivies jusqu'ici, et promettent un résultat d'autant plus heureux, si on les applique, qu'on n'a jamais pu se promettre rien de semblable en suivant une autre marche. La *première* et principale *règle* est celle-ci : que l'on ne commence point par des définitions, à moins qu'il ne faille essayer une simple définition de mots, par exemple : Est nécessaire ce dont le contraire est impossible. Mais alors encore il n'y a qu'un petit nombre de cas où l'on puisse, tout au début, asseoir avec autant de certitude la notion clairement déterminée. Mieux vaut chercher d'abord avec soin dans l'objet ce dont on est immédiatement certain à l'égard de la notion, avant même d'en avoir la définition. On tirera de là des conséquences, et l'on cherchera surtout à n'acquérir de l'objet que des jugements tout à fait certains, sans se fonder encore sur une définition en espérance ; définition qu'il ne faut jamais hasarder, et qu'il ne faut accorder qu'autant qu'elle résulte clairement des jugements les plus frappants d'évidence. La *seconde règle* est de noter particulièrement les jugements immédiats sur l'objet, en ce qu'il présente tout d'abord de certain. Après s'être assuré que l'un n'est pas contenu dans l'autre, on les pose, ainsi qu'on le fait des axiomes de la géométrie, comme les fondements de toutes les déductions ultérieures. D'où il suit que, dans les traités de métaphysique, on note toujours d'une façon toute spéciale ce dont on est certain, si peu que ce soit, tout en reconnaissant qu'on peut aussi éprouver des connaissances incertaines, pour s'assurer si elles ne pourraient pas mettre sur la trace de connaissances certaines, mais avec l'attention toutefois de ne pas les confondre avec les premières. Je ne déduis pas les autres règles qui sont communes à cette méthode et à toute autre méthode rationnelle, me bornant à l'élucider par des exemples.

La vraie méthode de la métaphysique est au fond la même que celle introduite en physique par *Newton*, et qui a enrichi cette science de conséquences si utiles. On doit, y est-il dit, procéder à la recherche des lois suivant lesquelles s'accomplissent certains phénomènes de la nature par des expériences certaines, avec le secours de la géométrie en tout cas. Si l'on n'en voit pas le premier fondement dans les corps, il est certain du moins qu'ils agissent d'après cette loi, et l'on explique les événements naturels compliqués en faisant voir clairement de quelle manière ils sont contenus sous ces lois bien établies. Même chose en métaphysique : cherchez par une expérience interne certaine, c'est-à-dire par une conscience d'une évidence immédiate, les notions élémentaires qui sont certainement dans la notion d'une qualité générale, et si vous ne connaissez pas aussitôt toute l'essence de la chose, vous pouvez néanmoins vous en servir sûrement pour en déduire un grand nombre de propriétés dans la chose.

EXEMPLE
de l'unique méthode certaine en métaphysique, appliquée à la connaissance de la nature des corps.

Je me reporte, pour plus de brièveté, à une preuve déjà esquissée dans la première étude, à la fin du deuxième paragraphe, pour établir ici la proposition : que tout corps doit se composer de substances simples. Sans rien décider sur la nature d'un corps, je sais cependant de science certaine qu'il se compose de parties qui existeraient encore si elles n'étaient pas unies entre elles ; et si la notion d'une substance est une notion abstraite, celle des choses corporelles qui composent le monde l'est sans doute également. Mais il n'est pas même nécessaire de les appeler des substances ; il suffit qu'on puisse en conclure avec la plus entière certitude qu'un corps se compose de parties simples ; l'analyse en est évidente, mais il serait trop long de la donner ici. Or, je puis prouver par des raisons géométriques infaillibles, que l'espace ne se compose pas de parties simples ; ces raisonnements sont assez connus. De là une multitude déterminée de parties de chaque corps qui toutes sont simples, et une multitude égale de parties de l'espace occupé par le corps, qui toutes sont composées.

D'où il suit que chaque partie simple (chaque élément) dans le corps occupe un espace. Si je me demande maintenant ce que c'est qu'occuper un espace, je vois, sans que j'aie à m'inquiéter de l'essence ou de la nature de l'espace, que si un espace peut être pénétré par tout objet sans qu'il y ait là quelque chose qui fasse résistance, on peut dire en tout cas, si l'on veut, qu'il y a quelque chose dans cet espace, mais jamais que cet espace en est occupé. D'où je vois qu'un espace est occupé quand quelque chose est là qui s'oppose à un corps en mouvement, avec effort pour y pénétrer. Or cette résistance est l'impénétrabilité. Les corps occupent donc l'espace par l'impénétrabilité. Mais l'impénétrabilité est une force, puisqu'elle exprime une résistance, c'est-à-dire une action opposée à une force extérieure. D'un autre côté, la force qui appartient à un corps doit appartenir à ses parties simples. Les éléments de chaque corps remplissent donc une place qu'ils occupent dans l'espace par la force d'impénétrabilité. Mais si je me demande en outre si les éléments premiers ne sont pas étendus par cela même que chacun d'eux, dans un corps, remplit un espace? je puis cette fois donner une définition qui est immédiatement certaine, à savoir que cela est *étendu* qui, pris en soi (*absolute*), remplit un espace, comme chaque corps en particulier remplirait un espace, encore bien qu'il n'y eût rien hors de lui. Mais si je viens à considérer un élément absolument simple, alors, s'il est posé seul (sans union avec d'autres), il est impossible d'y trouver une multiplicité dont les individualités soient en dehors les unes des autres, et de dire qu'il occupe *absolument* un espace. Il ne peut donc pas être étendu. Et comme une force appliquée contre plusieurs choses extérieures est la cause de l'impénétrabilité et que l'élément occupe un espace, je vois bien qu'il résulte de là une multiplicité dans son action extérieure, mais je vois aussi qu'il n'en résulte aucune par rapport aux parties intérieures, et qu'ainsi l'élément n'est pas étendu parce qu'il occupe une place dans le corps (*in nexu cum aliis*).

J'ajouterai quelques mots encore pour montrer avec la dernière évidence combien sont superficielles les preuves des métaphysiciens, lorsque, suivant leur habitude, ils partent résolûment de leur définition une fois mise en principe, et font des raisonnements qui tombent, du moment que la définition vient elle-même à manquer. On sait que la plupart des *newtoniens* vont encore plus loin que *Newton*, et qu'ils affirment que les corps s'attirent aussi immédiatement à distance (ou, comme ils disent, à travers l'espace vide). Je suppose établie la vérité de cette proposition, qui a certainement beaucoup en sa faveur; mais j'affirme que la métaphysique ne l'a pas le moins du monde réfutée. Premièrement, des corps sont *distants* les uns des autres quand ils *ne* se *touchent* pas. C'est la signification très-précise du mot. Si je demande maintenant ce qu'on entend par le toucher, je m'aperçois, sans me soucier de la définition, que je juge cependant toujours par la résistance qu'offre l'impénétrabilité d'un corps, que je le touche; car je trouve que cette notion provient, dans le principe, du sentiment du toucher, comme je conjecture par le jugement de la vue seule, qu'une matière touchera l'autre; mais ce n'est que dans la résistance signalée par l'impénétrabilité que j'en suis certain. Ainsi, quand je dis : un corps agit immédiatement sur un corps *à distance*, c'est comme si je disais qu'il agit immédiatement sur lui, mais par le moyen de l'impénétrabilité. Pour prouver l'impossibilité de ce point, il faudrait établir : ou que l'impénétrabilité est la force unique d'un corps, ou du moins qu'un corps ne peut agir immédiatement avec aucun autre corps, sans le faire en même temps par le moyen de l'impénétrabilité. Mais comme cette preuve n'a jamais été faite, et que tout porte à penser qu'elle le sera difficilement, la métaphysique n'a du moins aucune raison de s'opposer à l'attraction immédiate à distance. Voyons cependant comment raisonnent les métaphysiciens. D'abord une définition : le contact est l'opposition immédiate et réciproque de deux corps. D'où il suit que si deux corps agissent immédiatement l'un sur l'autre, ils se touchent l'un l'autre. Des choses qui se touchent ne sont pas éloignées les unes des autres ; par conséquent deux corps n'agissent pas immédiatement l'un sur l'autre à distance, etc. La définition est subreptice : toute présence immédiate n'est pas un contact; elle n'est cela que par le moyen de l'impénétrabilité. Tout le reste est édifié dans le vide.

Je poursuis mon traité. Il résulte de l'exemple cité qu'on peut dire avec certitude beaucoup de choses d'un objet, tant en métaphysique que dans les autres sciences, sans l'avoir défini. En effet, on n'a défini ci-dessus ni le corps ni l'espace, et l'on a cependant affirmé de l'un et de l'autre des propositions certaines. L'objet principal de cette étude c'est d'établir qu'il faut absolument procéder par voie d'analyse en métaphysique, puisqu'il s'agit en réalité d'éclaircir des connaissances confuses. Voyez, au contraire, comment procèdent les philosophes ; voyez ce qui se passe dans toutes les écoles ; quel contre-sens ! Les notions les plus abstraites, par lesquelles naturellement finit le travail de la pensée, ils en font leur début, dès qu'une fois ils se sont mis en tête la marche du mathématicien, qu'ils veulent absolument imiter. De là une différence particulière entre la métaphysique et toute autre science. En géométrie, et dans les autres sciences de la théorie des grandeurs, on commence par le plus facile pour s'élever lentement à des exercices plus difficiles. En métaphysique, on commence par le plus difficile : par la possibilité et l'existence, par la nécessité et la contingence, etc., c'est-à-dire par de pures notions, qui demandent une grande abstraction, une grande attention, alors surtout que leurs signes éprouvent dans l'application un grand nombre d'altérations, dont la différence ne doit pas échapper. Le procédé doit être absolument synthétique. On définit donc également dès le début, et l'on déduit avec assurance. Ceux qui philosophent dans ce goût se félicitent entre eux d'avoir appris du géomètre le secret de penser avec profondeur, et ne s'aperçoivent point que le géomètre acquiert ses connaissances par la *composition* des notions, tandis que les philosophes ne pourraient acquérir les leurs que par l'*analyse* seule; ce qui change tout à fait la méthode de penser.

Aussitôt, au contraire, que les philosophes auront pris la voie naturelle de la raison pour rechercher avant tout ce qu'ils savent avec certitude de la notion abstraite d'un objet (par exemple du temps ou de l'espace), sans prétendre aux définitions ; s'ils ne raisonnent que sur ces données certaines; si, dans toute application changeante d'une notion, ils s'attachent à voir si la notion elle-même, malgré l'identité du signe qui la représente, n'a pas subi de changement, alors peut-être n'apporteront-ils pas un si grand nombre de vues au marché, mais celles qu'ils présenteront seront d'une valeur moins contestable. J'en donnerai encore un exemple. La plupart des philosophes donnent comme type de notions obscures celles que nous pouvons avoir dans un sommeil profond. Des représentations *obscures* sont celles dont on n'a pas conscience. Or, certaines expériences font voir que nous avons aussi des représentations dans un profond sommeil, et comme nous n'en avons pas conscience, elles ont été obscures. Ici la *conscience* s'entend de deux manières : Ou l'on n'a pas conscience d'avoir une représentation, ou l'on a conscience de l'avoir eue. Dans le premier cas il y a obscurité de la représentation telle qu'elle est dans l'âme ; dans le second cas, il y a tout simplement absence de souvenir. Or l'exemple cité donne facilement à connaître qu'il peut y avoir des représentations dont on ne se souvient pas au réveil, mais il ne s'ensuit pas du tout qu'elles n'aient pas dû être accompagnées d'une claire conscience dans le sommeil : comme dans l'exemple donné par M. *Sauvage* d'une personne cataleptique, ou dans les actes ordinaires du somnambule. Cependant, par le fait que l'on conclut trop facilement, sans avoir auparavant donné chaque fois, par l'attention aux différents cas, la signification qui revient à une notion, il s'est probablement passé alors un grand mystère de la nature sans qu'il ait été remarqué, à savoir que peut-être dans le sommeil profond la plus grande habileté de l'âme peut s'exercer à la pensée rationnelle ; car on n'a d'autre raison en faveur du contraire, sinon qu'on ne se rappelle rien dans l'état de veille, raison qui ne prouve rien.

Le temps de procéder synthétiquement en métaphysique n'est pas éloigné ; quand l'analyse nous aura procuré des notions claires et circonstanciées, alors seulement la synthèse pourra subordonner aux connaissances les plus simples les connaissances composées, comme en mathématique.

TROISIÈME MÉDITATION.

De la nature de la certitude métaphysique.

§ Ier. — La certitude philosophique est en général d'une autre nature que la certitude mathématique.

On est certain quand on reconnaît qu'il est impossible qu'une connaissance soit fausse. Le degré de cette certitude, s'il est pris objectivement, ne donne qu'un caractère suffisant de la nécessité d'une vérité ; mais s'il est considéré subjectivement, il est d'autant plus grand que la connaissance de cette nécessité est plus intuitive. A ce double point de vue, la certitude mathématique est d'une autre espèce que la philosophique. Je le prouverai très-clairement.

L'entendement humain, comme toute autre force de la nature, est soumis à certaines règles. On ne se trompe donc pas parce que l'entendement unit irrégulièrement des notions, mais parce que l'on nie d'une chose le caractère qu'on n'y perçoit pas, et qu'on juge que ce dont on *n'a pas conscience* dans une chose *n'existe pas.* Or, *premièrement*, les mathématiques arrivent par la synthèse à leurs notions, et peuvent dire avec certitude ce qu'elles n'ont pas voulu se représenter dans leur objet par la définition, ce qui n'y est par conséquent pas contenu. Car la notion du défini ne procède que de la définition, et n'a pas d'autre signification ou valeur que celle qui lui est donnée par là. Si l'on porte maintenant son attention sur la philosophie, en particulier sur la métaphysique, on la trouvera beaucoup plus incertaine dans ses définitions, s'il lui prend envie d'en hasarder, car la notion de ce qui est à définir est donnée. Si donc on n'observe pas quelqu'un des caractères distinctifs de la notion, et qu'on juge que la notion développée n'en possède pas de *tel*, la définition devient fausse et trompeuse. Une infinité d'exemples nous montrent des vices semblables : je ne rappellerai que celui, plus haut rapporté, du contact. *Deuxièmement*, les mathématiques, dans leurs déductions et leurs preuves, considèrent leur connaissance générale sous les signes [ou caractères] déterminants *in concreto ;* la philosophie envisage en outre la science en dehors des signes, et toujours *in abstracto*. Cette différence dans la manière d'arriver de part et d'autre à la certitude est considérable. En effet, les signes des mathématiques étant des moyens sensibles de connaître, on peut alors savoir avec l'assurance qu'on possède en voyant, qu'aucune notion n'a échappé à l'attention, que chaque comparaison en particulier a eu lieu suivant des règles faciles, etc. Et ce qui allège singulièrement l'attention, c'est qu'elle n'a pas à considérer les choses dans leur représentation générale, mais seulement les signes dans leur connaissance individuelle, qui est une connaissance sensible. Au contraire, les mots, comme signes de la connaissance philosophique, ne servent qu'à rappeler les notions générales qu'ils expriment. Il faut donc toujours en avoir immédiatement devant les yeux la signification. L'entendement pur doit être maintenu dans cet état de contention; et comme le signe d'une notion abstraite n'échappe pas sans qu'on s'en aperçoive, rien de sensible ne peut en ce cas nous en révéler l'absence; et alors des choses différentes sont regardées comme identiques, et l'on produit des connaissances erronées.

Il est donc établi que les raisons d'où l'on peut juger qu'il est impossible de s'être trompé dans une connaissance philosophique certaine, n'équivalent jamais en soi à celles qu'on possède dans la connaissance mathématique. De plus, l'intuition de cette connaissance, en ce qui regarde la justesse, est plus grande en mathématiques qu'en philosophie, puisque dans les premières l'objet est considéré *in concreto* dans des signes sensibles, et que dans la seconde il n'est jamais conçu que dans des notions abstraites, dont la claire impression n'est pas à beaucoup près aussi grande que celle des signes. En géométrie, où les signes ont en outre une ressemblance avec les choses signifiées, l'évidence est donc supérieure, quoique en algèbre la certitude soit aussi positive.

§ II. — La métaphysique est susceptible d'une certitude qui suffit à la persuasion.

La certitude, en métaphysique, est de même nature que dans toute autre connaissance philosophique. A tel point même que toute autre connaissance de cette espèce ne peut être certaine qu'autant qu'elle est conforme aux principes généraux donnés par la métaphysique. Il est connu par expérience qu'en dehors des mathématiques, en beaucoup de cas, nous pouvons être parfaitement certains, jusqu'à la conviction, en nous fondant sur des motifs rationnels. La métaphysique n'est qu'une philosophie appliquée à des vues rationnelles plus générales, et il ne peut en être autrement avec elle.

Les erreurs ne proviennent pas seulement de l'ignorance où l'on est de certaines choses, mais surtout de ce qu'on veut juger sans savoir tout ce qui est nécessaire à cet effet. Un très-grand nombre d'erreurs, on pourrait dire presque toutes, sont la conséquence de cette téméraire curiosité. Si vous connaissez avec certitude de quelques prédicats d'une chose, faites-en les prémisses de vos raisonnements, et vous ne vous tromperez pas. Mais si vous voulez à toute force avoir une définition, et que vous ne soyez pas sûrs de savoir tout ce qu'il faudrait savoir pour la donner, et que vous la donniez cependant, vous tomberez dans l'erreur. Il est donc possible de prévenir les erreurs, en s'attachant à des connaissances certaines et claires, sans toutefois prétendre si facilement à la définition. Si de plus vous ne pouvez conclure avec certitude qu'à une partie considérable d'une certaine suite d'idées, ne vous permettez pas de tirer la conclusion tout entière, si faible que puisse en paraître la différence. J'accorde que l'argument par lequel on est dans l'habitude de prouver que l'âme n'est pas corporelle soit bon ; mais gardez-vous d'en conclure que l'âme n'est pas de nature matérielle. Car chacun n'entend pas seulement par là que l'âme ne soit aucune matière, mais encore qu'elle ne peut être une substance matérielle simple, un élément de la matière. Ce point demande une preuve particulière, qui établisse que cette substance pensante n'est pas dans l'espace, comme un élément corporel ;

qu'il ne peut constituer avec d'autres substances semblables, par impénétrabilité, quelque chose d'étendu, masse. Or, cette preuve n'a pas encore été faite. Si elle pouvait l'être, elle montrerait la manière incompréhensible dont un esprit est présent dans l'espace.

§ III. — La certitude des premières vérités fondamentales de la métaphysique n'est pas d'une autre espèce que celle de toute autre connaissance rationnelle, excepté les mathématiques.

De nos jours, la philosophie de M. *Crusius* (1) a prétendu donner à la connaissance métaphysique une toute autre forme, en ce qu'il n'accorde pas au principe de contradiction le privilége d'être le principe universel et suprême de toute connaissance ; en ce qu'il a reconnu beaucoup d'autres principes immédiatement certains et indémontrables, et affirmé que la légitimité de ces principes se déduit de la nature de notre entendement, d'après la règle que : ce qui ne peut se concevoir autrement que comme vrai, est vrai en effet. Au nombre de ces principes est celui-ci : ce dont je ne puis concevoir l'existence n'a jamais été ; toute chose

---

(1) J'ai cru nécessaire de mentionner ici cette nouvelle philosophie. Elle est devenue si célèbre en peu de temps, elle a rendu, par rapport à l'éclaircissement de plusieurs vues, des services si incontestables, que ce serait une faute essentielle, lorsqu'on parle de la métaphysique en général, de la passer sous silence. Ce que je dis ici est absolument sa méthode, car la différence dans des propositions particulières ne suffit pas pour en établir une essentielle d'une philosophie à une autre.

8

doit être quelque part et dans quelque temps, etc. Je ferai voir en peu de mots la véritable propriété des vérités fondamentales premières de la métaphysique, ainsi que la véritable forme de cette méthode de M. *Crusius*, forme qui ne s'éloigne pas tant de la façon philosophique de penser exposée dans ce mémoire qu'on pourrait bien le croire. On pourra également en déduire, en général, le degré de la certitude possible en métaphysique.

Tous les jugements véritables doivent être ou affirmatifs ou négatifs. La *forme* de toute *affirmation* consistant en ce que quelque chose soit présenté comme un caractère d'un objet, c'est-à-dire comme identique avec le signe d'une chose, tout jugement affirmatif est vrai si le prédicat est *identique* avec le sujet. Et comme la forme de toute *négation* consiste en ce que quelque chose soit représenté comme incompatible avec un objet, un jugement négatif est vrai quand le prédicat *répugne* au sujet. Donc la proposition qui exprime l'essence de tout jugement affirmatif, et qui par conséquent renferme la formule suprême de tous les jugements affirmatifs, est ainsi conçue : A tout sujet convient un prédicat qui est identique avec lui : c'est le principe d'*identité*. Et comme la proposition qui énonce l'essence de toute négation, à savoir : A aucun sujet ne convient un prédicat qui lui répugne, est le principe de *contra-*

diction, cette proposition est la formule suprême de tous les jugements négatifs. Les deux principes réunis constituent les principes suprêmes et universels, dans le sens formel du mot, de toute la raison humaine. La plupart se sont donc trompés lorsqu'ils ont accordé au principe de contradiction une autorité qui ne lui appartient qu'à l'égard des jugements négatifs. Mais est indémontrable toute proposition qui est immédiatement conçue comme soumise à l'un de ces principes suprêmes, et qui ne peut être conçue autrement, à savoir s'il y a identité ou contradiction immédiate dans les notions, et si elle ne peut ou ne doit pas être aperçue par l'analyse, à l'aide d'un signe intermédiaire. Toutes les autres sont démontrables. Un corps est divisible, est une proposition démontrable ; car on peut faire voir par l'analyse, et par conséquent médiatement, l'identité du prédicat et du sujet : un corps est *composé* ; ce qui est composé est *divisible* ; donc un *corps* est divisible. Le signe moyen est ici la qualité d'être *composé*. Or, il y a en philosophie un grand nombre de propositions indémontrables, comme on l'a dit précédemment. Ces propositions sont, il est vrai, toutes soumises aux premiers principes fondamentaux formels, mais immédiatement. En tant néanmoins qu'elles contiennent en même temps des raisons d'autres connaissances, elles sont les premiers principes fondamentaux matériels de la raison humaine. Par exemple : *un corps est composé*, est une proposition indémontrable, en ce que le prédicat ne peut être conçu comme un caractère immédiat et premier dans la notion de corps. De semblables premiers principes fondamentaux matériels constituent, comme le dit avec raison *Crusius*, le fondement et la stabilité de la raison humaine. Car, ainsi qu'on l'a dit plus haut, ils sont la matière des définitions, et les données d'où l'on peut déduire avec certitude, alors même qu'on n'a aucune définition.

Et *Crusius* a raison quand il blâme les autres écoles de philosophie, pour avoir omis ces principes matériels, et ne s'être attachées qu'aux principes formels. On ne peut effectivement rien prouver réellement avec ces derniers seuls, parce qu'il faut des propositions contenant la notion moyenne à l'aide de laquelle le rapport logique d'autres notions puisse être connu dans un raisonnement rationnel; et, parmi ces propositions, il doit y en avoir quelques-unes de premières. Mais on ne peut jamais accorder à quelques propositions la valeur de principes matériels suprêmes, si elles ne sont pas évidentes pour tout entendement humain. Or, je prétends que d'autres que celles données par *Crusius* soulèvent des doutes sérieux.

Mais pour ce qui est de la règle suprême de toute certitude, que cet homme célèbre croit préposer à toute connaissance, par conséquent aussi à la connaissance métaphysique, à savoir, que *ce que je ne puis concevoir que comme vrai, est vrai* en effet, etc., il est facile de voir que cette proposition ne peut jamais être le fondement de la vérité d'une connaissance quelconque. Car si l'on convient qu'aucun autre fondement de la vérité ne peut être donné que parce qu'il est impossible de ne pas le regarder comme vrai, on donne alors à entendre qu'aucun fondement de la vérité n'est plus fondamental, et que la connaissance est indémontrable. Or, il y a sans doute un bien grand nombre de connaissances indémontrables, mais le sentiment de persuasion qui s'y attache est un aveu, et non une preuve de leur vérité.

La métaphysique n'a donc pas de fondements formels ou matériels de la certitude qui soient d'une autre espèce que ceux de la géométrie. Dans les deux sciences, la forme des jugements s'accomplit suivant les principes de la convenance et de la répugnance. Dans les deux, sont des propositions indémontrables, qui forment la base des raisonnements. Seulement, comme les définitions sont en mathématiques les premières notions indémontrables des choses définies, il faut qu'il y ait, en métaphysique, à la place des définitions, différentes propositions indémontrables, qui fournissent les premières données, mais qui puissent être également sûres, et qui présentent, soit la matière de définitions, soit le principe de déductions certaines. La métaphysique n'est pas moins susceptible d'une certitude nécessaire à la conviction que les mathématiques ; seulement, la certitude mathématique est plus facile, et participe davantage de l'intuition.

QUATRIÈME MÉDITATION.

De la clarté et de la certitude dont les premiers principes de la théologie et de la morale naturelle sont susceptibles.

§ 1. — Les premiers principes de la théologie naturelle sont susceptibles de la plus grande évidence.

Premièrement, il y a la différence la plus claire et la plus facile possible à saisir, entre une chose et toutes les autres, si cette chose est la seule possible de son espèce. L'objet de la religion naturelle est l'unique cause première, et ses déterminations sont telles qu'elles ne peuvent pas être facilement confondues avec les autres choses. Or, la plus grande persuasion est possible lorsqu'il est absolument nécessaire que ces prédicats, et pas d'autres, conviennent à une chose. Car il est le plus souvent difficile, avec des déterminations contingentes, de rencontrer les conditions variables de ses prédicats. Donc, l'être absolument nécessaire est un objet de telle espèce que, du moment qu'on est parvenu sur la véritable trace de sa notion, il semble promettre plus de certitude encore que la plupart des autres connaissances philosophiques. Dans cette partie de la question, je ne puis me dispenser de parler, en général, de la connaissance philosophique qu'on peut avoir de Dieu; car il serait beaucoup trop long d'examiner les doctrines actuelles des philosophes sur cet objet. La notion capitale qui s'offre ici au métaphysicien, est l'existence absolument nécessaire d'un être. Pour y arriver, il pouvait se demander d'abord : *s'il est possible qu'il n'existe absolument rien.* S'il s'aperçoit que, dans cette hypothèse, aucun être absolument n'est donné, que *rien* non plus *n'est concevable*, que c'en est fait de toute *possibilité*, il ne peut légitimement rechercher que la notion seule de l'existence, qui doit servir de fondement à toute possibilité. Cette pensée s'étendra et affermira la notion déterminée de l'être absolument nécessaire. Mais, sans aller plus loin dans ce dessein particulier, on peut dire, qu'aussitôt que l'existence d'un être unique, parfait et nécessaire, est reconnue, les notions du reste de ses déterminations sont beaucoup mieux appréciées, parce qu'elles sont toujours les plus grandes et les plus parfaites. Elles sont aussi plus certaines, parce que celles-là seules peuvent être reconnues qui sont nécessaires. S'agit-il, par exemple, de déterminer la notion de l'*omni-présence* divine : je reconnais facilement que l'être dont tout le reste dépend, puisqu'il est lui-même indépendant, déterminera par sa présence le lieu de tous les autres dans le monde, *mais* qu'il ne se déterminera, *à lui-même,* aucun lieu parmi eux, puisqu'alors il ferait avec eux partie du monde. Dieu n'est donc proprement dans aucun lieu, mais il est présent à toutes les choses, dans tous les *lieux où sont les choses*. J'aperçois également que, les choses du monde se succédant sous son empire, il ne s'assignera pas non plus un moment dans cette série, et qu'ainsi rien n'est passé ou futur par rapport à sa durée. Quand donc je dis : Dieu prévoit l'avenir, cela ne signifie pas que Dieu voit ce qui est *à venir par rapport à lui,* mais bien qu'il voit ce qui est à venir pour certaines choses du monde, c'est-à-dire ce qui vient après un de leurs états. D'où l'on voit que la connaissance de l'avenir, du passé et du présent, ne présente absolument rien de différent par rapport à l'acte de l'entendement divin ; qu'au contraire cet entendement connaît comme réelles toutes les choses de l'univers ; et qu'on peut se faire une idée beaucoup plus déterminée et plus claire de cette prévoyance en Dieu qu'en aucune chose qui ferait partie de l'ensemble du monde.

Partout donc où ne se rencontre pas quelque chose d'analogue à la contingence, la connaissance métaphysique de Dieu est très-certaine. Mais le jugement sur ses actions libres, sur la Providence, sur la marche de sa justice et de sa bonté, est encore si peu développé dans les notions que nous avons en nous de ses déterminations, que nous ne pouvons avoir dans cette science qu'une certitude approximative, une certitude morale.

§ II. — Les premiers fondements de la morale, d'après leur état actuel, ne sont pas encore susceptibles de toute l'évidence nécessaire.

Pour le faire voir clairement, je prouverai combien la première notion même de l'*obligation* est encore peu connue, et combien, par conséquent, on doit être loin de donner, dans la philosophie pratique, aux notions et aux propositions fondamentales, la clarté et la certitude nécessaires à l'évidence. On *doit* faire telle ou telle chose, s'abstenir de telle ou de telle autre; telle est la formule sous laquelle chaque obligation est proclamée. Or tout *devoir* exprime une nécessité de l'action, et peut s'entendre de deux manières. Je *dois* ou faire quelque chose (comme *moyen*), *si je* veux quelque autre chose (comme *fin*); ou je *dois immédiatement faire* quelque autre chose (comme fin), et le réaliser. La première de ces nécessités peut s'appeler une nécessité de moyen (*necessitatem problematicam*); la deuxième, une nécessité de fin (*necessitatem legalem*). La première espèce de nécessité n'indique absolument aucune obligation, mais seulement la prescription, comme lorsqu'il s'agit de résoudre un problème, des moyens qu'on doit employer quand on veut atteindre une certaine fin. Celui qui enseigne à un autre ce qu'il doit pratiquer ou omettre pour se rendre heureux, si telle est sa volonté, pourra peut-être bien ramener à ce point toute la morale; mais la morale ne sera plus une affaire d'obligation; à moins qu'on n'appelle de ce nom la nécessité où je suis de tracer deux arcs de cercle quand je veux couper une ligne droite en deux parties égales. C'est-à-dire que ce ne sont pas là des obligations, mais seulement des indications pour atteindre habilement un but proposé. Or, comme l'usage des moyens n'a pas d'autre nécessité que celle qui se rapporte à la fin, toutes les actions prescrites par la morale, sous la condition de certaines fins, sont à ce titre contingentes, et ne peuvent prendre le nom d'obligations tant qu'elles ne sont pas subordonnées à une fin nécessaire. Je dois, par exemple, travailler à une complète perfection, ou je dois suivre la volonté de Dieu. Quelle que soit celle de ces deux propositions à laquelle serait soumise toute la philosophie pratique, cette proposition, pour qu'elle doive être une règle et un fondement de l'obligation, doit prescrire l'action comme immédiatement nécessaire, et non sous la condition d'une certaine fin. Or nous trouvons ici qu'une pareille règle suprême, immédiate de toute obligation, devrait être absolument indémontrable. Car il est impossible de connaître et de conclure, par la considération d'une chose ou d'une notion, quelle qu'elle soit, ce qu'on doit faire, quand ce qui est supposé n'est pas une fin, et quand l'action est un moyen. Or c'est ce qui ne doit pas être, parce qu'autrement il n'y aurait aucune formule d'obligation ; il n'y aurait que de l'habileté pratique ou problématique.

Je puis donc faire voir en peu de mots qu'après avoir longtemps réfléchi sur cet objet, je suis convaincu que la règle : Agis avec toute la perfection dont tu es capable, est le premier *fondement formel* de toute obligation d'*agir*, comme la proposition : Abstiens-toi de tout ce qui est pour toi un obstacle à la plus grande perfection possible, est le premier fondement formel par rapport au devoir de *s'abstenir*. Et de même que des premiers principes fondamentaux formels de nos jugements en matière de vérité, il ne suit rien quand des premiers principes matériels ne sont pas donnés, semblablement de ces deux seules règles du bien ne découle aucune obligation particulièrement déterminée, si des principes matériels indémontrables de la connaissance pratique ne s'y ajoutent.

Ce n'est que de nos jours qu'on a commencé à s'apercevoir que la faculté de connaître le *vrai* est la *connaissance*, mais que celle de sentir le *bon* est le *senti-*

ment, et que les deux ne doivent pas être confondues. De même donc qu'il y a des notions indécomposables du vrai, c'est-à-dire de ce qui se rencontre dans les objets de la connaissance considérés en soi, il y a de même un sentiment irréductible du bien (qui ne se trouve jamais dans une chose absolument, mais toujours relativement à un être sensible). C'est l'œuvre de l'entendement de décomposer la notion complexe et obscure du bien et de l'éclairer, en faisant voir comment il provient des sentiments simples du bien. Mais si ce sentiment est simple, alors le jugement : Ceci est bon, est parfaitement indémontrable ; c'est un acte immédiat touchant la conscience du sentiment du plaisir avec la représentation de l'objet. Et comme il y a en nous un grand nombre de sentiments simples du bien tout à fait sûrs, il y en a beaucoup de représentations indécomposables. Donc quand une action est représentée comme immédiatement bonne, faire qu'elle contienne d'une manière cachée un certain autre bien qui puisse y être reconnu par l'analyse, et qui la fasse appeler parfaite ; la nécessité de cette action est alors un principe matériel indémontrable de l'obligation. Cette proposition, par exemple : Aime celui qui t'aime, est une proposition pratique, qui est, il est vrai, subordonnée à la règle formelle suprême et affirmative de l'obligation, mais immédiatement. Car puisqu'on ne peut faire voir par l'analyse pourquoi l'amour réciproque renferme une perfection, cette règle n'est pas démontrée pratiquement, c'est-à-dire au moyen de la réduction à la nécessité d'une autre action parfaite ; mais elle est immédiatement subsumée aux règles générales des bonnes actions. Peut-être que l'exemple choisi ne montre pas la chose clairement et d'une manière assez persuasive ; mais les limites d'un mémoire tel que celui-ci, limites que j'ai peut-être déjà dépassées, ne me permettent pas d'être aussi complet que je le désirerais. C'est une laideur immédiate attachée à l'action, qui s'oppose à la volonté de celui dont provient notre existence et toute espèce de bien. Cette difformité est claire, quoiqu'elle ne soit pas aperçue dans les inconvénients qui peuvent en accompagner l'exécution comme conséquences. La proposition : Fais ce qui est conforme à la volonté de Dieu, est donc un principe matériel de la morale, principe néanmoins subordonné formellement, mais immédiatement, à la formule universelle suprême déjà mentionnée. Il ne faut pas plus légèrement regarder comme indémontrable, dans la philosophie pratique, que dans la théorique, ce qui ne l'est pas. Néanmoins, les principes qui contiennent comme postulats les fondements de toutes les autres propositions pratiques sont indispensables. *Hutcheson* et d'autres ont déjà fait sous le titre de : sentiment moral, de belles remarques à ce sujet.

Il résulte de ce qui précède, que, si l'on doit pouvoir atteindre au plus haut degré possible d'évidence philosophique dans les premiers fondements de la morale, néanmoins, les notions fondamentales suprêmes de l'obligation doivent être avant tout déterminées avec certitude. A cet égard, le vice de la philosophie pratique est encore plus grand que celui de la philosophie spéculative, puisqu'il faut encore, et tout d'abord, décider si la faculté de connaître, ou le sentiment (le premier fondement intérieur de la faculté appétitive), est la seule règle des premiers principes à cet égard.

ÉPILOGUE.

Telles sont les pensées que je livre au jugement de l'Académie royale des sciences. J'ose croire que les raisons que j'ai exposées sont de quelque importance pour la solution de la question proposée. Pour ce qui est du soin, des proportions et de l'élégance dans l'exécution, j'ai plutôt pris à tâche d'écarter une partie de ces agréments que de m'empêcher par là de donner un temps nécessaire à l'examen, d'autant plus que ce défaut, en cas de succès, peut être facilement réparé.

III

ESSAI

SUR

L'INTRODUCTION EN PHILOSOPHIE

DE LA

NOTION DES QUANTITÉS NÉGATIVES

1763

PRÉFACE.

L'usage qu'on peut faire des mathématiques en philosophie consiste ou dans l'imitation de leur méthode, ou dans l'application réelle de leurs propositions aux objets de la philosophie. On ne voit pas que la première de ces tentatives ait été jusqu'ici de quelque utilité, quoiqu'on se promît d'abord d'en retirer un grand avantage, et l'on a vu tomber peu à peu les titres fastueux dont on décorait les propositions philosophiques, jaloux qu'on était du caractère scientifique de la géométrie, parce qu'on s'est bien aperçu qu'il ne convient pas d'agir avec fierté dans des circonstances ordinaires, et que l'importun *non liquet* n'a voulu en aucune manière céder à cette prétention.

La seconde espèce d'usage a été, au contraire, d'autant plus utile pour les parties de la philosophie où il a été admis que, pour avoir mis à profit les théories mathématiques, elles se sont élevées à une hauteur à laquelle elles n'auraient pas pu prétendre sans cela. Mais en supposant qu'il n'y eût là que des vues propres à la physique, ne faudrait-il pas mettre la logique des événements fortuits au nombre des parties de la philosophie ? Pour ce qui est de la métaphysique, au lieu de tirer parti de quelques notions ou de quelques théories des mathématiques, souvent au contraire elle est armée contre elles, et, quand peut-être elle aurait pu en emprunter de solides fondements pour y élever ses spéculations, elle ne s'applique qu'à déduire des notions du mathématicien de subtiles fictions qui, hors de son champ, ne peuvent avoir que peu de vérité en soi. On peut aisément deviner de quel côté sera l'avantage dans la dispute entre deux sciences dont l'une surpasse tout le reste en certitude et en clarté, et dont l'autre ne s'efforce que depuis peu d'atteindre cette supériorité.

La métaphysique cherche, par exemple, à trouver la nature de l'espace et la raison suprême qui en fait concevoir la possibilité. Rien ne serait plus avantageux à cet effet que de pouvoir emprunter des données positivement démontrées, afin de les faire servir de base à des études ultérieures. La géométrie fournit quelques-unes de ces données, qui regardent les propriétés les plus communes de l'espace, par exemple, que l'espace ne résulte pas de parties simples. Mais on n'en tient aucun compte, et l'on s'en rapporte uniquement à la conscience incertaine de cette notion, en la concevant d'une manière tout à fait abstraite. Quand donc la spéculation, d'après ce procédé, ne veut pas se mettre d'accord avec les propositions des mathématiques, on cherche à sauver sa notion artificielle en reprochant à cette science de prendre pour fondement des notions qu'elle n'aurait pas tirées de la véritable nature de l'espace, mais qu'elle aurait imaginées arbitrairement. L'étude mathématique du mouvement, liée à la connaissance de l'espace, fournit plusieurs données de même forme, pour maintenir l'étude métaphysique du temps dans la voie de la vérité. Le célèbre M. *Euler*, entre autres, en a fourni l'occasion (1). Mais il semble plus commode de s'en tenir à des abstractions obscures et difficiles à examiner que de s'attacher à une science qui n'a que des vues intelligibles et claires.

La notion des infiniment petits, à laquelle les mathématiques ont si souvent recours, sera donc rejetée sans autre examen comme une fiction, plutôt que de conjecturer que l'on n'en sait pas encore assez pour pouvoir en porter un jugement. La nature elle-même semble pourtant nous donner des preuves assez significatives de la vérité de cette notion ; car s'il y a des forces qui agissent continuellement pendant un certain temps pour produire des mouvements, telles, suivant

(1) Histoire de l'Académie royale des sciences et belles-lettres, année 1748.

toute apparence, que la pesanteur, il faut que la force qui produit ces mouvements soit, au début ou au repos, infiniment petite en comparaison de celle qu'elle communique dans un temps donné. Il est difficile, j'en conviens, de pénétrer dans la nature de cette notion ; mais cette difficulté ne peut, dans tous les cas, que justifier la modestie de conjectures incertaines, et non des décisions tranchantes d'impossibilité.

J'ai le dessein d'envisager maintenant, relativement à la philosophie, une notion assez connue en mathématiques, et encore très-étrangère à la philosophie. Ce mémoire ne comprend que de faibles commencements, comme il arrive ordinairement quand on veut ouvrir de nouvelles vues. Il est cependant possible qu'elles deviennent l'occasion de conséquences importantes. En négligeant la notion des quantités négatives en philosophie, on est tombé dans une infinité de fautes ou de fausses interprétations des opinions des autres. S'il avait plu au célèbre *Crusius* de prendre connaissance du sens des mathématiques sous ce rapport, il n'aurait pas trouvé faux, jusqu'à s'en étonner, le rapprochement de *Newton*, lorsqu'il compare la force d'attraction qui a lieu à des distances de plus en plus éloignées et qui se change peu à peu en force de répulsion par le rapprochement des corps, aux séries dans lesquelles les quantités négatives commencent où les positives finissent : car les quantités négatives ne sont pas des négations de quantités, comme l'analogie de l'expression le lui a fait conjecturer, mais elles ont en elles quelque chose de vraiment positif : seulement c'est quelque chose d'opposé à l'autre quantité positive. Et ainsi l'attraction négative n'est pas le repos, comme il le prétend, c'est une véritable répulsion.

Je vais donc tâcher de faire voir dans ce mémoire de quelle application cette notion est en général susceptible en philosophie.

La notion des quantités négatives est depuis longtemps en usage dans les mathématiques, où elle est aussi de la plus haute importance. Cependant l'idée que s'en sont faite la plupart des mathématiciens, et la définition qu'ils en ont donnée, est bizarre et contradictoire, quoiqu'il n'en résulte aucune inexactitude dans l'application : car les règles particulières en ont remplacé la définition, et rendu l'usage certain. Mais ce qu'il pouvait y avoir de faux dans le jugement sur la nature de la notion abstraite s'est trouvé sans conséquence. Personne n'a peut-être montré plus sûrement et plus clairement ce qu'il faut entendre par quantités négatives que le célèbre professeur *Kæstner* (1), sous les mains duquel tout devient exact,

(1) Principes d'Arithmétique, pages 39-62.

compréhensible et agréable. La critique qu'il fait à cette occasion de la manie de décomposer d'un philosophe profondément abstrait, a beaucoup plus d'extension que la lettre ne l'exprime, et peut être considérée comme une invitation à éprouver les forces de la prétendue perspicacité d'un grand nombre de penseurs à une notion vraie et utile, pour en consolider philosophiquement la propriété, notion dont l'exactitude est déjà assurée en mathématiques, et que la fausse métaphysique évite volontiers, parce qu'un savant non-sens ne peut jouer aussi facilement la solidité ici qu'ailleurs. Entreprenant de procurer à la philosophie l'acquisition d'une notion encore inusitée, mais absolument nécessaire, je désire n'avoir d'autres juges que des hommes dont le jugement soit aussi vaste que l'auteur dont les écrits ont été l'occasion de ce travail. Car, en ce qui regarde les esprits métaphysiques d'une pénétration achevée, il faudrait être bien inexpérimenté pour croire qu'on pourrait encore ajouter quelque chose à leurs connaissances, ou retrancher quelque chose de leur opinion.

SECTION PREMIÈRE.

Explication de la notion des quantités négatives en général.

Il y a opposition entre deux choses, lorsque, posé l'une, l'autre se trouve par le fait supprimée. Cette opposition est double : elle est ou *logique* par la contradiction, ou *réelle*, c'est-à-dire sans contradiction.

La première espèce d'opposition, c'est-à-dire l'opposition logique, est la seule qu'on ait remarquée jusqu'ici. Elle consiste en ce que quelque chose est en même temps affirmé et nié d'un même sujet. La conséquence de cette liaison logique n'est absolument rien, comme l'énonce le principe de contradiction (*nihil negativum est irrepræsentabile*). Un corps en mouvement est aussi quelque chose (*cogitabile*); mais un corps qui serait dans le même sens à la fois en mouvement et pas en mouvement, n'est rien.

La seconde espèce d'opposition, c'est-à-dire la réelle, a lieu quand deux attributs sont opposés, mais pas par le principe de la contradiction. Une chose fait aussi disparaître ici ce qui a été posé par une autre ; mais la conséquence est *quelque chose* (*cogitabile*). La force motrice d'un corps vers un lieu, et un effort égal, quoique en direction opposée, ne se contredisent pas, et peuvent exister en même temps comme prédicats dans un même corps. La conséquence est le repos, qui est quelque chose (*repræsentabile*). Il y a cependant une véritable opposition ; car ce qui est posé par une tendance, si elle était seule, est détruit par l'autre, et ces deux tendances sont de vrais prédicats d'une seule et même chose, et qui lui conviennent en même temps. La conséquence est également nulle, mais dans un autre sens que dans la contradiction (*nihil privatum, repræsentabile*).

Nous appellerons désormais ce rien $= 0$; et ce sens du mot rien est le même que celui de négation (*negatio*), défaut, manquement, mots qui sont usités chez les philosophes, seulement avec une détermination plus précise qui se représentera plus tard.

Dans la répugnance logique on ne fait attention qu'au rapport par lequel les prédicats d'une chose et leurs conséquences disparaissent par la contradiction. On ne cherche nullement à savoir lequel de ces deux prédicats est vraiment affirmatif (*realitas*), et lequel est vraiment négatif (*negatio*). Être en même temps obscur et non obscur est en contradiction dans le même sujet. Le premier attribut est logiquement affirmatif, l'autre logiquement négatif, quoique celui-là soit une négation dans le sens métaphysique. La répugnance réelle repose aussi sur le rapport de deux prédicats opposés d'une même chose ; mais cette répugnance est d'une tout autre espèce que la précédente : ce qui est affirmé par l'un, n'est pas nié par l'autre, car c'est impossible, les deux prédicats A et B étant affirmatifs ; seulement, comme les conséquences de chacun en particulier seraient *a* et *b*, ni l'un ni l'autre ne peuvent se rencontrer dans un sujet, et ainsi la conséquence est zéro. Supposez qu'une personne ait sur une autre une créance B de cent florins ; c'est là un titre au recouvrement de cette valeur : mais si le même a une dette de 100 florins, alors c'est un titre qui l'oblige à donner une pareille somme. Les deux dettes ensemble sont un capital de zéro, c'est-à-dire qu'il n'y a lieu ni à donner ni à recevoir de l'argent. On voit clairement que ce zéro est un rien proportionnel, puisque seulement une certaine conséquence n'est pas, comme dans ce cas, un certain capital, et, comme dans le cas cité plus haut, un certain mouvement. Au contraire, il n'y a absolument rien dans la suppression par la contradiction. En conséquence, le *nihil negativum* ne peut pas être exprimé par zéro $0=$: car il ne contient aucune contradiction. On peut concevoir qu'un certain mouvement ne soit pas, mais on ne peut pas concevoir qu'il soit et ne soit pas en même temps.

Les mathématiciens se servent de la notion de cette opposition réelle dans leurs quantités ; et, pour les indiquer, ils emploient les signes $+$ et $-$. Comme une opposition de cette sorte est réciproque, on voit facilement que l'une détruit l'autre entièrement ou partiellement, sans que pour cela celles qui sont précédées du signe + soient différentes de celles qui sont précédées du signe —. Supposons qu'un vaisseau parte du *Portugal* pour se rendre aux *Etats-Unis ;* désignons par + tous les espaces qu'il parcourt avec les vents d'est, et par — ceux dont il recule par le vent d'ouest. Les nombres indiqueront des milles. Le chemin qu'il a fait vers l'ouest dans sept jours est + 12 + 7 — 3 — 5 + 8 = 19 milles. Les quantités marquées du signe — ne portent ce signe que comme un indice de l'opposition, en tant qu'elles doivent être prises conjointement avec celles qui sont marquées du signe + ; mais si elles sont ainsi réunies à celles qui sont marquées du signe —, alors il n'y a plus lieu à aucune opposition, parce que l'opposition est un rapport réciproque qui ne se rencontre qu'entre les signes + et —. Et comme la soustraction est une réduction qui a lieu lorsque des quantités opposées sont prises simultanément, il est clair, en ce cas, que le signe — ne peut pas être proprement un signe de soustraction, comme on le croit ordinairement, mais bien que les signes + et — réunis n'indiquent qu'une réduction. Par conséquent — 4 — 5 = — 9 ne serait nullement une soustraction, mais une véritable augmentation, une addition de quantités de même espèce. Mais + 9 — 5 = 4 indique une réduction, parce que les signes de l'opposition font voir que l'un fait disparaître son équivalent dans l'autre. De même le signe + pris en lui-même n'indique pas proprement une addition ; il indique seulement que la quantité devant laquelle il se trouve doit être unie à une autre également précédée du signe $+$ ou qui est censée en être précédée. Mais si elle doit être unie à une autre devant laquelle se trouve le signe $-$, alors la chose n'est possible qu'au moyen de l'opposition, et dans ce cas le signe $+$, tout aussi bien que le signe $-$, indique une soustraction, savoir, qu'une quantité en diminue une autre d'une partie égale à elle-même, comme $-9 + 4 = -5$. C'est pourquoi dans le cas $-9 - 4 = -13$, le signe $-$ ne désigne point une soustraction, mais une addition, comme le signe $+$ dans l'exemple $+9 +4 = +13$. Car, en général, quand les signes sont les mêmes, les choses désignées doivent absolument être sommées ; mais s'ils sont différents, elles ne peuvent être réunies que par une opposition, c'est-à-dire moyennant une soustraction. Ces deux signes ne servent donc, dans la science des quantités, qu'à distinguer celles qui sont opposées, c'est-à-dire celles qui, prises ensemble, se détruisent réciproquement, entièrement ou partiellement, afin 1° que l'on reconnaisse par là ce rapport d'opposition réciproque, et 2° que l'on sache, après avoir soustrait l'une de l'autre, suivant le cas, à laquelle des deux quantités appartient le résultat. Ainsi, dans l'exemple ci-dessus, on aurait obtenu le même résultat numérique si la route

parcourue avec le vent d'est avait été désignée par —
et celle parcourue avec le vent d'ouest par +; seulement le résultat aurait été alors marqué du signe —.

De là la notion mathématique des *quantités négatives*. Une quantité est négative par rapport à une autre, en tant qu'elle n'y peut être réunie que par une opposition, c'est-à-dire en tant que l'une fait disparaître dans l'autre une quantité égale à elle-même. C'est à la vérité un rapport d'opposition; et des quantités qui sont ainsi opposées se détruisent réciproquement en nombre égal : de sorte que l'on ne peut donner absolument le nom de négative à une quantité; mais il faut dire que, dans $+a$ et $-a$, l'un est la quantité négative de l'autre. Mais, comme on peut toujours l'ajouter par la pensée, les mathématiciens ont l'habitude d'appeler quantités négatives celles qui sont précédées du signe —. Il faut cependant faire attention que cette dénomination n'indique pas une espèce de choses particulières quant à sa qualité intrinsèque, mais le rapport d'opposition avec d'autres choses qui sont désignées par +, pour être additionnées dans une opposition.

Pour tirer de cette notion ce qui est proprement l'objet de la philosophie, sans considérer particulièrement les quantités, nous observerons d'abord qu'elle contient l'opposition que plus haut nous avons appelée réelle. Soit + 8 d'actif, — 8 de passif : il n'y a pas contradiction à dire alors que les deux conviennent à une même personne. Cependant l'un enlève une partie égale à celle qui était posée par l'autre, et la conséquence est zéro. Je donnerai donc aux dettes le nom de capitaux négatifs. Mais je n'entendrai pas par là qu'elles soient des négations ou une simple absence de capitaux : car alors elles auraient le zéro pour signe, et la somme faite du capital et des dettes donnerait la valeur de la possession, $8 + 0 - 8$; ce qui est faux : car les dettes sont des raisons positives de la diminution des capitaux. Comme toute cette dénomination n'indique toujours que le rapport de certaines choses entre elles, sans lequel cette notion cesse aussitôt, il serait absurde d'imaginer pour cela une espèce particulière de choses, et de les nommer choses négatives : car l'expression mathématique même de quantités négatives n'est pas exacte. En effet, des choses négatives signifieraient généralement des négations (*negationes*); mais ce n'est pas la notion que nous voulons établir. Il suffit au contraire d'avoir éclairci déjà les rapports d'opposition qui composent toute cette notion, et qui consistent dans l'opposition réelle. Pour donner cependant à connaître en même temps dans les expressions que l'un des opposés n'est pas le contradictoire de l'autre, et que, si celui-ci est positif, celui-là n'en est pas une simple négation, mais que, comme nous le verrons bientôt, il lui est opposé comme quelque chose d'affirmatif, nous appellerons, d'après la méthode des mathématiciens, la mort une naissance négative, la chute une ascension négative, le retour un départ négatif, afin que l'on puisse voir en même temps par l'expression, que d'abord la chute ne diffère pas simplement de l'ascension comme *non-a* de *a*, mais qu'en liaison avec elle, elle contient le principe d'une négation. Il est donc bien clair maintenant que, comme tout revient ici au rapport d'opposition, je puis tout aussi bien appeler la mort une naissance négative, que la naissance une mort négative; de même aussi les capitaux sont aussi bien des dettes négatives que les dettes des capitaux négatifs. Mieux vaut cependant donner le nom d'opposé négatif à la chose à laquelle, en tout cas, on fait principalement attention quand on veut désigner son opposé réel. Ainsi, par exemple, il est plus convenable d'appeler les dettes des capitaux négatifs, que de les nommer des dettes positives, quoiqu'il n'y ait aucune différence entre le rapport d'opposition lui-même, mais en vue définitive du résultat de ce rapport d'opposition. Seulement, je remarque de plus que je me servirai encore quelquefois de l'expression qu'une chose est la *négative* de l'autre. Par exemple, la négative du lever est le coucher : par quoi je ne veux pas faire entendre une négation de l'autre, mais quelque chose qui est dans une opposition réelle avec l'autre.

Dans cette opposition réelle, il faut regarder la proposition suivante comme une *règle fondamentale :* La répugnance réelle n'a lieu qu'autant que de deux choses, comme *principes positifs*, l'une fait disparaître la conséquence de l'autre. Supposons que la force motrice soit un principe positif : alors une opposition réelle ne peut avoir lieu qu'autant qu'une autre force motrice est en rapport avec elle, et qu'elles détruisent ainsi mutuellement leurs conséquences. Ce qui suit peut servir de preuve universelle : 1° Les déterminations opposées entre elles doivent se rencontrer dans le même sujet : car, à supposer qu'il y ait une détermination dans une chose, et une autre détermination, quelle qu'elle puisse être, dans une autre chose, il n'en résulte aucune opposition (1). 2° L'une des deux déterminations opposées d'une opposition réelle ne peut être l'opposé contradictoire de l'autre : car alors l'opposition contradictoire serait logique, et, comme on l'a fait voir plus haut, impossible. 3° Une détermination ne peut nier autre chose que ce qui a été posé par l'autre : car autrement il n'y aurait aucune opposition. 4° Elles ne peuvent pas, en tant qu'elles sont opposées entre elles, être négatives toutes deux : car alors aucune ne poserait rien qui fût détruit par l'autre. Il faut donc que dans toute

---

(1) Nous traiterons encore dans la suite d'une opposition *virtuelle.*

opposition réelle les prédicats soient tous deux positifs, de manière toutefois que dans la liaison les conséquences se détruisent réciproquement dans le même sujet. De cette manière, des choses dont l'une est regardée comme la négative de l'autre, sont toutes deux positives, si on les considère en elles-mêmes; mais unies dans un même sujet, elles donnent zéro pour conséquence. La navigation vers l'est est un mouvement tout aussi positif que celle vers l'ouest; seulement s'il s'agit du même vaisseau, les distances parcourues se détruisent mutuellement en totalité ou en partie.

Je ne veux pas dire par là que des choses opposées réellement entre elles ne contiennent pas du reste beaucoup de négations. Un vaisseau qui est poussé vers l'ouest, ne se meut pas alors vers l'est ou vers le sud, etc., etc.; il n'est pas non plus en même temps dans tous les lieux. Ce sont là autant de négations qui s'attachent à son mouvement. Mais parmi toutes ces négations, la seule chose qui puisse être opposée réellement, et dont la conséquence est zéro, est encore ce qu'il y a de positif dans le mouvement vers l'est, aussi bien que dans celui vers l'ouest.

C'est ce que l'on peut éclaircir de la manière suivante par des signes généraux. Toutes les négations véritables, et qui par conséquent sont possibles (car la négation de ce qui est posé en même temps dans le sujet, n'est pas possible), sont exprimées par le zéro

$= 0$, et l'affirmation par un signe positif; mais la liaison dans le même sujet s'exprime par $+$ ou $-$. On reconnaît ici que $A + 0 = A$, $A - 0 = A$, $0 + 0 = 0$, $0 - 0 = 0$ (1), ne sont point des oppositions, et que dans aucune de ces formules ce qui a été posé n'est détruit. De même, $A + A$ n'est pas une suppression, et il ne reste que ce cas-ci : $A - A = 0$; c'est-à-dire que de deux choses dont l'une est la négative de l'autre, toutes deux sont A, et par conséquent vraiment positives, de telle sorte cependant que l'une supprime ce qui a été établi par l'autre; ce qui est indiqué ici par le signe $-$.

La *seconde règle*, qui est proprement l'inverse de la première, s'énonce ainsi : Partout où il y a une raison positive, et où la conséquence est néanmoins zéro, il y a une opposition réelle, c'est-à-dire que ce principe est lié avec un autre principe positif qui est la négative du premier. Si un vaisseau est réellement poussé en pleine mer par le vent d'est, et qu'il reste toujours à la même place, ou du moins s'il ne peut se

---

(1) On pourrait croire ici que $0 - A$ est encore un cas qui a été omis. Mais ce cas est impossible dans le sens philosophique : car quelque chose ne peut jamais être soustrait de rien. Si en mathématiques cette expression est juste dans l'application, c'est parce que le zéro ne change absolument en rien ni l'augmentation ni la diminution par d'autres quantités : $A + 0 - A$ est toujours $A - A$; par conséquent le zéro est complétement inutile. La pensée qui en a été empruntée, comme si des quantités négatives étaient *moins que rien*, est donc vaine et absurde.

déplacer en raison proportionnelle de la force du vent, il faut que les flots de la mer s'opposent à sa marche. C'est-à-dire, en général, que l'anéantissement de la conséquence d'une raison positive demande toujours aussi une raison positive. Soit une cause quelconque d'un effet b : la conséquence ne peut jamais être 0 qu'autant qu'il existe une cause d'un effet $-b$, c'est-à-dire une cause de quelque chose de vraiment positif qui soit opposé à la première ; $b - b = 0$. Si la succession d'une personne renferme un capital de 10,000 francs, toute la succession ne peut se réduire à 6,000 francs qu'à la condition que $10,000 - 4,000 = 6,000$, c'est-à-dire qu'autant que 4,000 francs sont prélevés sur ce capital. Ce qui suit servira beaucoup à éclaircir ces lois.

Je termine cette section par les observations suivantes : Je nomme *privation* (*privatio*) la négation en tant qu'elle est la conséquence d'une opposition réelle. Mais toute négation qui ne découle pas de cette espèce de répugnance, doit s'appeler ici *défaut* (*defectus, absentia*). La dernière n'exige pas de raison positive, elle veut seulement un manque de raison ; mais la première a une véritable raison de la position et une raison pareille opposée. Le repos dans un corps est ou simplement un défaut, c'est-à-dire une négation du mouvement, en tant qu'il n'y a pas de force motrice ; ou une privation, lorsqu'il y a force motrice il est vrai, mais que la conséquence, c'est-à-dire le mouvement, est détruite par une force motrice directement opposée.

SECTION II.

Exemples pris de la Philosophie, où s'offre la notion des quantités négatives.

1° Tout corps s'oppose, par l'impénétrabilité, à la force motrice d'un autre qui cherche à pénétrer dans l'espace qu'il occupe. Comme il est néanmoins, malgré la force motrice de l'autre, une raison de son repos, il s'ensuit que l'impénétrabilité suppose une force tout aussi véritable dans les parties du corps, moyennant laquelle elles occupent ensemble un espace, que peut l'être jamais celle par laquelle un autre corps tâche de pénétrer dans cet espace.

Figurez-vous, pour plus de clarté, deux ressorts qui tendent l'un vers l'autre. Ils se tiennent sans doute en repos par des forces égales. Mettez entre eux un autre ressort d'une élasticité égale : il produira par son effort le même effet, et, d'après la règle de l'égalité de l'action et de la réaction, il tiendra les deux autres ressorts en repos. A la place de ce ressort, interposez un corps solide quelconque, le même effet aura lieu, et les deux ressorts seront tenus en repos par son impénétrabilité. La cause de l'impénétrabilité est donc une vraie force : car elle fait absolument ce que fait une véritable force. Si maintenant vous donnez le nom d'*attraction* à une cause, quelle qu'elle puisse être, au moyen de laquelle un corps en force d'autres à se presser ou à se mouvoir vers l'espace qu'il occupe (ce qui suffit ici pour concevoir seulement cette attraction), alors l'impénétrabilité est une *attraction négative*. Il est donc montré par là qu'elle est une cause tout aussi positive que toute autre force motrice dans la nature. Et, comme l'attraction négative est une véritable *répulsion*, les forces des éléments qui font qu'ils occupent un espace, mais de manière à mettre des bornes à cet espace par le conflit de deux forces opposées, fournissent le moyen d'un grand nombre d'explications dans lesquelles je crois être parvenu, dans un autre traité que je ferai connaître, à une connaissance claire et certaine.

2° Nous prendrons un exemple dans la psychologie. Il est question de savoir si le déplaisir est seulement un manque de plaisir, ou une raison de la privation du plaisir, qui soit quelque chose de positif en soi, et pas seulement l'opposé contradictoire du plaisir, mais qui lui soit opposé dans le sens réel, et si, par conséquent, le déplaisir peut être nommé un *plaisir négatif*. Le sentiment intérieur nous apprend d'abord que le déplaisir est plus qu'une simple négation : car quel que puisse être le plaisir, toujours il manque quelque plaisir possible, aussi longtemps que nous sommes des êtres bornés. Celui qui prend un médicament dont la saveur est semblable à celle de l'eau pure, ressent peut-être un plaisir de la santé qu'il espère ; dans le goût, au contraire, il ne trouve aucun plaisir ; mais ce défaut (*defectus*) n'est pas encore un déplaisir. Donnez-lui un médicament d'absinthe : la sensation devient très-positive. Il n'y a pas ici un simple manque de plaisir, mais quelque chose qui est une vraie cause du sentiment qu'on nomme déplaisir.

Mais on peut en tout cas reconnaître, par les éclaircissements que nous venons de donner, que le déplaisir n'est pas un sentiment purement négatif, mais bien un sentiment positif. Ce qui suit prouve évidemment que la peine est positive, et qu'elle est l'opposé réel du plaisir. On annonce à une mère spartiate que son fils a combattu en héros dans la défense de la patrie : le doux sentiment du plaisir s'empare de son âme. Mais on ajoute qu'il est mort avec gloire : cette dernière nouvelle diminue considérablement ce plaisir, et le réduit à un plus faible degré. Appelez $4a$ le plaisir occasionné d'abord, et supposez que le déplaisir résultant de la seconde nouvelle soit simplement une négation $= 0$: ces deux choses réunies donnent une valeur de la satisfaction $4a + 0 = 4a$: en sorte que le plaisir n'aurait pas été diminué par la nouvelle de la mort ; ce qui est faux. Supposons donc que le plaisir causé par la nouvelle de la bravoure de son fils soit égal à $4a$, et que ce qui reste après le déplaisir occasionné par la nouvelle de la mort soit égal à $3a$: le déplaisir est égal à a, qui représente la négative du plaisir, savoir — a, et par conséquent $4a - a = 3a$, qui représente le plaisir positif total.

L'estimation de la valeur entière de tout le plaisir dans un état mixte serait aussi très-absurde si le déplaisir était une simple négation et égal à zéro. Quelqu'un a acheté un bien qui lui rapporte annuellement 2,000 écus. Exprimons par 2,000 le plaisir de cette recette, en tant qu'il est pur. Mais tout ce qu'il est obligé d'en donner sans en jouir, est une raison de déplaisir. Supposons qu'il dépense annuellement 200 écus pour les impôts, 100 écus pour le salaire des domestiques, et 150 écus pour les réparations. Si le déplaisir est une simple négation $= 0$, il lui reste, après compte fait, du plaisir qu'il a de son acquisition, $= 2,000 + 0 + 0 + 0 = 2,000$; c'est-à-dire que ce plaisir est aussi grand que s'il pouvait jouir du revenu total sans en rien rabattre. Il est clair cependant qu'il ne jouit de ses revenus que dans la mesure de ce qui lui reste, déduction faite des dépenses, et ce degré de plaisir est égal à $2,000 - 200 - 100 - 150 = 1,550$. Le déplaisir n'est donc pas simplement un manque de plaisir, c'est une cause positive qui détruit soit en partie, soit en entier, le plaisir qui résulte d'une autre cause; ce qui fait que je l'appelle un *plaisir négatif.* Le manque de plaisir, aussi bien que le déplaisir, en tant qu'il dérive du manque de raisons, se nomme *indifférence* (*indifferentia*). Le manque de plaisir, aussi bien que le déplaisir, en tant qu'il empêche une conséquence par une opposition réelle de principes égaux, se nomme l'équilibre (*æquilibrium*). Il y a bien lieu à zéro dans les deux cas; mais dans le premier il est simplement une négation, et dans le second une privation. La disposition de l'esprit dans laquelle il reste quelque chose de l'une des deux sensations, le plaisir et la douleur, qui sont d'inégale force, est l'excédant du plaisir ou du déplaisir (*suprapondium voluptatis vel tædii*). C'est d'après des notions semblables que M. de *Maupertuis* tâcha, dans ses recherches sur la philosophie morale, d'apprécier la somme de la félicité de la vie humaine; mais elle ne peut être estimée autrement qu'en disant que cette question est insoluble pour l'homme, parce qu'on ne peut additionner que des sentiments homogènes, et que le sentiment paraît très-différent suivant la diversité des émotions dans la condition très-confuse de la vie. Le calcul conduisit ce savant à un résultat négatif, auquel je ne puis cependant pas donner mon assentiment.

On peut, par ces raisons, appeler l'*aversion* un *désir négatif,* la haine un *amour négatif,* la *laideur* une *beauté négative*, le *blâme* un *éloge négatif.* On pourrait peut-être penser ici que tout cela n'est qu'une substitution de mots. Mais on ne verra juger ainsi que ceux qui ne savent pas combien il est avantageux que les expressions montrent en même temps le rapport à des notions déjà connues, et que chacun peut apprendre très-facilement dans les mathématiques. La faute dans laquelle un grand nombre de philosophes sont tombés par suite de cette négligence, est palpable. On trouve que le plus souvent ils regardent les maux comme de simples négations, quoiqu'il soit évident, par nos explications, qu'il y a des maux par défaut (*mala defectus*) et des maux par privation (*mala privationis*). Les premiers sont des négations dont la position opposée n'a rien de positif; les seconds supposent des raisons positives qui font disparaître le bien dont une autre raison est réelle, et sont un *bien négatif.* Ce dernier mal est bien plus grand que le premier. Ne *pas* donner est un mal par rapport au nécessiteux; mais prendre, extorquer, voler, est, par rapport à lui, un mal bien plus grand, et *prendre* est un *donner négatif.* On pourrait faire voir quelque chose de semblable dans des rapports logiques. Des erreurs sont des *vérités négatives* (qu'il ne faut pas confondre avec la vérité des propositions négatives); une *réfutation* est une *preuve négative :* cependant je n'insisterai pas plus longtemps sur ce point ; mon objet est seulement de mettre ces notions en vogue ; l'utilité en sera connue par l'usage, et dans la troisième section j'en donnerai quelques aperçus.

3° Les notions de l'opposition réelle trouvent aussi leur utile application dans la philosophie pratique. Le *démérite (demeritum)* n'est pas simplement une négation, c'est une *vertu négative (meritum negativum)* : car le démérite ne peut avoir lieu qu'autant qu'il y a dans un être une loi intérieure (soit simplement la conscience morale, soit la connaissance de la loi positive) qu'on transgresse. Cette loi interne est une raison positive d'une bonne action, et la conséquence peut être simplement zéro, si celle qui résulterait seulement de la conscience de la loi était supprimée. Il y a donc ici une privation, une opposition réelle, et non un simple défaut. Il ne faut pas croire que ceci ne s'applique qu'aux *fautes d'action (demerita commissionis)*, et pas aussi aux *fautes d'omission (demerita omissionis).* Un animal déraisonnable ne pratique aucune vertu ; mais cette omission n'est pas un démérite (*demeritum*) : car il n'a violé aucune loi intérieure ; il n'a pas été poussé à une bonne action par un sentiment moral, et le zéro ou l'omission n'est pas déterminé comme une conséquence de la résistance de l'animal à la loi intérieure ou par le moyen d'un contre-poids ; elle est ici une pure négation par défaut de raison positive, et non pas une privation. Supposez au contraire un homme qui ne secourt pas celui dont il voit le besoin, et qu'il pourrait facilement secourir : ici l'amour du prochain est chez lui, comme dans le cœur de tout homme, une loi positive ; il faut que ce sentiment soit vaincu ; il faut qu'il y ait dans cet homme une action intérieure réelle produite par des mobiles qui rendent l'omission possible. Ce *zéro* est la conséquence d'une opposition réelle. Dans le principe, certaines gens éprouvent une peine sensible à ne pas faire quelque bien auquel ils se sentent réellement portés. L'habitude allége tout, et à la fin cette action n'est plus guère aperçue. D'après cela, les péchés d'action ne diffèrent pas *moralement* de ceux d'omission, mais seulement quant à la *quantité*. Physiquement, c'est-à-dire d'après les conséquences extérieures, ils sont encore d'*espèce différente*. Celui qui ne reçoit rien souffre un mal de défaut, et celui qui est volé un mal de privation. Mais en ce qui regarde l'état moral de celui qui commet un péché d'omission, il ne faut, pour le péché d'action, qu'un plus grand degré d'action. De même que l'équilibre du levier n'a lieu que par une véritable force servant à tenir le fardeau en repos, et qu'il suffit d'une légère augmentation pour le mettre en mouvement du côté opposé : de même celui qui ne paye pas ce qu'il doit trompera dans certaines circonstances pour gagner; et celui qui n'aide pas quand il le peut rendra pire la condition des autres, aussitôt que les mobiles augmenteront. L'amour et le non-amour sont contradictoirement opposés l'un à l'autre : le *non-amour* est une véritable négation; mais posé le cas où l'on se trouve dans une obligation d'aimer, cette négation n'est possible que par une opposition réelle, et par conséquent que comme une privation. Et dans un pareil cas le *non-aimer* et le *haïr* ne diffèrent qu'en degrés. Toutes les omissions qui sont des défauts d'une plus grande perfection morale, et non pas des *péchés par omission*, ne sont au contraire que de simples négations d'une certaine vertu. Tels sont les défauts des saints et ceux des âmes nobles : il manque un degré plus grand de perfection, et ce défaut n'est pas la conséquence d'une réaction.

On pourrait encore étendre beaucoup l'application des notions citées aux objets de la philosophie pratique. Des *défenses* sont des *commandements négatifs;* des *châtiments*, des *récompenses négatives*. Mais j'aurai atteint mon but pour le moment, si je suis parvenu à faire comprendre en général l'application de cette pensée. Je sais très-bien que l'explication donnée jusqu'ici est plus que suffisante pour des lecteurs d'une vive pénétration. On m'excusera cependant si l'on fait attention qu'il existe encore une race indocile de critiques qui, parce qu'ils passent leur vie avec un seul livre, ne comprennent rien que ce qu'il contient, et pour lesquels les plus grands développements ne sont pas superflus.

4° Nous emprunterons encore un exemple à la physique. Il y a dans la nature beaucoup de privations qui résultent du conflit de deux forces agissantes, dont l'une détruit la conséquence de l'autre par une opposition réelle. Mais on ignore souvent si ce ne serait peut-être pas simplement la négation du défaut parce qu'il manquerait une cause positive, ou si c'est la conséquence de l'opposition de forces réelles, de même que le repos peut être attribué ou au manque de forces motrices, ou à la lutte de deux forces motrices qui s'entre-détruisent. Il existe, par exemple, une question célèbre, celle de savoir si le froid exige une cause positive, ou si, comme un simple défaut, il doit être attribué à l'absence de la cause de la chaleur. Je ne m'arrête à cette question qu'autant qu'elle peut servir à mon dessein. Le froid n'est sans doute qu'une négation de chaleur, et il est facile de voir qu'il est possible par lui-même sans raison positive. Mais il est également facile de comprendre qu'il pourrait provenir d'une cause positive, et c'est là réellement l'origine de ce qu'on peut prendre pour une opinion du principe de la chaleur. On ne connaît pas de froid absolu dans la nature ; et si l'on en parle, on ne l'entend que comparativement. L'expérience et le raisonnement s'accordent maintenant pour confirmer la pensée du célèbre *Musschenbroek*, que l'échauffement ne consiste pas dans la commotion intérieure, mais dans le pasage positif du feu élémentaire d'une matière dans une autre, quoique ce passage puisse probablement être accompagné d'une commotion intérieure, de même que cette commotion excitée procure la sortie du feu élémentaire des corps. D'après cela, lorsque l'élément du feu est, parmi les corps, en équilibre dans un certain espace, alors ces corps ne sont ni froids ni chauds l'un par rapport à l'autre. Mais si cet équilibre est détruit, alors le corps dans lequel le feu élémentaire passe est froid par rapport à celui qui en est ainsi privé ; celui-ci, au contraire, s'appelle chaud en tant que, comparativement à l'autre, il y fait pénétrer cette matière de la chaleur. L'état, dans ce changement, s'appelle chez l'un *échauffement*, et chez l'autre *refroidissement*, jusqu'à ce que tout soit de nouveau en équilibre.

Il n'y a donc rien de plus naturel que ces forces d'attraction de la matière mettent en mouvement ce fluide élastique et subtil, et en remplissent la masse des corps jusqu'à ce qu'il soit en équilibre des deux côtés, si toutefois les espaces à travers lesquels agissent les attractions en sont remplis. Il tombe ici clairement sous les yeux qu'un corps qui en refroidit un autre par le contact, lui enlève, par une force véritable (de l'attraction), le feu élémentaire dont sa masse était remplie, et que le *froid* de ce corps peut être nommé une *chaleur négative,* parce que la négation qui en résulte dans les corps plus chauds est une privation. Toutefois l'introduction de cette dénomination serait sans utilité, et ne vaudrait guère mieux qu'un jeu de mots. Je n'ai donc d'autre dessein que de faire entendre ce qui suit :

On sait depuis longtemps que deux corps magnétiques ont deux extrémités opposées que l'on nomme pôles, et dont l'une repousse les points de même nom, et attire ceux de nom différent. Mais le célèbre professeur *Æpinus* a fait voir, dans un traité sur la ressemblance de la force électrique avec la force magnétique, que des corps électrisés d'une certaine façon manifestent également deux pôles, dont il appelle l'un pôle *positif*, et l'autre pôle *négatif*, et dont l'un attire ce que l'autre repousse. Ce phénomène est très-sensible lorsqu'on approche un tube assez près d'un corps électrique, de manière cependant que celui-ci n'en tire aucune étincelle. J'affirme maintenant que dans les échauffements ou les refroidissements, c'est-à-dire dans tous les changements du froid ou du chaud, surtout s'ils sont subits, lorsqu'ils ont lieu dans un milieu continu, ou dans des corps mis bout à bout, on rencontre toujours comme deux pôles de la chaleur, dont l'un est positif, c'est-à-dire chaud à un degré supérieur à celui du corps opposé, et dont l'autre est négatif, c'est-à-dire chaud à un degré moindre. On sait que certains caveaux donnent un froid d'autant plus grand que le soleil échauffe davantage extérieurement l'air et la terre ; et *Mathias Bel*, qui décrit les monts Carpathes, dit à ce sujet que, dans la Transylvanie, les paysans ont coutume de refroidir leurs boissons en les enfouissant dans la terre, et en faisant par-dessus un grand feu. Il paraît qu'alors la couche de la terrre sur la surface supérieure ne peut pas devenir chaude sans que la terre ne devienne froide un peu plus bas. *Boerhaave* rapporte qu'à une certaine distance le feu des forges occasionne du froid. Cette opposition paraît également régner en plein air à la surface de la terre, principalement dans les changements subits. M. *Jacobi* dit quelque part, dans le *Magasin de Hambourg*, qu'ordinairement lors des froids rudes qui se font souvent sentir au loin, il y a souvent de grands espaces intermédiaires où il est tempéré et plus doux. M. *Æpinus* trouve de même, dans le tube dont j'ai parlé, que les électricités positives et négatives changent de place dans une certaine étendue à partir du pôle positif d'une extrémité jusqu'au pôle négatif de l'autre.

Il paraît que l'échauffement de l'air dans une région ne peut pas commencer sans occasionner en même temps l'action d'un pôle négatif, c'est-à-dire le froid, et que de cette manière le froid augmentant subitement dans un lieu, sert au contraire à augmenter la chaleur dans un autre, de même que quand le bout d'une tige ardente de métal est refroidi subitement dans l'eau, l'autre bout devient plus chaud (1). La dif-

(1) Les expériences nécessaires pour s'assurer des pôles opposés de la chaleur seraient, ce me semble, faciles à faire. On prendrait un tube horizontal de fer-blanc d'environ un pied de long, et qui, à ses deux extrémités, serait recourbé perpendiculairement. A une hauteur de quelques pouces, on le remplirait d'esprit-de-vin qu'on allumerait à une extrémité, tandis qu'à l'autre on placerait un thermomètre. Alors, d'après mes conjectures, cette opposition négative se manifesterait bientôt. On pourrait aussi, pour reconnaître ce qui se passe à l'une des extrémités par le refroidissement de l'autre, se servir de l'eau salée, dans laquelle on pourrait, d'un côté, jeter de la glace pilée. A cette occasion, je ne ferai plus qu'une observation que j'espère voir appliquer, et qui, selon toutes les probabilités, jetterait une vive lumière sur le froid et le chaud artificiels, dans la dissolution de certaines matières mélangées. Je suis persuadé que la distinction de ces phénomènes repose principalement sur la question de savoir si, après le mélange complet, les liquides mélangés ont un volume plus ou moins considérable que celui qu'ils avaient avant d'être mêlés. Dans le premier cas, je soutiens qu'ils manifesteront de la chaleur au thermomètre, et dans le second, du froid. Car, dans le cas où ils donnent un *médium* plus dense, il n'y a pas seulement une matière attractive qui attire plus à soi l'élément du feu qu'elle ne l'attirait auparavant dans un espace égal ; mais il est encore présumable que la force attractive devient plus considérable à proportion de l'accroissement de la densité, tandis que, peut-être, la force expansive de l'éther condensé n'augmente que, comme dans l'air, à proportion de la densité, parce que, d'après Newton, les attractions qui ont lieu de très-près s'opèrent dans une proportion beaucoup plus grande que celles qui ont lieu à de grandes distances. Ainsi le mélange, s'il a plus de densité que n'en auraient les deux choses mélangées prises ensemble avant leur mélange, manifestera, par rapport aux corps voisins, l'excédant de l'at-

férence des pôles de chaleur cesse donc aussitôt que la communication ou la privation a eu le temps nécessaire pour se répandre uniformément par toute la matière, de même que le tube du professeur *Æpinus* ne laisse plus apercevoir qu'une seule espèce d'électricité aussitôt qu'il a tiré l'étincelle. Peut-être aussi que le grand froid de la région supérieure de l'air n'est pas seulement dû au défaut des moyens de chaleur, mais à une cause positive, c'est-à-dire qu'il devient négatif quant à la masse par rapport à la chaleur, comme l'air inférieur et la terre deviennent positifs. En général, la force magnétique, l'électricité et la chaleur semblent avoir lieu par des matières moyennes identiques. Toutes ensemble peuvent être produites par le frottement, et je conjecture que la différence des pôles et l'opposition de l'action positive et de la négative pourraient aussi être observées par une expérimentation habile dans les phénomènes de la chaleur. Le plan incliné de *Galilée*, le pendule de *Huyghens*, le tube barométrique de *Torricelli*, la machine pneumatique d'*Otto de Guericke*, et le

---

traction du feu élémentaire ; et, comme il en enlève au thermomètre, celui-ci indiquera du froid. Mais la chose arrivera tout différemment si le mélange donne un médium moins dense : car, comme il laisse échapper une quantité de feu élémentaire, les matières voisines l'attirent, et présentent le phénomène de la chaleur. L'issue des recherches ne répond pas toujours aux conjectures. Mais pour que les expériences ne soient pas purement une affaire de hasard, elles doivent être occasionnées par des conjectures.

prisme de verre de *Newton*, nous ont donné la clef de grands mystères de la nature. L'action négative et l'action positive des matières, principalement dans l'électricité, recèlent, selon toute apparence, des vues importantes, et une postérité plus heureuse, dont nous entrevoyons les beaux jours, connaîtra sans voile des lois générales de ce qui ne nous apparaît maintenant que dans un accord encore douteux.

SECTION III.

Observations qui peuvent préparer à l'application de la notion des quantités négatives aux objets de la Philosophie.

Je n'ai fait connaître jusqu'ici que les premières vues jetées sur un objet d'une haute importance et d'une grande difficulté. Quand, des exemples que j'ai cités et qui sont assez intelligibles, on s'élève à des propositions générales, on a raison d'appréhender beaucoup de faire sur une route non frayée des faux pas qui ne seront peut-être remarqués que par la suite. C'est pourquoi je ne présente ce que j'ai encore à dire là-dessus que comme un essai très-incomplet, quoique j'espère de grands avantages de l'attention qu'on pourra peut-être y donner. Je sais bien qu'un pareil aveu est une fort mauvaise recommandation pour obtenir l'approbation de ceux qui demandent un ton dogmatique décidé, pour les faire entrer dans la direction où l'on voudrait les voir. Mais, sans éprouver le moindre regret de la perte d'une approbation de ce genre, je pense que, dans une science aussi épineuse que la métaphysique, il vaut beaucoup mieux exposer d'abord ses idées à l'examen public sous la forme d'essais incertains, que de les annoncer sur-le-champ avec tout le soin d'une prétendue solidité et d'une complète conviction, parce qu'en agissant de cette dernière façon toute amélioration devient impossible, et que toute faute qui peut s'y rencontrer est irréparable.

I. Chacun comprend facilement pourquoi quelque chose n'existe pas s'il n'y a pas de raison positive de son existence ; mais il n'est pas aussi facile de comprendre comment ce qui existe cesse d'exister. Il existe, par exemple, en ce moment dans mon âme l'image du soleil, produite par la force de mon imagination. Dans un instant je cesserai de penser à cet objet. L'image qui était en moi cesse d'exister dans mon esprit, et l'état le plus proche du précédent est zéro. Si je voulais poser en principe que la pensée a cessé d'être, parce que dans le moment suivant j'ai discontinué de la produire, la réponse ne différerait nullement de la demande : car il est précisément question de savoir comment une action qui se fait actuellement peut être discontinuée, c'est-à-dire peut cesser d'exister.

Je dis donc que *tout passer est un devenir négatif*, c'est-à-dire que pour faire cesser quelque chose de positif qui existe, il faut aussi bien une cause positive que pour le produire quand il n'existe pas. La raison en est dans ce qui précède. Supposons que a existe : alors $a - a$ est seulement égal à zéro, c'est-à-dire que a ne peut être détruit qu'autant qu'une cause réelle opposée et égale est unie à la cause ou raison de a. La nature corporelle en présente partout des exemples : un mouvement ne cesse jamais entièrement ou en partie sans qu'une force motrice égale à celle qui aurait pu produire le mouvement perdu, soit en opposition avec elle. Mais l'expérience intérieure sur la suppression des idées et des passions nées de l'activité de l'âme, s'accorde parfaitement aussi avec ce qui précède. On sent soi-même très-manifestement que pour faire disparaître et faire cesser une pensée pleine d'affliction, il faut ordinairement une grande et véritable activité. Il faut des efforts réels pour chasser une pensée risible quand on veut reprendre sa gravité. Toute abstraction n'est que la suppression de certaines idées manifestes que l'on dispose ordinairement de manière que ce qui reste soit présenté avec d'autant plus de clarté. Mais tout le monde sait quelle grande activité il faut déployer pour cela. On peut donc appeler l'*abstraction* une *attention négative*, c'est-à-dire une véritable opération et une véritable action opposée à celle par laquelle la représentation devient claire, et qui, par son alliance avec elle, produit le zéro ou le défaut (*defectus*) de la représentation claire. Car autrement, si elle n'était absolument qu'une négation ou un défaut, alors il faudrait aussi peu d'efforts de la part d'une force pour la produire, que pour ignorer quelque chose qu'on n'aurait jamais eu de raison de connaître.

La même nécessité d'une raison positive pour la suppression d'un accident intérieur de l'âme, se montre dans l'empire sur les passions, pour lequel on peut se servir des exemples cités plus haut. Mais en général, à l'exception des cas où l'on a conscience de cette activité opposée, et que nous avons précédemment cités, on n'a aucune raison suffisante de la reconnaître quand on ne la remarque pas clairement en soi. Je pense en ce moment, par exemple, au tigre ; cette pensée disparaît, et se trouve remplacée par celle du cheval. On ne peut assurément observer dans la vicissitude des pensées aucun effort particulier de l'âme qui ait opéré ici pour faire disparaître des pensées. Mais quelle admirable activité ne se trouve pas cachée dans les profondeurs de notre esprit, activité que nous ne remarquons pas dans son exercice, parce que les opérations en sont nombreuses, et que chacune en particulier n'est représentée que très-obscurément! Les preuves en sont connues de tout le monde : il suffit de citer pour exemple ce qui se passe en nous à notre insu quand nous *lisons,* pour en être étonné. On peut consulter, entre autres ouvrages sur ce sujet, la Logique de *Reimarus*, qui fait des observations là-dessus. On peut juger par là que le jeu des représentations, et généralement de toutes les facultés de notre âme, lorsque leurs conséquences cessent après avoir réellement existé, suppose des actions opposées dont l'une est la négative de l'autre, en conséquence de certains principes que nous avons exposés, quoique l'expérience intérieure ne puisse pas toujours nous en instruire.

Si l'on fait attention aux raisons sur lesquelles repose cette règle, on apercevra aussitôt que, pour ce qui regarde l'*anéantissement* de *quelque chose* qui existe, il ne peut y avoir à cet égard aucune différence entre les accidents des natures intellectuelles et les conséquences des forces agissantes dans le monde corporel; c'est-à-dire qu'eux aussi ne sont jamais détruits autrement que par une véritable force motrice opposée à une autre, et qu'un accident interne, une pensée de l'âme, ne peut cesser d'exister sans une force véritablement active du même sujet pensant. La distinction ne regarde ici que les différentes lois auxquelles sont soumis ces deux espèces d'êtres, puisque l'état de la matière ne peut être changé que par des causes extérieures, tandis que celui d'un esprit peut encore l'être par une cause intérieure. La nécessité de l'opposition réelle reste cependant toujours la même malgré cette distinction.

J'observe encore que c'est une notion illusoire de croire avoir compris la disposition des conséquences positives de l'activité de notre âme en les nommant des *omissions*. Il faut surtout remarquer que plus on approfondit ses jugements les plus ordinaires et les plus certains, plus on découvre de pareilles illusions, lorsque l'on se contente des mots sans rien comprendre aux choses. Que je n'aie pas en ce moment une certaine pensée si elle n'a pas existé auparavant, c'est ce qui est assez intelligible quand je dis : Je ne pense pas à cela; car ces mots signifient alors l'absence du principe, d'où l'on aperçoit l'absence de la conséquence. S'agit-il, au contraire, de savoir pourquoi une pensée qui naguère existait, n'est plus en moi : alors la réponse précédente n'est pas du tout admissible. Car ce non-être est à présent une privation, et l'omission a maintenant un autre sens, savoir : la suppression d'une activité qui existait un peu auparavant (1). Mais c'est la question que je me pose, et dans laquelle je ne me paie pas si aisément d'un

---

(1) Ce sens ne convient pas même proprement aux paroles.

mot. On a besoin d'une grande précaution dans l'application de la règle donnée à toutes sortes de cas de la nature, afin de ne pas prendre mal à propos quelque chose de négatif pour quelque chose de positif, ce qui arrive facilement. Car le sens de la proposition que j'ai exposée ici est relatif à la naissance et à l'anéantissement de quelque chose de positif. Par exemple, l'extinction d'une flamme faute d'une matière qui l'alimente, n'est pas une naissance négative ; c'est-à-dire qu'elle ne se fonde pas sur une véritable force motrice qui soit opposée à celle qui fait naître cette flamme : car la durée d'une flamme n'est pas la durée d'un mouvement qui existe déjà, c'est la production continuelle de nouveaux mouvements par d'autres molécules combustibles (1). L'extinction de la flamme n'est donc pas la suppression d'un mouvement réel, c'est seulement le défaut de nouveaux mouvements et d'autres décompositions, parce que la cause manque, à savoir : l'alimentation ultérieure du feu ; cessation qui ne doit pas être regardée alors comme la cessation d'une chose existante, mais comme le défaut de la raison d'une position possible (de la décomposition ultérieure). C'est assez. J'écris cela comme un sujet de méditation plus approfondie dans cette es-

(1) Tout corps dont les parties sont subitement réduites en gaz et exercent en conséquence la répulsion, qui est opposée à la cohésion, donne du feu et brûle, parce que le feu élémentaire, qui était auparavant en état de compression, devient libre et se répand.

pèce de connaissances : car cette explication ne peut suffire à ceux qui sont étrangers à ces sortes de questions.

II. Les propositions que je pense exposer dans ce numéro me paraissent être de la plus haute importance. Mais il faut auparavant, que j'ajoute une détermination à la notion générale des quantités négatives, détermination qu'à dessein je n'ai pas donnée plus haut, pour ne pas surcharger l'attention. Je n'ai considéré jusqu'ici que les fondements de l'opposition réelle, en tant qu'ils posent *réellement* dans une seule et même chose des déterminations dont l'une est la négative de l'autre, par exemple des forces motrices du même corps suivant des directions directement opposées entre elles ; et en ce cas ces causes détruisent positivement des deux côtés leurs effets, savoir, les mouvements. En conséquence, je donnerai maintenant le nom de *réelle* à cette *opposition (oppositio actualis)*. On appelle autrement, au contraire, et avec raison, des prédicats qui appartiennent à des choses différentes, et dont l'un ne détruit pas immédiatement la conséquence de l'autre, mais dont toutefois l'un est la négative de l'autre, en tant que chacun d'eux est tel qu'il peut également détruire ou la conséquence de l'autre, ou du moins quelque chose qui est précisément déterminé comme cette conséquence et qui lui ressemble. Cette opposition peut s'appeler opposition possible (*oppositio potentialis*). Elles sont toutes deux réelles, c'est-à-dire différentes de l'opposition logique; toutes deux sont continuellement employées en mathématiques, et toutes deux méritent de l'être en philosophie. Dans deux corps qui sont mus l'un contre l'autre, suivant une même ligne droite et avec des forces égales, ces forces, en tant qu'elles se communiquent aux deux corps dans le choc, peuvent être l'une la négative de l'autre, et même dans le premier sens, par opposition réelle. Dans deux corps qui se meuvent en sens contraire sur une même ligne droite, et qui s'éloignent l'un de l'autre avec des forces égales, l'une de ces forces est la négative de l'autre. Mais comme dans ce cas ils ne se communiquent pas leurs forces, ils ne sont que dans une opposition virtuelle, parce que chacun d'eux détruirait la force qui est dans l'autre, s'ils venaient à se heurter dans la même direction. C'est ce que je sous-entendrai aussi dans ce qui suit relativement à toutes les raisons de l'opposition réelle dans le monde, et non pas seulement par rapport à celles qui concernent les forces motrices. Mais pour donner aussi un exemple de celles-là, on pourrait dire que le plaisir d'un homme et le déplaisir d'un autre sont en opposition virtuelle, comme si l'un devait détruire réellement le fait de l'autre, puisque dans cette opposition réelle l'un défait souvent ce que l'autre fait en suivant son plaisir.

Comme je prends d'une manière tout à fait générale les raisons qui sont opposées réellement de part et d'autre, on ne peut pas exiger de moi que je rende ces notions toujours visibles par des exemples *in concreto*: car autant est clair et intelligible tout ce qui appartient au mouvement et qu'on peut rendre visible, autant sont difficiles et obscures en nous les raisons réelles qui ne sont pas mécaniques, pour rendre compréhensibles leurs rapports et leurs conséquences dans l'opposition ou dans l'accord. Je me contente donc d'exposer les propositions suivantes dans leur sens général.

La *première proposition* est celle-ci : *Dans tous les changements naturels du monde, la somme du positif, en tant qu'elle est évaluée comme addition des positions semblables (non des positions opposées), et que l'on soustrait les unes des autres des positions opposées réellement, n'est ni augmentée, ni diminuée.*

Tout changement consiste ou dans la position de quelque chose de positif qui n'existait pas, ou dans la destruction de quelque chose de positif qui existait. Mais le changement est naturel en tant que son principe fait aussi bien partie du monde que sa conséquence. Dans le premier cas, celui de la position d'une chose qui n'existait pas, le changement est donc une naissance. L'état du monde avant ce changement est, par rapport à cette position, égal à zéro, $= 0$; et, par cette naissance, la conséquence réelle est $= A$. Mais je dis que si A naît, — A doit aussi naître dans un changement naturel du monde, c'est-à-dire qu'il ne peut exister aucune raison naturelle d'une conséquence réelle, sans être en même temps une raison d'une autre conséquence qui est la négative de la première (1) : car la conséquence rien étant $= 0$, excepté en tant que la raison est posée, la somme de la position ne renferme pas plus dans la conséquence que ce qui était contenu dans l'état du monde lorsqu'il en renfermait la raison. Mais cet état de la position qui est dans la conséquence, contenait le zéro ; c'est-à-dire que, dans l'état précédent, la position n'était pas celle qu'on trouve dans la conséquence. Donc le changement qui en résulte dans l'ensemble du monde, d'après ses conséquences réelles ou virtuelles, ne peut être pareillement qu'égal à zéro. Comme donc, d'un côté, la conséquence est positive et $= A$, mais que néanmoins l'état entier de l'univers doit être égal à zéro, $= 0$, comme auparavant, par rapport au changement A ; mais comme la chose est

---

(1) De même que, par exemple, dans le choc d'un corps contre un autre, résulte en même temps la production d'un nouveau mouvement et la suppression d'un autre semblable qui existait d'abord, et que dans une barque personne ne peut pousser suivant une certaine direction un autre corps flottant sans être poussé lui-même suivant la direction opposée.

pourtant impossible, excepté dans le cas d'A — A, il en résulte que jamais il n'arrive naturellement dans le monde un changement positif dont la conséquence ne consiste pas, en somme, dans une opposition réelle ou virtuelle qui se détruit. Mais cette somme donne zéro, $= 0$, et avant le changement elle était également $= 0$: de sorte qu'elle n'a été ni augmentée ni diminuée par là.

Dans le second cas, celui où le changement consiste dans la suppression de quelque chose de positif, la conséquence est $= 0$. Mais, d'après le numéro précédent, l'état de l'ensemble de la raison n'était pas simplement $= A$, mais $A — A = 0$. Ainsi, d'après le mode d'estimation que je suppose ici, la position n'est ni augmentée ni diminuée dans le monde.

Je vais tâcher d'éclaircir cette proposition, qui me paraît importante. Dans les changements du monde corporel, elle passe déjà pour une règle mécanique démontrée depuis longtemps. Elle est ainsi exprimée : *Quantitas motus, summando vires corporum in easdem partes, et subtrahendo eas quæ vergunt in contrarias, per mutuam illarum actionem (conflictum, pressionem, attractionem) non mutatur.* Mais quoique dans la mécanique pure on ne fasse pas dériver immédiatement cette règle de la raison métaphysique, d'où nous avons tiré la proposition générale, la justesse n'en repose pas moins positivement sur ce fondement : car la loi de l'inertie qui constitue ce principe dans la preuve ordinaire, n'emprunte sa vérité que de l'argument que j'ai cité, ainsi que je pourrais le faire voir facilement s'il était nécessaire.

L'explication de la règle dont nous nous occupons, dans le cas où les changements ne sont pas mécaniques, par exemple dans ceux qui se font dans notre âme ou qui en dépendent en général, est de sa nature difficile ; de même en général ces effets, ainsi que leurs causes, ne peuvent pas être exposés d'une manière à beaucoup près aussi claire et aussi intelligible que ceux du monde corporel. Cependant j'éclaircirai de mon mieux cette question.

L'aversion est aussi bien quelque chose de positif que le désir. La première de ces deux choses est la conséquence d'un déplaisir positif, comme l'autre est la conséquence d'un plaisir. Ce n'est qu'autant que nous ressentons en même temps à l'occasion du même objet du plaisir et du déplaisir, que le désir et l'aversion par rapport à cet objet sont en opposition positive. Mais en tant que la même cause occasionne du plaisir dans un objet, et devient aussi la raison d'un véritable déplaisir dans un autre objet, la raison du désir est en même temps la raison de l'aversion, et le principe d'un désir est pareillement celui de quelque chose qui se trouve en opposition réelle avec lui, quoique cette opposition ne soit que virtuelle. De même

que lorsque des corps qui se meuvent sur la même
ligne droite suivant une direction opposée, s'éloignent
mutuellement, quoique l'un d'eux ne tende pas à détruire le mouvement de l'autre, on regarde cependant
l'un de ces mouvements comme le négatif de l'autre,
parce qu'ils sont virtuellement opposés : de même la
crainte de l'obscurité dans un homme est en raison directe du degré du désir de la gloire ; et cette crainte
n'est à la vérité que virtuelle, tant que les circonstances
ne se trouvent pas en opposition réelle avec la passion de la célébrité, et, par la même raison, du désir
de la gloire. Un principe positif d'un pareil degré de
déplaisir est établi dans l'âme pour le cas où les circonstances du monde seraient opposées à celles qui
sont favorables à la première de ces passions (1).
Nous verrons bientôt qu'il n'en est pas ainsi dans
l'être parfait, et que la raison de son souverain bien
exclut toute possibilité même de déplaisir.

Dans les opérations de l'entendement, nous trouvons même que plus une idée devient claire et lucide,
plus les autres idées deviennent obscures, plus leur
clarté diminue : de sorte que le positif qui, dans un
pareil changement, devient réel, est lié à une oppo-

---

(1) Le sage stoïcien devait donc extirper tous les penchants qui contiennent un sentiment d'un grand plaisir sensuel, parce qu'ils renferment aussi la raison de grands mécontentements et déplaisirs qui, d'après le jeu variable du cours du monde, peuvent détruire tout le prix de la jouissance.

sition réelle et positive, qui, si l'on additionne tout d'après le mode d'estimation mentionné, ne diminue ni n'augmente par le changement le degré du positif.

La *deuxième proposition* est celle-ci : *Toutes les causes réelles de l'univers, si l'on additionne celles qui sont d'accord, et que l'on en soustraie celles qui sont mutuellement opposées, donnent un résultat égal à zéro.* L'ensemble du monde n'est *rien* en lui-même, excepté en tant qu'il est quelque chose par la volonté d'une autre chose. La somme de toute réalité existante, en tant qu'elle a sa raison dans le monde, est donc, considérée en elle-même, égale au zéro, $= 0$. Quand même toute réalité possible en rapport avec la volonté divine donne un résultat qui est positif, la substance d'un monde ne se trouve cependant pas détruite par là. Mais il résulte nécessairement de cette substance que l'existence de ce qui a sa raison dans le monde, est en soi et par soi égale à zéro. Ainsi la somme de ce qui existe dans le monde en rapport avec la raison qui est hors de lui, est positive; mais, par rapport aux causes réelles intérieures entre elles, elle est égale à zéro. Dans le premier rapport, une opposition des principes réels du monde à la volonté divine ne pouvant jamais avoir lieu, il n'y a en ce sens aucun anéantissement, et la somme est positive. Mais comme dans le second rapport le résultat est zéro, il s'ensuit que les raisons positives doivent se trouver dans une opposition telle, que si on les examine simultanément, elles donnent zéro.

OBSERVATION SUR LA SECONDE PROPOSITION.

J'ai exposé ces deux propositions dans l'intention d'inviter le lecteur à réfléchir sur ce sujet. J'avoue aussi que je ne les pénètre pas encore assez clairement, ni avec une parfaite évidence dans leurs raisons. Cependant je suis très-convaincu que des recherches complètes, problématiquement exposées dans la connaissance abstraite, peuvent être très-avantageuses pour le progrès de la haute philosophie, parce que très-souvent un autre trouve plus facilement l'explication d'une question très-obscure que celui qui y donne occasion, et dont les efforts n'ont pu vaincre que la moitié des difficultés. Le contenu de cette proposition me paraît renfermer une certaine importance en soi bien propre à provoquer un examen soigneux, pourvu seulement qu'on en conçoive bien le sens; ce qui n'est pas très-facile dans une pareille sorte de connaissance.

Je veux cependant chercher encore à prévenir quelques malentendus. On ne me comprendrait nullement si l'on s'imaginait que j'ai voulu dire par la première proposition qu'en général la somme de la réalité n'est ni augmentée ni diminuée par les changements cosmiques. Mais ma pensée n'est pas non plus que la règle mécanique donnée pour exemple fasse justement penser le contraire : car, par le choc des corps, la somme des mouvements tantôt augmente, tantôt diminue, quand on les considère en eux-mêmes; mais le résultat *estimé suivant le mode prescrit* est ce qui demeure identique : car les oppositions ne sont que virtuelles dans beaucoup de cas où les forces motrices ne se détruisent pas réellement, et où par conséquent une augmentation a lieu. Cependant, d'après l'estimation une fois prise pour règle, il faut que ces forces soient soustraites les unes des autres.

C'est ainsi qu'il faut juger dans l'application de cette proposition aux changements non mécaniques. Un pareil malentendu aurait lieu si on s'imaginait que, d'après la même proposition, la perfection du monde ne peut pas s'accroître : car, par cette proposition, on ne peut absolument pas nier que la somme de la réalité en général ne doive pouvoir être augmentée naturellement. En outre, la perfection du monde en général consiste dans le conflit des raisons réelles, de même que la partie matérielle n'en est très-visiblement conservée que par l'opposition des forces dans une marche régulière. Et il y a toujours un grand malentendu quand on confond la somme de la réalité avec la grandeur de la perfection ; nous avons vu plus haut que le déplaisir est aussi positif que le plaisir ; mais qui donc l'appellerait une perfection ?

III. Nous avons déjà remarqué qu'il est souvent difficile de décider si certaines négociations de la nature sont simplement des défauts occasionnés par l'absence d'un principe, ou des privations résultant de l'opposition réelle de deux principes positifs. Les exemples en sont nombreux dans le monde matériel. Les parties adhérentes de chaque corps exercent une pression les unes contre les autres avec de véritables forces (d'attraction), et la conséquence de ces efforts serait la diminution de volume, si des forces égales ne résistaient pas au même degré par la répulsion des éléments, dont l'effet est la raison de l'impénétrabilité. Il y a repos ici, non pas parce que les forces motrices manquent, mais parce qu'elles agissent en sens contraire les unes des autres. C'est ainsi que les poids suspendus aux deux bras d'une balance restent en repos lorsqu'ils sont placés en levier suivant la loi de l'équilibre. On peut étendre cette notion au delà des limites du monde matériel. De même il n'est pas nécessaire que quand nous croyons être dans une entière inaction de l'esprit, la somme des principes réels de la pensée et du désir soit moindre que dans l'état où quelques degrés de cette activité se manifestent à la conscience. Dites à l'homme le plus instruit, dans les instants où il se repose, de vous raconter quelque chose, et de vous faire part de ses idées : il ne sait rien, et vous le trouvez en cet état sans réflexion déterminée et sans jugement critique. Fournissez-lui seulement une occasion par une question ou par quelques-uns de vos jugements, et sa science se manifestera dans une série d'actes qui ont une direction telle qu'ils rendent possible à vous et à lui la conscience de ses idées. Les raisons réelles de ce phénomène se sont sans doute rencontrées longtemps en lui ; mais comme la conséquence à l'égard de la conscience était zéro, elles ont dû être mutuellement opposées entre elles. Ainsi restent en repos dans l'arsenal d'un prince, et conservées pour une guerre future dans un profond silence, ces foudres que l'art inventa pour la destruction, jusqu'à ce qu'une mèche perfide les touche, les fasse éclater avec la rapidité de l'éclair, et porter le ravage tout à l'entour. Les ressorts qui étaient continuellement prêts à se débander en elles étaient retenus par une puissante attraction, et attendaient l'appât d'une étincelle pour se débander. Il y a dans cette pensée de *Leibniz* quelque chose de grand, et, à mon avis, de très-juste : l'âme, avec sa faculté représentative, embrasse tout l'univers, quoique une partie très-faible seulement de ces représentations soit claire. Toutes les espèces de notions ne doivent, en effet, reposer que sur l'activité intérieure de notre esprit, comme sur leur raison. Des choses extérieures peuvent bien renfermer la condition sans laquelle elles se manifestent d'une manière ou d'une autre, mais non pas la force de les produire réellement. La faculté de penser de l'âme en doit contenir des raisons réelles autant que les pensées doivent naître naturellement en elle, et les phénomènes des connaissances qui paraissent et disparaissent à l'esprit ne doivent, selon toute apparence, être attribués qu'à l'accord ou à l'opposition de toute activité. On peut regarder ces jugements comme les éclaircissements de la première proposition du numéro précédent.

Dans les choses morales on ne doit pas non plus regarder toujours le zéro comme une négation du défaut, ni une conséquence positive de plus de grandeur comme une preuve d'une plus grande activité déployée dans cette direction, pour arriver à cette conséquence. Donnez à un homme dix degrés d'une passion qui est dans un certain cas contraire aux règles du devoir, par exemple l'avarice ; faites-lui dépenser douze degrés d'effort, d'après les principes de l'amour du prochain : la conséquence est qu'il sera charitable et bienfaisant de deux degrés. Supposez-en un autre de trois degrés d'avarice et de sept degrés de pouvoir d'agir d'après les principes de l'obligation : l'action sera de quatre degrés, mesure de son utilité pour autrui, par suite de la lutte de son désir. Mais il est incontestable qu'en tant que cette passion peut être regardée comme naturelle et involontaire, la valeur morale de l'action du premier est plus grande que celle du second, quoique, si l'on voulait les estimer d'après la force *vive*, la conséquence dans le second cas dépasse celle du premier. Il n'est donc pas possible que les hommes puissent conclure avec certitude le degré des intentions vertueuses des autres d'après leurs actions. Celui qui voit le fond de notre âme s'est réservé à lui seul ce jugement.

IV. Si l'on veut essayer d'appliquer ces notions à la connaissance imparfaite que les hommes peuvent avoir de la divinité infinie, quelles difficultés ne rencontrent pas alors nos plus grands efforts! Comme nous ne pouvons tirer les fondements de ces notions que de nous-mêmes, nous sommes le plus souvent incertains si nous devons transporter cette idée proprement ou par quelque analogie à cet objet inconcevable. *Simonide* est aujourd'hui même un sage ; après plusieurs ajournements, il répondit à son prince : Plus je réfléchis sur Dieu, moins je puis le pénétrer. Tel n'est pas le langage du peuple savant. Il ne sait rien, il ne comprend rien, mais il parle de tout, et il s'en vante. Dans l'être suprême il ne peut y avoir de raisons de la privation ou d'une opposition réelle. Car tout étant donné en lui et par lui, aucune destruction interne n'est possible dans sa propre existence par l'entière possession des déterminations. Le sentiment du déplaisir n'est donc pas un prédicat qui convienne à la divinité. Un homme n'a jamais une passion pour un objet sans éprouver positivement de l'aversion pour le contraire, c'est-à-dire de telle manière que l'attrait de sa volonté est non-seulement l'opposé contradictoire du désir, mais son opposé réel (l'aversion), à savoir la conséquence d'un déplaisir positif. Dans tout désir qui anime un précepteur fidèle pour bien dresser son élève, tout résultat qui n'est pas conforme à son désir lui est positivement opposé et devient une raison de déplaisir. Les rapports des objets à la volonté divine sont d'une tout autre nature. Aucune chose extérieure n'est proprement une source ni de plaisir ni de peine en lui : car il ne dépend d'aucune autre chose, et ce plaisir pur n'habite pas en celui qui est heureux par lui-même, comme si le bien existait hors de lui ; mais le bien existe parce que la représentation éternelle de sa possibilité et le plaisir qui y est attaché sont une raison du désir excité. Si l'on compare avec cet état la représentation concrète de la nature du désir de toute créature, on comprendra que la volonté de l'incréé ne peut presque rien avoir de commun avec elle. Il en est de même des autres déterminations pour celui qui conçoit bien que la différence dans la qualité doit être immense, quand on compare des choses dont les unes ne sont rien en elles-mêmes, et dont l'autre est la cause de l'existence de tout.

OBSERVATIONS GÉNÉRALES.

Comme on voit augmenter journellement le nombre des philosophes profonds, ainsi qu'ils s'appellent eux-mêmes, qui pénètrent si avant dans toutes choses, que rien même de ce qu'ils ne peuvent éclaircir ni comprendre ne leur demeure caché, je prévois déjà que la notion de l'opposition réelle que j'ai posée en principe au commencement de cette dissertation, leur paraîtra très-aride, et que la notion des quantités négatives qui a été construite sur ce fondement ne sera pas assez fondamentale. Moi, qui ne cherche pas à dissimuler la faiblesse de mes aperçus, et qui ne comprends ordinairement pas ce que tous les hommes croient comprendre facilement, je me flatte d'avoir droit, par mon impuissance, à l'assistance de ces grands génies, afin que leur haute sagesse puisse remplir le vide que mes lumières imparfaites ont dû laisser dans mes idées.

Je comprends très-bien comment une conséquence est posée par un principe suivant la *règle de l'identité*, par la raison que l'*analyse* des notions l'y trouve contenue. Ainsi la nécessité est une raison de l'immutabilité, la composition une raison de la divisibilité, l'infinité une raison de toute la science ; et je puis apercevoir clairement cette liaison du principe avec la conséquence, parce que la conséquence est réellement *identique* avec une *partie de la notion* du principe, et que, puisqu'elle y est déjà comprise, elle est établie par ce principe d'après la règle de l'*accord*. Toutefois je serais bien aise de recevoir des éclaircissements sur la manière dont une chose dérive d'une autre, mais pas d'après la règle de l'identité. Je nomme la première espèce de principe, *principe logique*, parce que son rapport à la conséquence peut être regardé comme logique, d'après la règle de l'identité; tandis que j'appelle *principe réel* celui de la seconde espèce, parce que ce rapport appartient bien à mes vraies notions, mais la manière dont il a lieu ne peut être jugée en aucune façon.

En ce qui regarde maintenant ce principe réel et son rapport à la conséquence, ma question peut être présentée sous cette forme simple : Comment dois-je comprendre que, par le fait que *quelque chose* existe, quelque autre chose existe aussi? Une conséquence logique n'est posée que parce qu'elle est identique avec le principe. L'homme peut faillir. La raison de cette faillibilité consiste dans le fini de sa nature : car si j'analyse la notion d'un esprit limité, je trouve que la faillibilité en fait partie, c'est-à-dire qu'elle est identique avec ce qui est contenu dans la notion d'un esprit fini. Mais la volonté de Dieu contient le principe réel de l'existence du monde. La volonté divine est quelque chose. Le monde existant est une tout autre chose. Cependant l'une est posée par l'autre. L'état où je suis quand j'entends le nom de *Stagirite* est une chose par laquelle quelque autre chose prend naissance, savoir ma pensée à un philosophe. Un corps A est en mouvement, un autre B se trouve en repos sur la même ligne droite. Le mouvement de A est quelque chose ; celui de B est quelque autre chose, et cependant l'un se trouve posé par l'autre. Vous pouvez maintenant analyser la notion de la volonté divine tant que vous voudrez, vous n'y rencontrerez jamais un monde existant qu'autant qu'il y serait contenu et posé par l'identité ; il en est de même des autres cas. *Je ne me laisse pas non plus payer des mots cause et effet, force et action : car dès qu'une fois je considère quelque chose comme une cause d'une autre, ou que je lui attribue la notion d'une force, j'ai déjà imaginé en elle le rapport du principe réel à la conséquence, et il est facile ensuite d'apercevoir la position de la conséquence d'après la règle de l'identité.* Par exemple, au moyen de la volonté toute-puissante de Dieu, on peut comprendre très-clairement l'existence du monde. Mais ici la puissance signifie ce quelque chose en Dieu par quoi d'autres choses sont posées. Mais ce mot désigne le rapport d'un principe réel à la conséquence ; et ce rapport, je voudrais bien qu'on me le fît comprendre. J'observe seulement en passant que la division faite par M. *Crusius* du principe en principe *idéal* et en principe *réel* est entièrement différente de la mienne : car son principe idéal est identique avec le principe de connaissance, et alors il est facile d'apercevoir que, quand je regarde déjà quelque chose comme un principe, je peux en tirer la conclusion. Ainsi, d'après ses propositions, le vent d'ouest est un principe réel des nuages pluvieux, et, en même temps, un principe idéal, parce que je peux les reconnaître et les conjecturer à ce caractère. Mais d'après nos notions, le principe réel n'est jamais un principe logique, et la pluie n'est pas posée par le vent en conséquence de la règle de l'identité. La différence entre l'opposition réelle et l'opposition logique, telle que nous l'avons exposée plus haut, est parallèle à la différence reconnue maintenant entre le principe réel et le principe logique.

J'aperçois clairement la première à l'aide du principe de contradiction, et je comprends comment, quand je pose l'éternité de Dieu, le prédicat de la mortalité est détruit parce qu'il y répugne. Mais de savoir comment le mouvement d'un corps est détruit par le mouvement d'un autre sans que celui-ci soit en contradiction avec le premier, c'est une autre question. Si je suppose l'impénétrabilité, qui est en opposition réelle avec tout corps qui cherche à pénétrer dans l'espace qu'occupe un autre corps, je puis déjà comprendre l'anéantissement des mouvements, mais alors j'ai converti l'opposition réelle en une autre. Que l'on cherche maintenant si l'on peut, en général, expliquer et rendre intelligible cette opposition réelle : *Comment, parce qu'une chose est, une autre chose cesse-t-elle d'être ?* et si l'on peut en dire plus que ce que j'en ai dit, à savoir qu'elle n'arrive pas simplement en vertu du principe de contradiction. J'ai réfléchi sur la nature de notre connaissance à l'égard de nos jugements de principes et de conséquences, et j'exposerai un jour le résultat de ces opérations avec beaucoup de détail. Il en résulte aussi que *le rapport d'un principe réel à quelque chose qui a été posé ou supprimé par là, ne peut pas être exprimé par un jugement, mais simplement par une notion*, qu'on peut bien, au moyen de l'analyse, réduire à des notions plus simples de principes réels, de manière cependant qu'à la fin toute notre connaissance de ce rapport aboutit à des notions simples et inanalysables, dont le rapport à la conséquence ne peut nullement être éclairci. Ceux dont les profondes lumières ne trouvent point de bornes, essayeront les méthodes de leur philosophie aussi loin qu'ils peuvent aller dans une semblable question.

IV

AVERTISSEMENT

D'EMMANUEL KANT

SUR

L'ENSEMBLE DE SES LEÇONS

PENDANT

LE SEMESTRE D'HIVER

1765-1766.

Tout enseignement de la jeunesse présente cet embarras, qu'on est forcé de faire prendre les devants à l'intelligence sur les années, et, sans attendre la maturité de l'entendement, d'enseigner des connaissances qui ne pourront être comprises, suivant l'ordre naturel, que par une raison plus exercée et plus éprouvée. De là les éternels préjugés des écoles, préjugés plus opiniâtres et souvent de plus mauvais goût que les préjugés vulgaires, et la loquacité précoce de jeunes penseurs, plus aveugle que celle de toute autre présomption, et plus inguérissable que l'ignorance. Cet inconvénient n'est cependant pas tout à fait inévitable, parce qu'à l'époque d'un état social très-civilisé, les vues plus judicieuses font partie des moyens du progrès, et qu'il existe alors des besoins qui, de leur nature, ne doivent être comptés qu'au nombre de ceux qui sont destinés à embellir la vie, et qui en sont comme un ornement superflu. Il est cependant possible de mettre plus d'accord, là même où cet accord ne peut être complet, l'enseignement public en ce point avec la nature. En effet, le progrès naturel de la connaissance humaine consistant en ce que, d'abord l'entendement se forme, puis, qu'il s'élève par l'expérience aux jugements intuitifs, et par ces jugements aux notions ; qu'ensuite ces notions, dans le rapport avec leurs principes et leurs conséquences, soient connues par la raison, et finalement coordonnées en un tout au moyen de la science, l'enseignement devra suivre précisément la même marche. On attend donc d'un maître que d'abord il forme l'*entendement* d'un jeune homme, ensuite la *raison*, et qu'enfin il en fasse un *savant*. Une pareille marche a l'avantage, si l'élève ne doit jamais arriver au dernier degré, comme c'est l'ordinaire, de lui avoir procuré un véritable acquis, et de l'avoir rendu, sinon pour l'école du moins pour la vie, plus habile et plus sage.

En renversant cette méthode, l'écolier acquiert une sorte de raison avant d'avoir l'entendement formé, et se charge d'une science d'emprunt, qui ne lui est pour ainsi dire qu'attachée mais pas naturelle ; si bien que son âme n'en peut tirer encore aucun parti. Et, ce qu'il y a de pis, elle s'en trouve très-dépravée par la présomption où elle est de posséder quelque sagesse. Telle est la raison pour laquelle on rencontre souvent des hommes instruits (proprement, qui ont beaucoup appris), qui ont peu d'entendement, et pour laquelle encore les académies envoient plus de têtes absurdes dans le monde qu'aucun autre état de la société.

La règle de conduite est donc celle-ci : de mûrir avant tout l'entendement, d'en favoriser le développement en l'exerçant aux jugements d'expérience et en le rendant attentif à ce que les diverses sensations comparées peuvent lui enseigner. Il ne doit pas entreprendre de passer témérairement de ces jugements ou notions à de plus élevés et de plus éloignés, mais bien d'y arriver par le chemin naturel et battu des notions inférieures, qui peu à peu le conduisent plus loin. Mais que tout soit en rapport avec cette aptitude intellectuelle qu'a dû nécessairement produire en lui l'exercice antérieur, et non avec celle que le maître perçoit ou croit percevoir en soi-même, et qu'il suppose faussement chez son auditeur. En deux mots : on ne doit pas enseigner des *pensées*, mais apprendre à *penser*; on ne doit pas *porter* l'élève, mais le *conduire* si l'on veut qu'à l'avenir il soit en état de *marcher* de lui-même.

Cette méthode d'enseignement exige la nature propre de la philosophie. Et comme la philosophie n'est proprement qu'une qualité de l'âge d'homme, il n'est pas étonnant de rencontrer des difficultés quand on veut l'approprier à la capacité plus inexercée de la jeunesse. L'enfant, livré aux leçons des écoles, était dans l'habitude d'*apprendre*. Il pense donc qu'il *apprendra* la philosophie; mais c'est impossible, car il doit maintenant apprendre à *philosopher*. Je vais m'expliquer plus clairement. Toutes les sciences que l'on peut apprendre, dans le sens propre du mot, se réduisent à deux classes : les sciences *historiques* et les sciences *mathématiques*. Les premières comprennent, outre l'histoire proprement dite, l'histoire naturelle, les langues, le droit positif, etc., etc. Or, comme dans tout ce qui est historique une expérience personnelle ou un témoignage étranger, et, dans ce qui est mathématique, l'évidence des notions et l'infaillibilité de la démonstration, constituent quelque chose de donné en fait, et qui est par conséquent comme une provision, un bien à recueillir, il est possible d'apprendre dans les unes et dans les autres, c'est-à-dire d'imprimer dans la mémoire ou dans l'entendement ce qui peut nous être présenté comme une science déjà faite. Donc pour *apprendre* la philosophie, il faudrait avant tout que ce fût une science constituée. Il faudrait pouvoir présenter un livre et dire : voyez, ici est une philosophie et une connaissance positive; apprenez à comprendre et à retenir ce livre; édifiez là-dessus à l'avenir, et soyez ainsi philosophes. Jusqu'à ce qu'on ait montré un semblable livre de philosophie, auquel je puisse m'en rapporter, à peu près comme à *Polybe* pour une circonstance historique, ou à *Euclide* pour m'expliquer une proposition de la théorie des quantités, on me permettra de dire que c'est abuser de la confiance du public, si, au lieu d'étendre l'entendement de la jeunesse dont il nous confie l'instruction, et de la former pour une connaissance *propre*, plus mûre à l'avenir, nous l'abusons par l'appât d'une philosophie toute faite et facile, qui aurait été trouvée par d'autres pour son plus grand avantage; il en résulte une illusion scientifique, qui n'a cours, comme une monnaie de bon aloi, qu'en un certain lieu et entre certaines gens, mais qui est rejetée partout ailleurs. La méthode propre de l'enseignement philosophique est la *zététique*, comme l'appelaient quelques anciens (de ζητεῖν), c'est-à-dire l'*investigatrice ;* elle ne devient *dogmatique*, c'est-à-dire *décisive*, que pour une raison déjà exercée dans différentes parties. Aussi l'auteur philosophique qu'on prend pour base dans l'enseignement, doit être considéré, non comme le type du jugement, mais seulement comme une occasion de juger de ce qu'il dit, et même en sens contraire. De même la méthode de réfléchir et de raisonner par *soi-même* est ce dont l'élève cherche proprement à se rendre capable ; cette aptitude peut seule lui être utile ; les idées acquises et dogmatiques qui s'y rattachent ne doivent être pour lui que des conséquences fortuites, en vue des riches superflus dont il n'a qu'à planter en soi les fécondes racines.

Si maintenant on compare avec cette marche celle qui est généralement suivie et qui s'en écarte si fort, on comprendra des différences qui, autrement, paraissent étranges. Pourquoi, par exemple, n'y a-t-il aucune espèce de science professionnelle où il y ait autant de *maîtres* qu'en philosophie, et où grand nombre de ceux qui ont appris de l'histoire, de la jurisprudence, des mathématiques, etc., conviennent néanmoins qu'ils n'ont pas encore assez appris pour enseigner à leur tour? pourquoi d'un autre côté en est-il rarement un qui, sans avoir rien approfondi, flatte, qu'à l'exception du reste de ses occupations, rien ne lui serait plus facile, s'il voulait se mêler de pareilles misères, de professer la logique, la morale, etc.? C'est que dans ces premières sciences il y a une commune mesure, et qu'en philosophie chacun a la sienne propre. On verra facilement aussi qu'il est contraire à la nature de la philosophie d'être un gagne-pain, puisqu'il répugne à sa qualité essentielle de s'accommoder à l'opinion de celui qui en voudrait, ainsi qu'à loi de la mode, et que la nécessité seule, dont l'empire pèse encore sur la philosophie, est capable de la contraindre à subir les formes de l'opinion commune.

Les sciences que je compte exposer dans des leçons

particulières et traiter complétement dans le premier semestre de la présente année scolaire, sont les suivantes :

1° *Métaphysique.* J'ai essayé de faire voir, dans un écrit de peu d'étendue et composé à la hâte, que cette science, malgré les grands efforts des savants, n'est encore si imparfaite et si incertaine que parce qu'on a méconnu le procédé qui lui est propre, puisque sa méthode n'est pas *synthétique*, comme celle des mathématiques, mais qu'elle est *analytique*. En conséquence, le simple et le plus général dans la théorie des quantités, est aussi ce qu'il y a de plus facile; mais dans la science c'est le plus difficile : dans la première il se présente tout d'abord naturellement; dans celle-ci, ce n'est qu'en dernier lieu. Là on commence l'enseignement par les définitions; ici on le termine plutôt par là, et ainsi dans d'autres parties. Je me suis appliqué depuis longtemps à cette esquisse. Et comme chaque pas, dans cette voie, m'a découvert la source des erreurs et la règle du jugement à l'aide de laquelle seule on peut les éviter, autant que possible, j'espère pouvoir exposer complétement ce qui peut servir de fondement à mes leçons dans cette science. Mais je puis très-bien faire dévier jusqu'à ce point, par un léger détour, l'auteur dont j'avais suivi le manuel, surtout à cause de la fécondité et de la précision de sa manière d'enseigner. Je commence donc, après une petite introduction, par la *psychologie empirique*, qui est proprement la science métaphysique expérimentale de l'*homme*, car, pour ce qui est de l'expression âme, il n'est pas encore permis, dans cette division, d'affirmer que l'homme en a une. La deuxième division, qui doit traiter de la *nature corporelle* en général, je l'emprunte aux chapitres de la *cosmologie* où il est traité de la *matière*, en la complétant néanmoins par quelques additions écrites. Comme il s'agit dans la première science (à laquelle il faut ajouter encore, à cause de l'analogie, la zoologie empirique, c'est-à-dire l'étude des animaux) de toute *vie* qui tombe sous nos sens, et, dans la seconde, de tout ce qui est *privé de vie* en général. Et comme toutes les choses du monde peuvent être rangées sous ces deux classes, je passe ensuite à l'*ontologie*, c'est-à-dire à la science des propriétés générales de toutes choses, sauf à finir par la différence qui distingue les êtres *spirituels* et les êtres *matériels*, qu'ils soient unis ou séparés, et par conséquent par la *psychologie rationnelle*. De cette manière, j'ai le grand avantage, non-seulement d'introduire les auditeurs déjà exercés dans les investigations les plus difficiles de toute la philosophie, mais encore en traitant, dans chaque étude, l'abstrait dans le concret que les études précédentes m'ont fourni, de tout placer dans le plus grand jour, sans anticiper sur moi-même, c'est-à-dire sans avoir besoin de donner comme explication quelque chose qui ne doit se présenter que plus tard, ce qui est le défaut général et inévitable de l'exposition synthétique. Je termine par l'étude de la cause de toutes choses, c'est-à-dire par la *science de Dieu et du monde*. Je ne puis passer sous silence un autre avantage encore, qui ne porte, à la vérité, que sur des causes contingentes, mais qui n'est cependant pas d'un prix médiocre, et que je pense pouvoir également tirer de cette méthode. Chacun sait l'ardeur avec laquelle le commencement des cours est suivi par une jeunesse vive et inconstante, et comment peu à peu les amphithéâtres se désemplissent. Je suppose donc que ce qui ne doit pas arriver, malgré cependant tout souvenir, doive arriver encore et toujours ; la méthode d'enseignement dont je parle conserve alors son utilité propre. En effet, l'auditeur dont le zèle se refroidirait déjà vers la fin de la psychologie empirique (ce qui est cependant peu présumable avec cette espèce de méthode), il aurait néanmoins entendu quelque chose qu'il aurait pu comprendre malgré sa légèreté, quelque chose d'intéressant qu'il aurait accepté, quelque chose d'utile dans nombre de situations de la vie. Au contraire, si l'ontologie, science difficile à saisir, l'avait empêché de continuer, ce qu'il aurait peut-être pu comprendre ne peut lui servir à rien par la suite.

2° *Logique.* A proprement parler, il y a deux espèces de logique : la première est une critique et une règle de l'*entendement sain*, tel qu'il confine d'une part aux notions grossières et à l'ignorance, et, d'un autre côté, à la science et à l'instruction. La logique de cette espèce est ce qui doit servir d'introduction à toute philosophie, au commencement de l'instruction académique ; c'est comme une quarantaine (si je puis m'exprimer ainsi) que l'élève doit faire, s'il veut passer du pays du préjugé et de l'erreur dans le domaine de la raison cultivée et des sciences. La seconde espèce de logique est la critique et la règle du *savoir proprement dit*, et ne peut être traitée que d'après les sciences dont elle doit être l'organe et l'instrument, afin qu'il y ait plus de régularité dans le procédé employé, et que la nature de la science soit considérée concurremment avec les moyens de l'améliorer. C'est pourquoi j'ajoute à la fin de la métaphysique une étude sur la méthode qui lui est propre, comme un organe de cette science; étude qui ne serait pas à sa vraie place au commencement, puisqu'il est impossible de rendre des règles claires quand on n'a pas encore d'exemples où l'on puisse les montrer *in concreto*. Sans doute le maître doit connaître l'organon avant d'exposer la science, et pour se diriger lui-même dans cette opération, mais il ne doit jamais l'expliquer à l'auditeur qu'à latin. La critique et l'ordonnance de toute la philosophie, comme ensemble, cette logique complète ne peut donc avoir sa place dans l'enseignement qu'à la fin de toute la philosophie, puisque les connaissances philosophiques déjà acquises et l'histoire des opinions humaines, permettent seules de faire des études sur l'origine de nos connaissances et de nos erreurs, et d'esquisser avec précision le plan d'après lequel cet édifice de la raison doit être exécuté régulièrement et d'une manière durable.

J'exposerai la logique de la première espèce, mais en suivant le manuel de M. le professeur *Meier*, parce qu'il ne perd jamais de vue les limites du vrai qu'on vient d'exposer, et qu'il fournit en même temps l'occasion de faire marcher de front et la culture d'une raison savante et plus fine, et la formation d'un entendement ordinaire, à la vérité, mais actif et sain. Le premier genre d'instruction intéresse davantage la vie contemplative, le second la vie pratique et civile. La très-proche parenté des matières devient en même temps l'occasion, tout en faisant la *critique de la raison*, de jeter quelques coups d'œil sur la *critique du goût*, c'est-à-dire sur l'*Esthétique* : les règles de l'une servent toujours à expliquer les règles de l'autre, et leur contraste sert à les faire mieux comprendre l'une et l'autre.

3. *Éthique.* — La philosophie morale a cette destinée particulière, d'avoir encore plus que la métaphysique l'apparence d'une science et quelque air de fon-

damentalité, quoique on n'y puisse rien trouver de semblable, la raison que la différence du bien et du mal dans les actions peut être facilement et bien connue, et le jugement sur la régularité morale porté immédiatement, sans détour, sans passer par les preuves touchant le cœur humain, à l'aide de ce qu'on appelle le sentiment. Il n'est donc pas étonnant, puisque la question est la plupart du temps décidée sans principes rationnels, ce qui n'a pas lieu en métaphysique, que l'on ne se montre pas très-difficile à laisser passer des principes qui n'ont qu'une certaine apparence de solidité. Il n'y a donc rien de plus commun que le titre de moraliste philosophe, et rien de plus rare que d'en mériter le nom.

J'exposerai, pour le moment, la *Philosophie pratique générale* et la *Théorie de la vertu* d'après *Baumgarten*. Les essais de *Shaftesbury*, d'*Hutcheson* et de *Hume*, qui, bien qu'incomplets et défectueux, ont néanmoins pénétré très-avant dans l'examen des premiers principes de toute moralité, acquerreront cette précision et ce complément qui leur manquent ; et comme je rapporte toujours historiquement et philosophiquement, dans la théorie de la vertu, ce qui *se fait* avant d'indiquer ce qui *doit se faire*, j'éclairerai ainsi la méthode suivant laquelle il faut étudier l'*homme*, non pas seulement l'homme défiguré par la forme variable que lui imprime sa situation contingente, et qui comme tel est presque toujours méconnu des philosophes, mais encore la *nature* de l'homme, qui est permanente, et qui a sa place propre dans la création, afin de savoir quel degré de perfection doit être le sien dans l'état d'une simplicité *grossière*, et quel autre dans l'état de simplicité *sage ;* quelle est au contraire la règle de sa conduite lorsque, franchissant ces deux sortes de limites, il tâche d'atteindre le degré le plus élevé de la distinction physique et morale, mais s'éloigne plus ou moins de toutes les deux. Cette manière d'étudier la morale est une belle découverte de notre temps, et, considérée dans toute l'étendue de son plan, tout à fait inconnue des anciens.

4. *Géographie physique*. — M'étant aussi aperçu au début de mon enseignement académique, que la jeunesse des écoles n'est si négligente, que parce qu'elle apprend à raisonner ou plutôt à *ergoter* avant de posséder une masse de connaissances historiques qui pourraient lui tenir lieu *d'expérience*, je conçus le dessein de faire l'histoire de l'état actuel de la terre, ou la géographie dans le sens le plus large du mot, de manière à donner un ensemble agréable et facile de ce qu'elle pourrait préparer pour une raison pratique et faire servir à son usage, et à faire naître le besoin d'étendre davantage les connaissances de ce genre déjà possédées. J'appelais cette science,

à laquelle je m'appliquais alors tout particulièrement : Géographie physique. Depuis lors j'ai peu à peu étendu cette esquisse, et je pense maintenant qu'en condensant la partie qui a pour objet les particularités physiques de la terre, j'aurai le temps d'exposer plus au long les autres parties d'une utilité plus générale encore. Cette science sera donc une géographie *physique*, *morale* et *politique*, où seront exposées dans une *première* division les merveilles de la *nature* dans ses trois règnes, mais en nous attachant de préférence à celles qui présentent le plus d'intérêt général par l'attrait de leur rareté, ou par l'influence qu'elles exercent sur les sociétés au moyen du commerce et de l'industrie. Cette partie, qui contient en même temps le rapport naturel de tous les continents et de toutes les mers, ainsi que la base de leur liaison, est le fondement propre de toute l'histoire, sans lequel elle diffère assez peu des récits fabuleux. La *deuxième* division considère l'homme sur toute la terre suivant la diversité de ses caractères naturels, et la différence de ce qui est moral en lui; étude aussi importante que curieuse, sans laquelle il est difficile de porter des jugements généraux sur l'homme, et où la comparaison des différents siècles entre eux, au point de vue moral, met sous les yeux comme une grande carte du genre humain. Vient *enfin* ce qui peut être considéré comme une conséquence de l'action réciproque des deux forces déjà mentionnées, à savoir l'état des *nations* et des populations sur la terre, non pas tant comme ayant sa raison dans les causes contingentes de la conduite et de la destinée des hommes individuels, que comme conséquence de la forme des gouvernements, des révolutions ou des intrigues politiques, mais par rapport à ce qui est plus constant et qui contient la raison éloignée de tout le reste, à savoir, la position des pays, les produits, les mœurs, l'industrie, le commerce et la population. La rénovation, si je puis dire ainsi, d'une science par des aperçus ainsi détaillés d'après une petite unité de mesure, a sa grande utilité, puisque par là seulement se trouve atteinte l'unité de la connaissance, sans laquelle tout savoir n'est qu'une œuvre imparfaite. Dans un siècle sociable comme le nôtre, ne puis-je pas aussi, sans rabaisser la science, compter comme une utilité d'avoir présenté à l'esprit les matériaux d'une conversation, tels que peut les fournir une grande variété de connaissances agréables, instructives et faciles à saisir? Il doit être fort peu agréable pour un savant de se trouver souvent dans le même embarras que l'orateur *Isocrate*, qui, prié dans une société, de dire aussi quelque chose, se trouva dans la nécessité de répondre : *Ce que je sais ne convient pas, et ce qui convient je ne le sais pas.*

Tel est le programme succinct des leçons que je

compte faire à l'académie dans le semestre qui commence. Je l'ai jugé nécessaire afin de donner au public une notion d'un mode d'enseignement où j'ai cru bon d'introduire quelque changement. *Mihi sic usus est* : *Tibi quod opus est facto, face.* (Terentius.)

V

DE LA FORME ET DES PRINCIPES

DU

MONDE SENSIBLE ET DE L'INTELLIGIBLE.

DISSERTATION

qui sera soutenue publiquement suivant les statuts académiques,

PAR

EMMANUEL KANT,

aux heures accoutumées du matin et du soir le 10 août, à Kœnigsberg,

dans le grand amphithéâtre.

RÉPONDANT :

MARCUS HERTZ,
Israélite de Berlin, étudiant en médecine et en philosophie.

ARGUMENTANTS :

GEORGES-GUILL. SCHREIBER,
de Kœnigsberg, étudiant en littérature ;

JEAN-AUGUSTE STEIN,
de Kœnigsberg, étudiant en droit ;

ET

GEORGES-DANIEL SCHROETER,
d'Elbengerode, étudiant en théologie.

KOENIGSBERG. 1770.

SECTION I.

De la notion du monde en général.

§ 1.

De même que dans un composé substantiel, l'analyse ne s'arrête qu'à une partie qui n'est plus un tout, c'est-à-dire au SIMPLE, de même la synthèse ne s'arrête qu'au tout qui n'est plus partie, c'est-à-dire au MONDE.

Dans cette exposition d'une notion abstraite, j'ai fait attention, non-seulement aux caractères constitutifs de la connaissance distincte de l'objet, mais quelque peu aussi *à la double genèse* de cette connaissance, en partant de la nature de l'esprit ; genèse qui, par le fait qu'elle peut servir d'exemple de la méthode à suivre dans l'étude approfondie des questions métaphysiques, me semble d'une grande importance. Autre chose est, en effet, les parties d'un tout étant données, d'en concevoir la *composition* au moyen d'une notion abstraite de l'entendement, autre chose de *former* cette *notion* générale, comme solution d'un certain problème de la raison, au moyen de la faculté sensible de connaître, c'est-à-dire de se la représenter concrètement d'une vue distincte. La première opération s'accomplit par la notion de *composition* en général, en ce sens que plusieurs choses sont contenues (respectivement) sous cette notion, et par conséquent au moyen d'idées intellectuelles et universelles. La seconde opération suppose des *conditions* de temps, en ce que, ajoutant partie à partie successivement, la notion du composé est possible génétiquement, c'est-à-dire par voie de SYNTHÈSE, et rentre sous les lois de l'*intuition*. Pareillement, un composé substantiel étant donné, on arrive facilement à l'idée des simples en supprimant la notion intellectuelle de *composition* en général; ce qui reste, après avoir écarté toute liaison, est *simple*. Mais en suivant les lois de la connaissance intuitive la chose n'est possible, c'est-à-dire que toute composition ne disparaît, qu'à la condition de remonter du tout donné à *toutes les parties possibles*, c'est-à-dire par l'analyse (1),

(1) Les mots analyse et synthèse ont communément deux significations. La synthèse est ou *qualitative,* c'est la progression dans la série du *subordonné* en allant de la raison au raisonné, ou *quantitative,* c'est la progression dans la série des coordonnés, en partant de la partie donnée pour arriver par les compléments jusqu'au tout. De même l'analyse, prise dans la première de ces acceptions, est la régression du raisonné à la raison, et, dans la seconde, la régression du *tout* à ses *parties possibles* ou médiates, c'est-à-dire aux parties des par-

qui suppose aussi une condition de temps. Or, comme un composé suppose une *multitude* de parties, un tout une *totalité*, ni l'analyse ni la synthèse ne seront entières, et la notion de *simple* ne sortira de la première de ces opérations, ni la notion de *tout* de la seconde, qu'autant que l'une et l'autre (l'analyse et la synthèse) pourront s'accomplir dans un temps fini et assignable.

Mais comme dans une *étendue continue la regression* du tout aux parties possibles, et, dans l'*infini* la progression des parties au tout donné, *n'ont pas de fin*, il s'ensuit que l'analyse et la synthèse complètes sont impossibles, et que le tout, dans le premier cas, ne peut être complétement conçu suivant les lois de l'intuition, ni, dans le second cas, le composé comme *totalité*. Là se trouve la raison pour laquelle les notions de *continu* et d'*infini* sont rejetées par un grand nombre, attendu que la représentation de ces deux choses est effectivement impossible *suivant les lois de la connaissance intuitive*, et que l'*irreprésentable* et l'*impossible* signifient ordinairement la même chose. Quoique je n'aie pas à défendre ces notions, rejetées d'un grand nombre d'écoles, la première surtout (1), il importe

---

ties; et, par suite, ce n'est pas une division, c'est une *subdivision* du composé donné. C'est dans cette seconde acception seulement que nous prenons ici les mots de synthèse et d'analyse.

(1) Ceux qui rejettent l'infini mathématique actuel n'ont pas beau-

beaucoup cependant de prévenir que ceux qui raisonnent aussi mal tombent dans la plus grave erreur; car tout ce qui *répugne* aux lois de l'entendement et de la raison est assurément impossible, mais il n'en est pas ainsi de l'objet de la raison pure, qui n'est pas seulement soumis aux lois de la connaissance intuitive. Et ce désaccord entre la *sensibilité* et l'*entendement* (deux facultés dont je ferai bientôt connaître le caractère) ne prouve qu'une chose, c'est que les *idées abstraites qui proviennent de l'entendement sont faites* in concreto, *et ne peuvent souvent passer en intuitions*. Mais cette répugnance *subjective* ressemble beaucoup à quelque répugnance objective,

coup de peine : ils fabriquent telle une définition de l'infini, qu'ils peuvent en déduire quelque contradiction. *Infini* pour eux signifie *une quantité telle qu'il n'y en a pas de plus grande possible*, et mathématique veut dire : multitude (d'unités possibles) telle qu'il n'y en a pas de plus grande possible. Et comme ils mettent ici *le plus grand possible* pour l'*infini*, et que le plus grand nombre possible est impossible, ils concluent sans peine contre l'infini qu'ils ont imaginé. Ou bien ils appellent multitude infinie un *nombre infini*, et disent que ce nombre infini est absurde; ce qui est évident, mais qui ne répugne qu'avec les ombres de la pensée. Mais s'ils avaient conçu l'infini mathématique, ou la quantité, comme quelque chose de relatif à une mesure comme unité, la *multitude* eût été alors *plus grande que tout nombre*; si de plus ils avaient remarqué que la *mesure* (*mensurabilitatem*) n'indique ici qu'un rapport à un procédé de l'entendement humain, par lequel il ne peut atteindre à la *notion définie de multitude* qu'en ajoutant successivement une chose à une autre, et en achevant dans un temps fini cette progression vers le *complet*, qui s'appelle *nombre*, ils eussent vu clairement : « que ce qui ne s'accorde pas avec une certaine loi d'un certain sujet n'est pas pour cela absolument inintelligible, puisqu'il peut y avoir un entendement qui, sans être l'entendement humain, aperçoive d'un seul regard une multitude sans application successive de mesure. »

et trompe aisément ceux qui n'y font pas attention et qui prennent les limites de l'esprit humain pour les limites de l'essence même des choses.

Au surplus, comme on voit clairement en partant des raisons de l'entendement, que si les composés substantiels sont donnés, soit par le témoignage des sens ou de toute autre manière, les éléments simples aussi bien que le monde sont également donnés, j'ai fait aussi toucher au doigt dans ma définition les causes, tenant à l'essence du sujet, qui empêchent de regarder la notion de monde comme purement arbitraire et imaginée seulement, comme il arrive en mathématiques, pour en déduire ultérieurement des conséquences. Car l'esprit, appliqué à la notion de composé, soit qu'il analyse, soit qu'il synthétise, demande et présuppose des termes auxquels il puisse s'arrêter, qu'il procède *a priori* ou *a posteriori*.

§ 2.

Les points auxquels il faut faire attention en définissant, sont les suivants :

I. La matière (dans le sens transcendantal), c'est-à-dire les *parties* qui sont prises ici pour des substances.— Nous aurions pu ne pas nous inquiéter de l'accord de notre définition avec la signification ordinaire du mot, puisqu'il ne s'agit guère que de la solution d'un problème soulevé naturellement par la raison, à savoir, comment plusieurs substances peuvent s'unir de manière à ne former qu'un tout unique, et d'où vient que cette unité collective n'est pas une partie d'autre chose. Mais nous avons à nous rendre compte de la signification générale du mot monde. Personne assurément ne songe à *donner* des *accidents* comme partie du *monde;* ils n'en sont que des *déterminations*. Aussi le monde appelé *égoïstique*, qui ne se compose que d'une seule substance simple, revêtue de ses accidents, est-il peu proprement appelé monde, à moins peut-être que ce ne soit un monde imaginaire. Il est impossible par la même raison de rapporter au tout cosmique une série de successions (d'états successifs) comme partie; des modifications d'un sujet n'en sont pas des *parties*, elles en sont des *résultats* (*rationata*). Enfin, je ne me suis pas demandé si les substances qui constituent le monde sont *contingentes* ou nécessaires de leur nature, et je ne fais pas entrer arbitrairement une pareille détermination dans une définition, sauf ensuite, comme on le fait d'habitude, à l'en faire sortir par une certaine argumentation spécieuse; mais je ferai voir plus tard que la contingence peut-très-bien se conclure des conditions ici posées.

II. La forme, qui consiste dans la *coordination*, et non dans la subordination des substances. — En effet, les *coordonnés* sont respectivement comme les compléments d'un tout, et les *subordonnés* comme est l'effet à la cause, ou en général comme le principe est à sa conséquence (*principiatum*). La première espèce de rapport est réciproque et *homonyme*, de telle sorte que tout corrélatif est, par rapport à un autre, tout à la fois déterminant et déterminé. La seconde espèce de relation est *hétéronyme*, c'est-à-dire qu'elle est seulement, d'une part une relation de dépendance, d'autre part une relation de causalité. Cette coordination est conçue comme *réelle* et objective, et non comme idéale et purement arbitraire de la part du sujet, de manière à imaginer un tout par l'addition à volonté d'une pluralité quelconque. Ce n'est pas effectivement en concevant plusieurs choses qu'on parvient à former le *tout d'une représentation*, ni par conséquent la *représentation d'un tout*. Si donc il y avait par hasard certains touts de substances, qui ne fussent reliés entre eux d'aucune façon, leur compréhension simultanée, de manière à former par la pensée un tout idéal de cette multitude, ne serait autre chose qu'une pluralité de mondes compris dans une seule pensée. Mais un lien qui constitue la forme *essentielle* d'un monde, est regardé comme le principe des *influences possibles* des substances qui constituent ce monde. Une influence actuelle ne fait effectivement point partie de l'essence; elle appartient à l'état, et les forces passagères mêmes, les causes des influences, supposent quelque principe qui rende possibles entre eux, comme résultats (*rationata*), les états de plusieurs choses dont l'existence et la durée (*subsistentia*) est du reste indépendante des unes aux autres ; sans ce principe il n'y a plus moyen de concevoir la possibilité d'une force passagère dans le monde. Or, cette *forme essentielle* au monde est par cette raison *immuable*, et sujette à aucune vicissitude ; et cela par une *raison logique* d'abord, puisque tout changement suppose l'identité d'un sujet, avec déterminations qui se succèdent en lui. Un monde qui reste le même à travers tous les états qu'il subit garde donc la même forme fondamentale. Car il ne suffit pas pour l'identité du tout qu'il y ait identité des parties, il faut en outre l'identité de la *composition* caractéristique. Or l'identique résulte principalement d'une raison réelle (*e ratione reali*). En effet, la nature du monde, nature qui est le premier principe interne de toutes les déterminations variables qui font partie de l'état de ce monde, ne pouvant être opposée à elle-même, est naturellement, c'est-à-dire d'elle-même, immuable ; de sorte qu'il faut concevoir dans un monde quelconque une certaine forme de sa nature même constante, invariable, c'est-à-dire un principe permanent de toute forme contingente et transitoire faisant partie de l'état de ce monde. Ceux qui regardent cette recherche comme superflue sont abusés par les notions d'*espace* et de *temps*, comme conditions primitives et déjà données d'elles-mêmes, au moyen desquelles, sans aucun autre principe, il serait non-seulement possible, mais nécessaire encore, que plusieurs choses fussent naturellement en rapport, comme parties formant ensemble un tout unique. Mais je montrerai bientôt que ces notions ne sont pas tout à fait *rationnelles*, ni des *idées* objectives sans aucun lien, mais qu'elles sont des *phénomènes*, et qu'elles prouvent, mais n'expriment pas quelque principe commun du lien universel.

III. La totalité, qui est l'ensemble complet des parties d'un tout (*universitas, quæ est omnitudo compartium absoluta*). — Car si l'on *considère* quelque composé donné, fût-il encore partie d'un autre, toujours existe cependant une certaine totalité comparative, celle des parties par rapport à ce tout. Mais ici toutes les parties considérées entre elles comme concourant à former un tout *quelconque*, sont conçues comme données conjointement. Cette *totalité* absolue, quoiqu'elle ait l'apparence d'une notion quotidienne et facile à concevoir, alors surtout qu'elle est négativement énoncée, comme il arrive dans la définition, semble cependant, vue de plus près, être le supplice des philosophes. En effet, on conçoit difficilement, si la série des états *éternellement* en succession dans l'univers ne peut jamais être achevée, comment elle pourrait former un *tout* comprenant absolument toutes les vicissitudes. Car l'infinité même implique la nécessité qu'il n'y ait pas de *fin* ; il n'y a donc pas de série d'états successifs qui ne fasse partie d'une autre; de sorte qu'une intégralité absolue ou une *totalité absolue* semble, par la même raison, impossible ici. Car encore bien que la notion de partie puisse être prise universellement, et que tout ce qui entre dans cette notion, s'il appartient à la même série, constitue une seule chose, la notion de *tout* semble cependant exiger que tout cela *soit pris ensemble*. Ce qui est impossible dans le cas donné. En effet, rien ne venant après la série totale, et la série des successifs une fois posée, ce qui est dernier étant la seule chose qui ne soit suivie d'aucune autre, il y aurait éternellement quelque chose de dernier; ce qui est absurde. La difficulté qui s'attache à la totalité de l'infini successif semblera peut-être à quelques-uns ne pas atteindre l'*infini simultané*, par la raison que la *simultanéité* semble bien indiquer l'ensemble de toutes choses dans le même temps. Mais si l'on admet l'infini simultané, il faut accorder aussi la totalité de l'infini successif, et si l'on nie cette totalité, il faudra nier aussi l'infini simultané ; car l'infini simultané présente une matière éternellement inépuisable, en parcourant successivement les parties qui le composent à l'infini, série dont le nombre complet serait cependant donné dans l'infini simultané, série qui par le fait ne peut jamais être achevée par l'addition successive, et qui pourrait néanmoins être donnée *tout entière*. Pour sortir de cette question épineuse, il faut remarquer que la coordination tant simultanée que successive de plusieurs choses (parce qu'elle se fonde sur les notions de temps) ne fait point partie de la notion *intelligible* de tout, mais qu'elle appartient uniquement aux conditions d'un *tout sensible*, et qu'ainsi, tout en n'étant pas concevable sensiblement, elle ne cesse pas de l'être intellectuellement. Il suffit à la notion intellectuelle que des coordonnés soient donnés d'une manière quelconque, et qu'ils soient tous pensés comme appartenant à une seule chose.

SECTION II.

De la différence du sensible et de l'intelligible en général.

§ 3.

La *sensibilité* est cette *réceptivité* du sujet qui fait que l'état représentatif de ce sujet est affecté d'une manière certaine par la présence de quelque objet. L'*intelligence* (*rationalitas*) est la *faculté* du sujet par laquelle il peut se représenter les choses qui ne sont pas de nature à passer par les sens. L'objet de la sensibilité est sensible ; mais ce qui ne contient rien qui ne puisse être connu que par l'intelligence est intelligible. L'Ecole appelait le sensible *phénomène*, et l'intelligible *noumène*. La connaissance, comme soumise aux lois de la sensibilité, est *sensitive;* comme soumise aux lois de l'intelligence, elle est *intellectuelle* ou rationnelle.

§ 4.

Mais comme tout ce qui, dans la connaissance, est sensitif, dépend du caractère particulier du sujet, suivant que ce sujet est capable de telle ou telle modification en présence des objets, et comme cette modification peut varier suivant les cas et la diversité même des sujets, et qu'il n'y a de connaissance exempte d'une telle condition que celle qui concerne un objet, il est évident que tout ce qui est pensé sensitivement est une représentation des choses *telles qu'elles apparaissent*, mais que ce qui est pensé intellectuellement est une représentation des choses *telles qu'elles sont*. Mais il y a dans toute représentation sensible quelque chose qu'on appelle *matière*, à savoir, la *sensation*, et quelque autre chose qu'on peut appeler la *forme*, à savoir, l'*espèce* (*species*) des choses sensibles, espèce qui varie suivant que la variété même des choses qui affectent les sens sont coordonnées en vertu d'une certaine loi de l'esprit. Or, de même que la sensation qui constitue la matière de la représentation sensible témoigne de la présence de quelque chose de sensible, mais dépend, quant à la qualité, de la nature du sujet, suivant que ce sujet peut être modifié par cet objet, de même aussi la *forme* de cette représentation atteste bien un certain rapport, une certaine relation des choses senties, mais elle n'est pas proprement une esquisse ou un schème de l'objet ; ce n'est qu'une certaine loi innée à l'esprit en vertu de laquelle il coordonne ce qu'il sent par suite du sentiment de la présence de l'objet. Car les objets ne frappent pas les sens par la forme ou l'espèce (*speciem*) ; en sorte qu'il faut, pour que la diversité qui affecte le sens de l'objet soit réduite à une certaine totalité de la représentation, il faut un principe interne de l'esprit, qui serve à donner une certaine *espèce* à cette diversité, suivant des lois fixes et innées.

§ 5.

La connaissance sensible comprend donc et une matière, qui est la *sensation*, laquelle mérite à cette espèce de connaissance l'épithète de *sensibles* (*sensuales*) et une *forme* en vertu de laquelle seule, et quoiqu'il n'y ait pas de sensation, les représentations sont appelées *sensitives* (*sensitivæ*). Quant aux choses *intellectuelles*, il faut soigneusement noter, avant tout, que l'usage de l'intellect ou faculté supérieure de l'âme est de deux sortes : par le premier sont *données* les notions mêmes ou des choses ou des rapports, c'est l'USAGE RÉEL. Par le second, les notions, quelle qu'en soit l'origine, sont seulement *subordonnées* entre elles, c'est-à-dire que les inférieures sont soumises aux supérieures (aux caractères communs) et comparées les unes aux autres d'après le principe de contradiction; c'est l'USAGE LOGIQUE. L'usage logique de l'intellect ou entendement est commun à toutes les sciences ; il n'en est pas de même de l'usage réel. Une connaissance étant donnée, d'une manière ou d'une autre, est considérée ou comme contenue sous un caractère commun à plusieurs, ou comme opposée à ce caractère, et cela soit immédiatement, comme il arrive dans les *jugements* où il s'agit de connaissance distincte, soit médiatement comme dans les *raisonnements* où il s'agit de connaissance adéquate. Dans les connaissances sensitives donc, des connaissances de cette espèce sont subordonnées par l'usage logique de l'entendement à d'autres de même nature, qui sont par là même des notions communes, et les phénomènes aux lois plus générales des phénomènes. Il importe extrêmement de remarquer à ce sujet que des connaissances doivent toujours être regardées comme sensitives, quelque étendu que soit l'usage logique qu'en fait l'entendement; car on les appelle *sensitives à cause de leur origine*, et nullement à cause de la *comparaison*, au point de vue de l'identité ou de l'opposition. Les lois empiriques les plus générales n'en sont donc pas moins sensibles, et les principes de la forme sensitive que présente la géométrie (ceux d'un rapport déterminé dans l'espace), si intellectuels qu'ils puissent être, en argumentant des données sensitives (par intuition pure) suivant les règles logiques, ne dépassent cependant pas la classe des principes sensitifs. Mais, dans les faits sensibles et les phénomènes, ce qui précède l'usage logique de l'entendement s'appelle *apparence* (*apparentia*); et la connaissance réfléchie qui résulte de plusieurs apparences, au moyen de l'entendement, s'appelle *expérience*. On ne peut donc passer de l'apparence à l'expérience que par la réflexion, en suivant l'usage logique de l'entendement. Les notions communes de l'expérience sont appelées *empiriques*, et leurs objets des *phénomènes*. Les lois, soit de l'expérience en général, soit de toute connaissance sensitive, s'appellent lois des phénomènes. Des notions expérimentales ne deviennent pas intellectuelles dans le *sens réel* du mot, par voie de réduction à une plus grande généralité, et ne sortent pas de l'espèce de la connaissance sensitive; si haut qu'elles s'élèvent par l'abstraction, elles restent indéfiniment sensitives.

§ 6.

En ce qui regarde les choses *intellectuelles proprement dites*, à l'égard desquelles l'*usage de l'entendement* est *réel*, les notions de cette sorte, tant celles des objets que celles des rapports, sont données par la nature même de l'entendement; elles ne résultent d'aucune abstraction de l'usage des sens, et ne contiennent aucune forme de la connaissance sensitive comme telle. Il est nécessaire, au surplus, de remarquer ici l'ambiguïté du mot *abstrait*, et, pour qu'elle ne vicie pas notre examen de choses intellectuelles, il importe de la dissiper dès maintenant. Il faudrait dire, si l'on voulait s'exprimer proprement, *abstraire de quelque chose*, et non *abstraire quelque chose*. La première locution signifie que, dans une certaine notion, il ne faut pas faire attention à tout ce qui peut s'attacher à cette notion; la seconde, que cette notion n'est donnée qu'à l'état concret, et de manière à être par là séparée de ce qui s'y trouve uni. Ainsi une notion intellectuelle *abstrait* (sépare) de tout élément sensitif, mais *n'est pas abstraite* d'éléments sensitifs; et l'on s'exprimerait déjà mieux en disant une notion qui *abstrait (abstrahens)*, qu'une notion *abstraite (abstractus)*. Mieux vaut donc appeler *idées pures* les notions intellectuelles, et *abstraites* celles qui ne sont données qu'empiriquement.

§ 7.

On voit, par ce qui précède, que le sensitif est mal caractérisé en disant que c'est ce qui est connu *confusément*, et l'intellectuel en disant que c'est une connaissance *distincte*. Ce sont là des différences purement logiques, et qui *ne touchent* en aucune façon les *données* soumises à toute comparaison logique. Des choses sensibles peuvent être très-distinctes, et des intellectuelles être très-confuses. Nous remarquons d'abord que la *géométrie* est le prototype de la connaissance sensitive; ensuite que la *métaphysique* est l'organe de tout ce qui est intellectuel. Or, il est évident que la métaphysique, quelque soin qu'elle prenne pour dissiper les nuages de la confusion qui obscurcissent l'entendement commun, ne réussit pas au même degré que la géométrie. Ce qui n'empêche pas chacune de ces connaissances de garder le signe de sa noble origine, de manière que les connaissances de la première espèce, si distinctes qu'elles soient, sont sensitives par leur origine, et que les secondes, malgré leur confusion, restent des connaissances intellectuelles : telles sont, par exemple, les notions *morales,* qui ne sont pas une affaire d'expérience, mais qui sont données par l'entendement pur. Je crains donc que *Wolff*, en distinguant comme il l'a fait, entre le sensitif et l'intellectuel, distinction qui n'a pour lui-même qu'un caractère logique, n'ait fait complétement disparaître, au grand détriment de la philosophie, ce qui avait été si judicieusement établi par l'antiquité sur le *caractère des phénomènes et des noumènes,* et qu'il n'ait souvent détourné les esprits de la recherche de ces deux choses, pour les porter à des minuties logiques.

§ 8.

La philosophie *première,* qui contient les *principes* de l'usage de l'*entendement pur*, est donc la MÉTAPHYSIQUE. Or, la science qui prépare la métaphysique est celle qui apprend à distinguer la connaissance sensitive de l'intellectuelle, et dont nous donnons un specimen dans cette dissertation. Et, comme il n'y a pas de principes empiriques en métaphysique, les notions qui s'y rencontrent ne doivent pas être cherchées dans les sens, mais dans la nature même de l'entendement pur, non pas comme notions *innées,* mais bien comme notions tirées de lois naturelles à l'esprit (en faisant attention à ses opérations à l'occasion de l'expérience), et par conséquent *acquises.* De cette espèce sont les notions de possibilité, d'existence, de nécessité, de substance, de cause, etc., avec leurs opposées ou corrélatives ; notions qui ne font jamais partie d'une représentation sensible, et qui dès lors n'en peuvent être abstraites en aucune façon.

§ 9.

La fin des notions intellectuelles est principalement de deux sortes : la première est *démonstrative* (*elenchticus*); leur usage est alors négatif; il a lieu quand les notions intellectuelles empêchent les choses conçues sensitivement d'être confondues avec les noumènes : et quoiqu'elles n'ajoutent rien à la science, elles la servent néanmoins en la préservant de l'erreur. La seconde fin est *dogmatique*. D'après cette fin, les principes généraux de l'entendement pur, tels que les donne l'ontologie ou la psychologie rationnelle, aboutissent à un exemplaire qui ne peut être conçu que par un entendement pur, la mesure commune de toutes les autres choses quant aux réalités, et qui est la PERFECTION NOUMÈNE. Cette perfection est ensuite théorique (1) ou pratique : théorique, c'est l'Être suprême, DIEU; pratique, c'est la PERFECTION MORALE. La *philosophie morale*, en tant qu'elle fournit des premiers *principes de jugement*, n'est connue que par l'entendement pur et fait partie de la philosophie

---

(1) Nous considérons une chose théoriquement, quand nous ne faisons attention qu'à ce qui convient à un être; pratiquement, quand nous recherchons ce qui doit se trouver en lui par la liberté.

pure; Épicure et certains modernes qui s'en font jusqu'à un certain point les disciples, tels que Shaftesbury et ses partisans, lorsqu'ils ont placé le *criterium* de la morale dans le sentiment du plaisir et de la peine, ont donc commis une grande erreur. Mais en toute espèce de choses dont la quantité est variable, le *maximum* est la mesure commune et le principe de la connaissance. Le *maximum de la perfection* s'appelle maintenant *idéal*. Pour Platon, c'était l'Idée (comme l'idée de sa république). Le maximum de tout ce qui peut être compris sous la notion générale de quelque perfection est un principe, en ce sens que les degrés inférieurs ne peuvent être déterminés que par la limitation du maximum; mais Dieu, comme idéal de la perfection, étant le principe de la connaissance, comme existant d'une existence réelle, est en même temps le principe de la contingence (*fiendi*) de toute perfection possible.

§ 10.

L'homme n'a pas d'*intuition* des choses intellectuelles ; il n'en a qu'une *connaissance symbolique*, et l'intelligence ne nous en est possible qu'abstractivement par des notions universelles, et non concrètement par une perception. En effet, toute intuition ou perception est soumise à une certaine forme, sous laquelle seule quelque chose peut être immédiatement *perçu* (*cerni*) par l'esprit, c'est-à-dire, comme chose *individuelle* (*singulare*), et non-seulement conçu discursivement par des notions générales. Or, ce principe formel de notre intuition (l'espace et le temps) est la condition sous laquelle quelque chose peut être l'objet de nos sens ; et, comme condition de notre connaissance sensitive, ce n'est pas un moyen pour l'intuition intellectuelle. De plus, toute matière de notre connaissance nous est donnée par les sens seulement ; mais un noumène, comme tel, ne peut être conçu par des représentations sensibles. Une notion de l'ordre intelligible, comme telle, est dépourvue de toutes *données* de l'intuition humaine ; car l'*intuition* de notre esprit est toujours *passive*, et n'est par conséquent possible qu'autant que quelque chose peut affecter nos sens. Mais l'intuition divine, qui est le principe et non le résultat (*principiatum*) des objets, puisqu'elle est indépendante, est un archétype, et, par cette raison, parfaitement intellectuelle.

§ 11.

Quoique les phénomènes soient proprement les espèces (*species*) des choses, et qu'ils n'expriment pas une qualité interne et absolue des objets, la connaissance n'en est cependant pas moins très-vraie. Car en tant que conceptions ou appréhensions sensibles ou effets, ils témoignent de la présence d'un objet contre l'idéalisme ; et en tant que l'on considère les jugements qui ont pour objet les choses sensiblement connues, la vérité du jugement consistant dans l'accord du prédicat et du sujet donné, et la notion du sujet, comme phénomène, n'étant donnée que par rapport à la faculté sensitive de connaître, de même que les prédicats sensitivement observables ne sont donnés que de la même manière ; il est évident que les représentations du sujet et du prédicat s'accomplissent d'après des lois communes, et sont l'occasion d'une connaissance très-vraie.

§ 12.

Tout ce qui est rapporté à nos sens, comme en état des objets, est phénomène ; mais ce qui n'impressionne pas les sens, et qui ne renferme que la seule forme de la sensibilité (*formam singularem sensualitatis*), appartient à l'entendement pur, c'est-à-dire à l'entendement vide de sensations, et par cela même non intellectuel. Les phénomènes sont étudiés et décrits ; *d'abord* ceux du sens externe, en PHYSIQUE ; *ensuite* ceux du sens interne, dans la PSYCHOLOGIE expérimentale. Mais l'intuition pure (humaine) n'est pas une notion universelle ou logique *sous laquelle*, mais bien une notion individuelle *dans laquelle* sont pensées toutes les choses sensibles; elle comprend donc les notions d'espace et de temps, notions qui, par le fait qu'elles ne décident rien des choses semblables par rapport à la *qualité*, ne sont des objets de science que par rapport à la *quantité*. Aussi la MATHÉMATIQUE PURE considère-t-elle l'*espace* en GÉOMÉTRIE, et le *temps* en MÉCANIQUE PURE. Il faut ajouter à ces notions celle de nombre, notion sans doute intellectuelle en soi, mais dont cependant l'application au concret exige les notions auxiliaires de temps et d'espace (par l'addition successive et la juxta-position de plusieurs choses en même temps). La notion de *nombre* est l'objet de l'ARITHMÉTIQUE. La mathématique pure, exposant la forme de toute notre connaissance sensitive, est donc l'organon de toute connaissance intuitive et distincte; et comme ses objets mêmes sont non-seulement les principes formels de toute intuition, mais encore les principes d'une *intuition originelle*, elle est tout à la fois la source d'une connaissance très-vraie, et l'exemplaire d'une parfaite évidence dans toutes les autres. *Puis donc qu'il y a une science des choses sensibles*, quoique, par le fait que ces choses sont des phénomènes, il n'y ait pas d'intellection réelle, que cette intellection ne soit que logique, on voit en quel sens, emprunté des Eléates, doivent être entendus ceux qui ont nié que les phénomènes fussent l'objet d'une science.

SECTION III.

Des principes de la forme du monde sensible.

§ 13.

Le principe de la forme de l'univers est ce qui contient la raison du lien universel en vertu duquel toutes les substances et leurs états appartiennent à un même tout qui s'appelle *monde*. Le principe de la forme du *monde sensible* est ce qui contient la raison du *lien universel* de toutes choses comme *phénomènes*. La forme du *monde intelligible* reconnaît un principe objectif, c'est-à-dire une certaine cause qui relie en soi les existences. Mais le monde, considéré comme phénomène, c'est-à-dire par rapport à la sensibilité de l'esprit humain, n'admet qu'un principe subjectif de la forme, c'est-à-dire une certaine loi de l'âme par laquelle il est nécessaire que tout ce qui peut être objet des sens (en vertu de sa qualité) semble nécessairement faire partie d'un même tout. Quel que soit donc enfin le principe de la forme sensible, il ne comprend rien toutefois que l'*actuel*, considéré comme pouvant *tomber* sous *les sens*; il ne comprend donc ni les substances immatérielles qui, de leur nature et par la définition même, sont déjà complétement exclues du domaine des sens externes ; ni la cause du monde, qui étant la cause de l'esprit même et l'ayant doué d'une certaine sensibilité propre, ne peut être un objet des sens. Je prouverai que ces principes formels de l'*univers phénoménal*, principes absolument premiers, universels, en ce qu'ils s'étendent comme des schèmes à tout le sensitif de la connaissance humaine, sont au nombre de deux, le temps et l'espace.

§ 14.

DU TEMPS.

1. *L'Idée de temps ne vient pas des sens, mais elle en est supposée.* En effet, ce qui tombe sous les sens, qu'il soit simultané ou successif, ne peut être représenté que par l'idée de temps, et si la succession n'engendre pas la notion de temps, elle la provoque. La notion des temps, comme si elle était acquise par l'expérience, est donc très-mal définie : une série de choses actuelles existant les unes *après* les autres. Je ne sais, en effet, ce que signifie le mot *après* qu'en vertu d'une notion préalable de temps; car les choses qui viennent les unes *après* les autres sont celles qui existent dans *différents temps*, comme les choses qui existent *simultanément* sont celles qui existent dans le même temps.

2. *L'Idée de temps est singulière*, et non géné-

rale. En effet, un temps quelconque n'est conçu que comme partie d'un seul et même temps immense. Si l'on conçoit deux années, on ne peut le faire qu'en les plaçant entre elles dans un rapport déterminé, et, si elles ne se suivent pas immédiatement, qu'à la condition d'être séparées par une certaine durée intermédiaire. Mais à moins de tomber dans un cercle vicieux on ne peut pas indiquer par des caractères concevables à l'entendement lequel, de temps divers, est *antérieur*, lequel *postérieur*, et l'esprit ne le distingue que par une intuition singulière. De plus on conçoit tout ce qui est actuel comme placé *dans* le temps, et non comme contenu *sous* la notion générale de temps comme sous un caractère commun.

3. *L'idée de temps est* donc *une intuition*, et comme elle est conçue avant toute sensation, comme condition des rapports qui peuvent avoir lieu dans les choses sensibles, c'est une *intuition pure*, et non une intuition sensible.

4. *Le temps est une quantité continue* et le principe des lois de la continuité dans les changements de l'univers. Le *continu* est, en effet, une quantité qui ne se compose pas d'éléments simples. Et comme le temps ne sert à concevoir que des rapports sans qu'aucun des êtres qui sont en rapport entre eux soit donné, le temps ou quantum qui lui est propre renferme une composition, dont la suppression par la pensée

entraîne celle de tout le reste. Or, ce dont la composition est telle que si cette composition est supprimée par la pensée tout disparaît en même temps, n'est pas composé de parties simples. Donc une partie quelconque du temps est un temps, et ce qu'il y a de simple dans le temps, les *moments*, n'est pas une partie du temps, c'en est une *limite*, et les limites sont séparées par le temps ; car deux moments donnés ne font un temps qu'à la condition qu'il y ait en eux deux choses actuelles qui se succèdent ; il faut donc qu'il y ait, indépendamment du moment donné, un temps dans la partie postérieure duquel soit un autre moment.

La loi métaphysique de la *continuité* est celle-ci : *Tous les changements sont continus* ou labiles (*fluunt*) ; c'est-à-dire que des états opposés ne se succèdent qu'en passant par une série intermédiaire d'états divers. Car deux états opposés se trouvant dans des moments de temps divers, et un temps quelconque se trouvant toujours compris entre deux moments, une substance placée dans la série infinie de ces moments n'étant ni dans l'un des états donnés, ni dans l'autre, ni toutefois dans aucun, elle sera dans plusieurs (*in diversis*), et ainsi de suite à l'infini.

Le célèbre Kaestner, examinant cette loi de Leibniz en invite les défenseurs (1) à prouver que *le mouvement continu d'un point par tous les côtés*

---

(1) *Hoehere Mechanik*, p. 354.

d'un triangle est impossible ; ce qui doit nécessairement être prouvé si l'on accorde la loi de continuité. Voici donc la démonstration demandée. Soient *abc* les trois angles d'un triangle rectiligne. Si le mobile parcourt d'un mouvement continu les lignes *ab*, *bc*, *ca*, c'est-à-dire tout le périmètre de la figure, il est nécessaire qu'il se meuve par le point *b* dans la direction *ab*, et que par le même point *b* il se meuve aussi dans la direction *bc*. Et comme les mouvements sont divers, ils ne peuvent s'accomplir *en même temps*. Donc le moment de la présence du point mobile au sommet *b*, en tant qu'il se meut dans la direction *ab*, diffère du moment de la présence du point mobile au même sommet *b*, en tant qu'il se meut suivant la direction *bc*. Or entre deux moments est un temps; donc le mobile est présent en un même point pendant quelque temps ; c'est-à-dire qu'il y est en *repos;* donc il ne marche pas d'un mouvement continu; ce qui est contre l'hypothèse. La même démonstration s'applique au mouvement suivant des droites quelconques renfermant un angle à volonté (*dabilem*). Donc un corps ne change de direction, dans un mouvement continu, qu'en passant par une ligne dont aucune partie n'est droite, c'est-à-dire en passant par une ligne courbe, suivant l'idée de Leibniz.

5. *Le temps n'est pas quelque chose d'objectif et de réel*, ni une substance, ni un accident, ni un rap-

port; c'est une condition subjective, rendue nécessaire par la nature de l'esprit humain, pour se subordonner par une loi certaine tout ce qui est sensible, et de plus une *intuition pure*. Ceux qui affirment la réalité objective du temps, ou qui le conçoivent comme un certain flux continu d'existence (*in existendo*), sans cependant qu'il y ait rien là d'existant (conception des plus absurdes), comme le font surtout des philosophes anglais, ou comme quelque chose de réel qui serait abstrait de la succession des états internes, comme Leibniz et ses partisans. La fausseté de la seconde opinion se révélant très-clairement d'elle-même par le cercle vicieux qui atteint la définition donnée du temps, et négligeant en outre complétement la *simultanéité* (1), la plus grande conséquence du temps, jette ainsi le trouble dans l'entier usage de la saine raison, en voulant qu'on détermine, non pas

---

(1) Les *simultanés* ne sont pas tels parce qu'ils ne se succèdent pas; en faisant abstraction de la succession, on écarte bien une certaine liaison, celle qui avait lieu en vertu de la série du temps; mais une *autre* relation véritable ne résulte pas immédiatement de là, telle que la liaison de toutes choses dans un même moment. En effet, les simultanés sont réunis dans le même moment, de la même manière que les successifs aux moments divers. Aussi, quoique le temps n'ait qu'une seule dimension, cependant l'ubiquité du temps (pour parler comme Newton), qui fait que *tout* ce qui est sensitivement concevable est dans *quelque temps* (*aliquando*), ajoute à la quantité (*quanto*) des choses actuelles une autre dimension, en ce sens qu'elles dépendent pour ainsi dire du même point du temps. Car si l'on désigne le temps par une ligne prolongée à l'infini, et la simultanéité dans chaque point du temps par des lignes coordonnées avec ordre (*ordinatim applicatas*), la surface qui est ainsi engendrée représentera le *monde phénoménal*, tant par rapport à la substance que par rapport aux accidents.

les mouvements d'après les lois du temps, mais le temps lui-même, sa nature, d'après l'observation de ce qui est en mouvement, ou par une série quelconque de changements internes; ce qui rend impossible toute certitude des règles. Mais si nous ne pouvons estimer la *quantité* du temps que d'une manière concrète, c'est-à-dire ou par le *mouvement* ou par une *série de pensées*, c'est que la notion de temps n'a pour fondement qu'une loi interne de l'esprit, qu'elle n'est pas quelque intuition innée, et qu'ainsi cet acte de l'âme coordonnant les sentiments (*sensa*) n'a lieu qu'à l'aide des sens. Mais tant s'en faut qu'on puisse jamais expliquer et déduire d'une autre manière par la raison la notion de temps, que le principe même de contradiction la supposerait, et en ferait plutôt sa condition. En effet, A et non A ne *répugnent* entre eux qu'autant qu'ils sont conçus *simultanément* (c'est-à-dire dans le même temps) du *même* sujet, mais ils *peuvent convenir* au même sujet l'un *après* l'autre (dans des temps différents). La possibilité du changement n'est donc concevable que dans le temps, mais le temps n'est pas concevable par les changements, c'est le contraire.

6° Quoique le *temps* pris en soi et absolument, soit un être imaginaire, cependant, considéré comme appartenant à la loi immuable des choses sensibles comme telles, c'est une notion très-vraie et une condition de la représentation intuitive, qui s'étend sans exception à tous les objets possibles des sens. Car, de ce que les choses simultanées ne peuvent, comme telles, s'offrir aux sens qu'à l'aide du temps, et que les changements ne sont concevables que par le temps, il est clair que cette notion universelle contient la forme des phénomènes, que tous les mouvements, toutes les vicissitudes internes concordent nécessairement avec les axiomes à connaître sur le temps, et que nous avons en partie exposés, *parce que les objets des sens ne peuvent être ni être coordonniés qu'à ces conditions*. Il est donc absurde de vouloir soulever la raison contre les premiers postulats du temps pur, par exemple, contre la continuité, etc., puisqu'ils découlent de lois qui n'ont rien d'antérieur, de plus ancien, et que la raison même ne peut faire usage du principe de contradiction sans recourir à cette notion, tant elle est primitive et originelle.

7° Le temps est donc le *principe formel*, absolument premier, *du monde sensible*. Car rien de tout ce qui est sensible, de quelque manière que ce soit, ne peut être conçu que comme donné ou simultanément ou successivement, et par là même comme enveloppé dans un temps unique (*unici temporis tractu*), et en relation dans toutes ses parties par une position déterminée; de telle sorte que cette notion, qui est ce qu'il y a de primitif dans tout ce qui est sensitif (*omnis sensitivi primarium*), donne naissance à un Tout formel, qui n'est point partie d'autre chose, le *monde phénoménal*.

§ 15.

DE L'ESPACE.

A. *La notion d'espace n'est pas abstraite des sensations externes.* En effet, je ne puis concevoir quelque chose placé hors de moi, qu'à la condition de me le représenter comme dans un lieu différent de celui que j'occupe, ni les choses en dehors les unes des autres qu'à la condition de les placer dans différents lieux de l'espace. La possibilité des perceptions externes, comme telles, *suppose* donc la notion d'espace et ne la *crée* pas. Et comme les choses qui sont dans l'espace affectent les sens, l'espace lui-même ne peut être tiré des sens.

B. *La notion d'espace est une représentation singulière* comprenant tout *en soi*, et non une notion abstraite et commune qui comprendrait tout *sous elle*. En effet, ce qu'on appelle *des espaces* ne sont que des parties d'un même espace immense, qui sont corrélatifs par une position certaine, et l'on ne peut concevoir un pied cube qu'en le concevant limité de tous côtés par l'espace ambiant.

C. *La notion d'espace est donc une intuition pure*, puisqu'elle est une notion singulière, non formée de sensations, mais au contraire le fondement de toute notion externe. Il est aisé de voir cette intuition pure dans les axiomes de géométrie et dans toute construction mentale des postulats, ou même des problèmes. Il n'y a que trois dimensions dans l'espace ; entre deux points il n'y a qu'une seule droite ; d'un point donné sur une surface plane, avec une droite donnée, décrire un cercle, etc., sont en effet des propositions qui ne se concluent pas de quelque notion universelle de l'espace ; mais elles se <u>*voient* dans l'espace même</u>, comme à l'état concret. Il n'y a pas de pénétration d'esprit qui puisse décrire discursivement, ou ramener à des caractères intellectuels les choses qui sont d'un côté dans un espace donné, ni celles qui sont du côté opposé. Aussi, comme il y a dans des solides parfaitement semblables et égaux, mais disconvenants (*discongruentes*), tels, par exemple, que la main droite et la main gauche (considérées seulement quant à l'étendue), ou les triangles sphériques des deux hémisphères opposés, une diversité qui rend impossible la coïncidence des limites de l'étendue, quoiqu'elles puissent être substituées les unes aux autres, d'après tout ce qu'il est permis de dire en parlant des caractères rendus intelligibles à l'esprit par la parole, il en résulte qu'une diversité, une disconvenance (*dis-*

congruentia) ne peut être notée que par une intuition pure. Aussi la géométrie se sert-elle de principes non-seulement certains (*non indubitatis solum*) et discursifs, mais encore susceptibles d'être perçus de l'esprit. Aussi l'*évidence* dans les démonstrations (évidence qui est la clarté d'une connaissance certaine, en tant qu'elle est assimilée à une connaissance sensible) est non-seulement très-grande en géométrie, la plus grande possible ; mais elle est encore la seule qui soit donnée dans les sciences pures, comme aussi l'*exemplaire* et le moyen de toute évidence dans les autres sciences, parce qu'en géométrie, c'est-à-dire en considérant les *rapports de l'espace*, de l'espace, dis-je, dont la notion contient la forme même de toute intuition sensible, rien dans les perceptions externes ne peut être clair et lucide qu'à l'aide de cette même intuition qui est l'objet de cette science. Au surplus, la géométrie ne démontre pas ses propositions universelles ; elle conçoit par une notion universelle un objet qui a lieu dans les choses sensibles, et en mettant sous les yeux, par une intuition singulière, ce qui a lieu dans les choses de l'ordre sensible (*sensitivis*) (1).

(1) Je m'abstiendrai de faire voir combien il serait facile de démontrer que l'espace doit être nécessairement conçu comme une quantité continue. Mais de ce que l'espace est continu, il s'ensuit que le simple dans l'espace n'est pas une partie ; c'est une limite. Or une limite est en général ce qui dans un continu contient la raison des limites. Un espace qui n'est pas une limite d'un autre est *complet* (*solide*). La limite du solide est la *superficie*, celle de la superficie est la *ligne*, celle

D. *L'espace n'est pas quelque chose d'objectif et de réel* ; ce n'est pas non plus une substance, ni un rapport. C'est quelque chose de *subjectif* et d'idéal, procédant de la nature de l'esprit par une loi fixe, une sorte de schème, servant à se coordonner tout ce qui est senti extérieurement. Ceux qui soutiennent la réalité de l'espace, ou ils le conçoivent comme le *réceptacle absolu* et immense des choses possibles, opinion qui, d'après les Anglais, sourit à la plupart des géomètres ; ou bien ils soutiennent que c'est la relation même des choses existantes ; qu'en faisant disparaître ces choses par la pensée, cette relation s'évanouit, et qu'elle n'est concevable que dans les choses réelles, comme le pensent la plupart de nos philosophes allemands d'après Leibniz. La première de ces opinions est une vaine fiction de la raison, puisqu'on imagine de véritables relations infinies sans des êtres en rapport entre eux ; ce qui n'appartient qu'au monde des chimères. Ceux qui suivent la seconde opinion sont encore plus loin du vrai. En effet, ne mettant d'obstacle que pour certaines notions rationnelles, pour celles qui appartiennent aux noumènes, choses du reste les plus cachées à l'entendement, les questions sur le monde spirituel, par exemple, la toute-

---

de la ligne est le *point*. Il y a donc trois sortes de limites dans l'espace, comme il y a trois dimensions. Deux de ces limites (la superficie et la ligne) sont elles-mêmes des espaces. La notion de *limite* ne comprend d'autre quantité que l'espace ou le temps.

présence, etc., ils contredisent carrément les phénomènes eux-mêmes, et l'interprète le plus sûr des phénomènes, la géométrie. Car, pour ne pas parler du cercle vicieux dans lequel ils tombent en définissant l'espace, ils font tomber la géométrie du faîte de la certitude au rang d'une de ces sciences dont les principes sont empiriques ; car si toutes les déterminations (*affectiones*) de l'espace ne sont prises que des rapports extérieurs par l'expérience, les axiomes de la géométrie n'ont plus qu'une universalité comparative, telle qu'elle s'acquiert par induction, c'est-à-dire qui s'étend juste aussi loin que l'observation ; il n'y a plus d'autre nécessité que celle qui se fonde sur la stabilité des lois de la nature ; plus d'autre précision que celle qu'il plaît d'imaginer, et l'on peut espérer, comme dans les choses expérimentales, 'qu'on découvrira quelques jours d'autres propriétés primitives à l'espace, peut-être celles d'être bilinéaire, rectiligne, etc.

E. Quoique la *notion d'espace*, comme notion de quelque être objectif et réel, ou de quelque détermination réelle encore, soit imaginaire, néanmoins *par rapport à tout ce qui est sensible*, elle est non-seulement *très-vraie*, mais aussi le fondement de toute vérité dans la sensibilité externe ; car les choses ne peuvent apparaître aux sens sous aucune espèce, qu'à l'aide de cette vertu de l'âme qui coordonne toutes les sensations suivant une loi fixe qui fait partie de notre nature. Et puisque rien ne peut tomber sous les sens que suivant les axiomes primitifs de l'espace et suivant ses conséquences (sous la direction de la géométrie), bien que le principe de ces axiomes soit purement subjectif, il s'accordera nécessairement toutefois avec eux, parce qu'il est en cela d'accord avec lui-même, et que les lois de la sensibilité sont les lois de la nature, *en tant qu'elle peut tomber sous les sens*. La nature est donc parfaitement soumise aux lois de la géométrie, pour toutes les propriétés de l'espace qu'elle démontre, non pas en partant d'une hypothèse fictive, mais bien en se fondant sur une hypothèse donnée instinctivement, comme condition subjective de tous les phénomènes par lesquels la nature peut se manifester aux sens. Assurément, si la notion d'espace n'était pas primitivement donnée par la nature de l'esprit (de telle sorte que celui qui chercherait à concevoir d'autres rapports que ceux qui sont perçus par le moyen de l'espace, perdrait son temps, parce qu'il serait forcé de se servir encore de la notion même d'espace pour construire sa fiction), l'usage de la géométrie serait peu sûr dans la philosophie naturelle ; car on pourrait douter si cette notion même tirée de l'expérience est assez d'accord avec la nature ; après avoir nié peut-être les déterminations dont elle était abstraite, elle pourrait bien aussi paraître suspecte à quelques esprits. *L'espace* est donc *le principe formel* absolument premier *du monde sensible*, non-seulement parce que la notion de l'espace peut faire des objets de l'univers autant de phénomènes, mais surtout par cette raison qu'il est unique par essence, qu'il comprend absolument tout ce qu'il y a de sensible hors de nous, qu'il constitue ainsi le principe d'une *universalité*, c'est-à-dire d'un Tout qui ne peut être partie d'autre chose.

Corollaire.

Voilà donc *deux principes de la connaissance sensitive*, non pas, comme il arrive dans les choses intellectuelles, deux notions universelles, mais deux *intuitions singulières, et cependant pures*, dans lesquelles, à la différence des prescriptions des lois de la raison, des parties, des parties simples surtout, contiennent la raison de la possibilité du composé, mais où, suivant l'exemplaire de l'intuition sensitive, *l'infini contient la raison de la partie* de tout ce qui est concevable, du simple enfin, ou plutôt de la *limite*. Car on ne peut assigner un espace et un temps défini en le *limitant,* qu'à la condition d'admettre un infini en étendue et en durée; et le point non plus que le moment ne sont concevables ni conçus que dans un espace et un temps déjà donnés, et comme limites de ce temps et de cet espace. Toutes les déterminations primitives de ces notions sont donc en dehors du domaine de la raison, et ne peuvent en aucune façon s'expliquer intellectuellement. Néanmoins les conséquences déduites logiquement de données intuitivement premières, sont *soumises* à *l'entendement* avec toute la certitude possible. L'*une* de ces notions regarde proprement l'intuition de l'*objet ;* l'autre, l'*état*, le *représentatif* surtout. Aussi l'espace sert-il comme type, à la notion du *temps* même, qui se représente par une *ligne*, et ses limites (moments) par des points. Mais le temps *approche* plus d'une *notion universelle* et *rationnelle*, embrassant toutes choses sous tous les rapports, l'espace même et les accidents qui ne sont pas contenus dans les relations de l'espace, tels que les états de l'âme. Du reste, si le temps ne dicte pas des lois à la raison, il *établit* cependant les *conditions* à l'aide desquelles *l'esprit peut comparer ses notions suivant les lois de la raison;* c'est ainsi que je ne puis juger de l'impossible que par rapport à un même sujet dont j'affirme *en même temps* A et non-A. Si tournant l'entendement à l'expérience, aux rapports de cause et d'effet, notre esprit ne peut se passer des rapports d'espace pour les objets externes, et pour tous, aussi bien pour les externes que pour les internes, il ne peut savoir qu'à l'aide d'un rapport de temps, qu'est-ce qui est avant, qu'est-ce qui est après, ou ce qui est causé. On ne peut même rendre intelligible la *quantité* de l'espace qu'en exprimant numériquement ce rapport à une mesure, à une unité ; or un nombre n'est qu'une multitude distinctement connue par la numération, c'est-à-dire par l'addition successive d'une unité à une autre dans un temps donné.

Enfin se présente naturellement à l'esprit de chacun la question de savoir si les *notions* d'espace et de temps sont *innées* ou *acquises*. L'acquisition de ces notions est déjà démontrée faussé par ce qui a été dit. Quant à l'innéité, comme elle favorise la *philosophie des paresseux*, qui proclame inutile toute recherche ultérieure, en faisant appel à la cause première, on ne doit pas l'admettre légèrement. Toutefois *les notions d'espace et de temps* sont certainement *acquises* en ce sens, non pas qu'elles soient abstraites du sentiment des objets (car la sensation donne la matière et non la forme de la connaissance humaine), mais en cet autre sens qu'elles proviennent de l'acte même de l'esprit coordonnant ses sentiments suivant des lois fixes ; elles sont ainsi des types immuables, susceptibles par conséquent d'être connus intuitivement. Car les sensations portent à cet acte de l'esprit, mais elles ne donnent pas l'intuition. Il n'y a d'inné en tout ceci que la loi de l'âme suivant laquelle elle assemble d'une manière certaine ses états sensitifs en présence d'un objet.

SECTION IV.

Du principe de la forme du monde intelligible.

Ceux qui regardent l'espace et le temps comme un certain lien réel et absolument nécessaire de toutes les choses et de tous les états possibles, pensent qu'il n'y a rien de plus à demander pour concevoir la manière dont un rapport primitif convient à la pluralité des existences, ou la condition primitive des influences possibles, et le principe de la forme essentielle de l'univers. Car de ce que toutes les choses existantes sont nécessairement quelque part, ils le croient du moins, il leur paraît inutile de rechercher pourquoi elles sont présentes entre elles d'une manière certaine, parce que la question se trouve résolue par l'université de l'espace qui comprend tout. Mais outre que cette notion, comme on l'a déjà démontré, regarde plutôt les lois sensitives que les conditions des objets mêmes, si surtout on lui reconnaît une réalité, elle n'indique cependant que la possibilité intuitivement donnée d'une coordination universelle; en sorte que cette question : *quel est le principe fondamental de cette relation de toutes les substances, qui, intuitivement considérée, prend le nom d'espace*, reste entière, et ne peut être résolue que par l'entendement. Toute la question du principe de la forme du monde intelligible revient donc à faire voir comment il est possible que *plusieurs substances soient en rapport mutuel*, et, par cette raison, appartiennent à un même tout qu'on appelle monde. Nous entendons parler ici non du monde quant à la matière, c'est-à-dire de la nature des substances dont il se compose, qu'elles soient matérielles ou non, mais bien du monde quant à la forme, c'est-à-dire de quelle manière en général il y a liaison entre plusieurs substances, et totalité entre toutes.

§ 17.

Si plusieurs substances sont données, *le principe de corrélation* possible entre elles *ne tient pas à leur seule existence*, il faut de plus quelque chose qui serve à faire concevoir leurs rapports mutuels. Il n'y a effectivement de nécessaire par rapport à la substance même que sa cause peut-être; mais le rapport de l'effet à la cause n'est pas une corrélation mutuelle, un *commercium*, c'est une dépendance. Si donc il y a quelque commerce des unes aux autres, il faut que ce soit par une raison particulière qui le détermine avec précision.

Le πρῶτον ψεῦδος de l'*influx physique*, suivant le sentiment vulgaire, consiste précisément à reconnaître témérairement un commerce des substances et des forces passagères parfaitement connaissables par leur seule existence ; ce qui est moins un système que l'absence de tout système philosophique, parce qu'un système serait superflu dans la question. En affranchissant cette notion de ce défaut, nous avons une espèce de commerce qui seul mérite d'être appelé réel, et qui doit donner le *Tout réel* du monde, et non un tout idéal ou imaginaire.

§ 18.

Un tout de substances nécessaires est impossible. Car une substance nécessaire ayant sa raison d'être dans son existence même, sans dépendance d'aucune autre, dépendance qui n'existe pas pour les choses nécessaires, il est clair que le commerce des substances (c'est-à-dire la dépendance réciproque de leurs états) ne dépend pas de leur existence, mais qu'elle ne peut point du tout convenir en tant que nécessaires.

§ 19.

Le tout des substances est donc un tout de contingents, et *le monde se compose essentiellement de purs contingents.* De plus, aucune substance nécessaire n'est en rapport avec le monde, si ce n'est à titre de cause et d'effet, et non par conséquent à titre de partie avec des compléments pour former un tout (parce que la livraison des parties entre elles est celle d'une dépendance mutuelle, dont un être nécessaire n'est pas susceptible). La cause du monde est donc un être en dehors du monde, et n'est par conséquent pas une âme du monde ; sa présence dans le monde n'est non plus locale, elle est virtuelle.

§ 20.

Les substances qui composent le monde sont des êtres qui dépendent d'un autre être, non pas de plusieurs ; *toutes*, au contraire, dépendent *d'un seul.* Supposez qu'elles soient des effets de plusieurs êtres nécessaires ; des effets dont les causes n'auraient entre elles aucun rapport mutuel n'auraient pas de rapports respectifs. L'Unité dans la *liaison des substances de l'univers* est donc une *conséquence de la dépendance de toutes à l'égard d'un seul être*. La forme de l'univers témoigne donc de la cause de la matière, et prouve que la *cause de l'universalité est la cause unique de toutes choses*, et qu'il n'y a pas un *architecte* du monde qui ne soit pas en même temps *créateur*.

§ 21.

S'il y avait plusieurs causes premières et nécessaires

avec leurs effets, leurs œuvres seraient *des mondes* et non *un monde*, parce qu'elles ne se rattacheraient en aucune manière à un même Tout. Réciproquement, s'il y avait plusieurs mondes actuels en dehors les uns des autres, il y aurait plusieurs causes premières nécessaires, mais de telle sorte que ni un monde ne serait en relation avec un autre, ni une cause de l'un avec un monde qui serait l'effet d'une autre cause.

Donc plusieurs mondes actuels en dehors les uns des autres *ne sont pas impossibles par leur notion même* (comme Wolf l'a conclu mal à propos en partant de la notion de complexité ou de multitude, qu'il croyait suffire à un tout, comme tout), mais bien à cette seule condition *qu'il n'existe qu'une seule cause nécessaire de toutes choses*. Mais si l'on en reconnaît plusieurs, *il y aura plusieurs mondes possibles en dehors les uns des autres*, dans le sens métaphysique le plus strict.

§ 22.

Si, de même qu'on peut valablement conclure d'un monde donné à une cause unique de toutes ses parties, on pouvait semblablement argumenter en sens contraire d'une cause commune donnée pour toutes à leur liaison respective, et par conséquent à la forme du monde (bien cependant, je l'avoue, que cette conclusion ne semble pas également claire), la liaison primitive des substances ne serait pas contingente ; elle serait nécessaire pour expliquer la *conservation (sustentatio)* de toutes choses *par un principe commun;* et l'harmonie qui résulterait de leur existence (*subsistentia*), fondée sur une cause commune, s'accomplirait aussi d'après des règles communes. J'appelle cette harmonie une harmonie *généralement établie*, puisque celle qui n'a lieu qu'autant que les états individuels d'une substance sont en rapport avec l'état d'une autre substance, est une harmonie *singulièrement établie*, et que le commerce qui résulte de la première espèce d'harmonie est réel et *physique*, tandis que celui qui résulte de la seconde est idéal et *sympathique*. Donc tout commerce des substances de l'univers est *établi du dehors* (par la cause commune de toutes); mais il est ou établi généralement, par influence physique (voir le § 17 amendé), ou individuellement approprié (*conciliatum*) à leurs états. Et, dans ce dernier cas, il a sa raison *originelle* dans la constitution première de toute substance, ou il est imprimé à l'*occasion* d'un changement quelconque : le premier est l'*harmonie préétablie*, le second est l'*occasionalisme*. Si donc la conservation de toutes les substances par un seul être rendait nécessaire cette *liaison* de toutes choses, qui fait d'elles toutes comme une seule, le commerce des substances aurait lieu par un *influx phy-*

sique, et le monde serait un tout réel ; autrement le commerce serait sympathique (c'est-à-dire qu'il y aurait harmonie sans commerce véritable), et le monde ne serait qu'un tout idéal. Le premier de ces commerces, quoique peu démontré, me semble suffisamment prouvé par d'autres raisons.

Scolie.

S'il était permis de sortir un peu des limites de la certitude apodictique qui convient à la métaphysique, je ferais quelques recherches, non-seulement sur les lois de l'intuition sensitive, mais encore sur les causes de cette intuition qui ne peuvent être connues que de *l'entendement*. Car l'esprit humain n'est affecté par les choses extérieures, et le monde ne lui offre un spectacle infini qu'autant qu'*il est lui-même conservé, avec tout le reste*, par *la même force infinie d'un seul*. Il ne sent donc les choses du dehors que par la présence d'une même cause conservatrice commune ; aussi l'espace, qui est la condition universelle et nécessaire connue de la présence simultanée de toutes les choses, peut s'appeler l'*omniprésence phénoménale*. Car si la cause de l'univers est présente à toutes les choses et à chacune d'elles en particulier, ce n'est pas parce qu'elle est dans les lieux qu'elles occupent, mais bien parce que les lieux, c'est-à-dire les relations des substances sont possibles parce qu'elle est intimement présente aux choses. Or comme la possibilité de tous les changements et de toutes les successions dont le principe, en tant qu'il est sensitivement connu, réside dans la notion de temps, suppose la durée indéfinie du sujet dont les états opposés se succèdent, et que ce dont les états passent ne dure qu'autant qu'il est maintenu par autre chose, la notion du temps, comme temps unique, infini, immuable (1), en quoi sont et durent toutes choses, est l'*éternité*, le *phénomène* de la cause universelle. Mais il paraît plus prudent de côtoyer le rivage des connaissances qui nous viennent de la médiocrité de notre entendement que de nous laisser emporter en la pleine mer de ces recherches mystiques, comme le fait Malebranche, dont le sentiment, à savoir, *que nous voyons tout en Dieu*, diffère de celui qu'on vient d'exposer.

SECTION V.

De la méthode à suivre dans les choses sensibles et dans les intellectuelles en métaphysique.

§ 23.

Dans toutes les sciences dont les principes sont donnés intuitivement, soit par une intuition sensible,

---

(1) Les moments du temps ne semblent pas se succéder parce qu'un autre temps devrait précéder la succession des moments; mais les choses actuelles semblent descendre par l'intuition sensitive comme par une série continue de moments.

(*sensualem*, par l'expérience), soit par une intuition sensitive encore (*sensitivum*), mais pure (notions d'espace, de temps et de nombre), c'est-à-dire dans la science de la nature et dans la mathématique, l'*usage donne la méthode,* et en essayant, en trouvant, après que la science est parvenue à un certain développement, à un certain arrangement, on voit clairement alors la marche à suivre et les moyens à prendre pour l'achever, et pour qu'elle brille d'un éclat plus pur, après que les erreurs et les notions confuses qui la déparent encore en auront disparu. Il en est des sciences comme de la grammaire, de la poétique et de la rhétorique, qui n'ont donné leurs règles et leurs préceptes qu'après un long usage de la parole, après des exemples élégants de poëmes et de discours. Mais l'*usage de l'entendement* dans des sciences dont les notions premières et les axiomes sont donnés par l'intuition sensitive est purement *logique;* c'est-à-dire qu'il ne sert qu'à subordonner entre elles nos connaissances au point de vue de l'universalité, suivant le principe de contradiction, à subordonner les phénomènes à d'autres phénomènes plus généraux, des conséquences de l'intuition pure à des axiomes intuitifs. Mais dans la philosophie pure, comme est la métaphysique, où l'*usage de l'entendement* à l'égard des principes est réel, c'est-à-dire où les notions premières des choses et des relations, et les axiomes mêmes sont originellement donnés par l'entendement pur, et où, par le fait qu'ils ne sont pas des intuitions, l'erreur est possible, *la méthode prévient toute science;* tout ce qui est tenté avant que les préceptes soient bien examinés et fermement établis, semble témérairement conçu, et devoir être rejeté parmi les vains jeux de l'esprit. Car le légitime usage de la raison constituant ici les principes de la raison, et les objets, ainsi que tous les axiomes qui en peuvent être conçus, n'étant connus d'abord que par leur seul caractère rationnel, l'exposition des lois de la raison pure est la genèse même de la science, et la distinction de ces lois d'avec des préceptes arbitraires, le *criterium* de la vérité. Et comme on n'a donné jusqu'ici pour cette science d'autre méthode que celle qui est prescrite par la logique pour toutes les sciences en général, et qu'on ignore complétement celle qui est propre au génie tout individuel de la métaphysique, il n'est pas étonnant que les amis de cette espèce d'étude en roulant sans fin leur éternel rocher de Sisyphe semblent n'avoir fait aucun progrès. Quoique je n'aie ni l'intention ni la faculté de traiter ici plus longuement d'un sujet si important et si étendu, j'esquisserai cependant d'une manière rapide la partie essentielle de cette méthode, je veux dire *le contact fâcheux (contagium) de la connaissance sensitive avec l'intellectuelle,* non-seulement parce qu'il pénètre furtivement dans l'application des principes, mais encore parce qu'il fabrique des faux principes, même sous forme d'axiomes.

§ 24.

La méthode de toute métaphysique à l'égard du sensible et de l'intellectuel se réduit essentiellement à ce précepte : de veiller soigneusement à ce que *les principes propres à la connaissance sensitive ne franchissent pas leurs limites et ne touchent pas à l'intellectuel.* En effet, le *prédicat*, dans tout jugement énoncé intellectuellement, *étant une condition* sans laquelle la non-existence d'un sujet concevable est affirmée, étant par conséquent un principe de connaissance, il s'ensuit que si c'est une notion sensitive, il ne sera que la condition d'une connaissance sensitive possible, et cadrera parfaitement avec le sujet du jugement, dont la notion est aussi sensitive. Mais s'il est rapporté à une notion intellectuelle, un pareil jugement ne vaudra que suivant des lois subjectives ; il ne pourra donc être affirmé objectivement ni énoncé de la notion intellectuelle même ; il ne pourra l'être *que comme condition sans laquelle il n'y a pas lieu à la connaissance sensitive de la notion donnée* (1). Mais comme les illusions de l'entende-

(1) L'application de ce criterium est féconde et facile pour distinguer les principes qui énoncent seulement les lois de la connaissance sensi-

ment par subornation de la notion sensitive, comme caractère intellectuel, peut s'appeler (par analogie avec une signification reçue) un *vice de subreption*, l'intellectuel pris pour le sensitif et réciproquement sera un *vice de métaphysique de subreption* (un *phénomène intellectualisé*, si je puis employer ce barbarisme), de sorte que cet axiome *hybride* qui donne du sensitif pour quelque chose de nécessairement adhérent à une notion intellectuelle, est pour moi un *axiome subreptice*. De ces faux axiomes sont sortis des principes qui devaient tromper l'entendement et qui ont infesté toute la métaphysique. Mais pour avoir un criterium et comme une pierre de touche de ces jugements, qui soit évident et facilement reconnaissable, à l'aide duquel on distingue ces jugements faux des véritables, et pour avoir en même temps, si par hasard ces jugements paraissent tenir fermement à l'in-

tive de ceux qui prescrivent quelque chose de plus concernant les objets mêmes. Car si un prédicat est une notion intellectuelle, le rapport au sujet du jugement, si sensitivement que ce sujet puisse être conçu, indique toujours un caractère qui convient à l'objet même. Mais *si le prédicat est une notion sensitive*, comme les lois de la connaissance sensitive ne sont pas des conditions de la possibilité des choses mêmes, il ne vaudra pas du *sujet intellectuellement conçu* du jugement, et par cette raison ne pourra être énoncé objectivement. Ainsi, dans l'axiome vulgaire : *tout ce qui existe est quelque part*, le prédicat contenant les conditions de la connaissance sensitive, ne pourra être énoncé du sujet du jugement, c'est-à-dire de tout sujet *existant*; cette formule qui prescrit objectivement, est donc fausse. Mais si la proposition est convertie, de telle sorte que le prédicat devienne une notion intellectuelle, elle deviendra très-vraie : par exemple : tout ce qui est quelque part existe.

tellect, un certain art docimastique ou d'essai qui serve
à distinguer nettement ce qui est sensitif et ce qui est
intellectuel, je crois qu'il faut pénétrer plus avant
dans la question.

§ 25.

Voici donc le PRINCIPE DE RÉDUCTION de tout axiome
subreptice : *si, en général, d'une notion intellectuelle quelconque est affirmé quelque chose qui tient
aux rapports d'*ESPACE *et de* TEMPS, *il ne doit pas être
énoncé objectivement, et il n'indique que la condition sans laquelle la notion donnée n'est pas sensitivement connaissable.* On s'aperçoit qu'un axiome de
cette espèce est faux et qu'il affirme au moins témérairement et précairement s'il n'est pas faux, à ceci : que
le sujet du jugement qui est conçu intellectuellement,
appartient à un objet, mais que le prédicat contenant
des déterminations d'espace et de temps n'appartient
qu'aux conditions de la connaissance sensitive humaine qui, par le fait qu'elle ne tient pas nécessairement à toute connaissance du même objet, ne peut
être énoncée universellement de la notion intellectuelle
donnée. Si l'entendement tombe aussi aisément dans
ce vice de subreption, c'est qu'il est trompé par l'in-
tervention de quelque règle très-vraie. C'est avec
raison, en effet, que nous supposons que *rien de tout*

ce qui ne peut être connu parfaitement par quelque intuition n'est concevable, et par là même est impossible. Mais comme nous ne pouvons par aucun effort de la pensée, ni même par une fiction, atteindre quelque autre intuition que celle qui a lieu d'après la forme de l'espace et du temps, il arrive que nous estimons impossible (oubliant ainsi l'intuition intellectuelle pure et affranchie des lois de la sensibilité, telle que l'intuition divine, que Platon appelle idée) toute intuition absolument qui n'est pas soumise à ces lois, et que nous soumettons ainsi tous les possibles aux axiomes sensitifs de l'espace et du temps.

§ 26.

Toutes les illusions des connaissances sensitives avec apparence de connaissances intellectuelles, illusions d'où procèdent les axiomes subreptices, peuvent se réduire à trois espèces, dont voici les formules :

1° La condition sensitive sous laquelle seule l'*intuition* de l'objet est possible, est aussi la condition de la *possibilité même de l'objet*;

2° La condition sensitive sous laquelle seule des *choses données peuvent être comparées pour former la notion intellectuelle de l'objet*, est aussi la condition de la possibilité même de l'objet;

3° La condition sensitive sous laquelle seule la *sub-*

somption de quelque *objet* présent à une notion *intellectuelle donnée* est possible, est aussi la condition de la possibilité même de l'objet.

§ 27.

Axiome subreptice de la PREMIÈRE classe : *Tout ce qui est, est quelque part et en quelque temps* (1). Ce faux principe soumet l'existence de tous les êtres, de ceux-là mêmes qui sont connus intellectuellement, aux conditions de l'espace et du temps. De là, la question oiseuse des lieux occupés par les substances immatérielles (dont cependant nous n'avons, par cette même raison, aucune intuition sensible, ni aucune représentation sous une pareille forme) dans l'univers corporel, du siège de l'âme, etc. Et comme le sensible est abusivement mêlé à l'intellectuel, comme si l'on confondait le rond avec le carré, les disputants présentent souvent le spectacle ridicule de deux personnes dont

(1) L'espace et le temps sont conçus comme comprenant *en eux* tout ce qui s'offre aux sens, de quelque manière que ce soit. C'est pour cette raison que, d'après les lois de l'esprit humain, il n'y a pas d'être donné en intuition qui ne soit contenu *dans l'espace et le temps*. A ce préjugé peut en être comparé un autre, qui n'est pas proprement un axiome subreptice, mais qui est un jeu de la fantaisie, et qui pourrait être formulé ainsi : *l'espace et le temps sont dans* tout ce qui existe, c'est-à-dire, toute substance est *étendue*, etc. *continuellement* modifiée. En effet, ceux-là mêmes dont les notions sont le plus grossières, quoique fort asservis à cette loi de l'imagination, conçoivent néanmoins qu'il ne s'agit là que de l'effort que fait l'imagination pour se représenter les formes (*species*) des choses, et non des conditions de leur existence.

l'une trairait un bouc dans un tamis tenu par l'autre. La présence des choses immatérielles dans le monde des corps est une présence virtuelle, et non locale (quoiqu'elle soit improprement appelée ainsi); l'espace contient les conditions des actions mutuelles possibles de la matière seule; quant aux rapports externes des forces propres aux choses immatérielles, tant entre elles qu'avec les corps, c'est ce qui échappe complétement à l'esprit humain, ainsi que l'a judicieusement remarqué le perspicace Euler, grand investigateur et grande autorité dans un autre ordre de faits (dans ses *Lettres à une princesse d'Allemagne*). Mais quand ils arrivent à la notion d'un être suprême et au dehors du monde, il est impossible de dire jusqu'à quel point ils sont le jouet de ces ombres qui tourbillonnent autour de leur entendement. Ils imaginent une *présence locale* de Dieu ; ils enveloppent Dieu du monde, puis il le conçoivent comme contenu dans un espace infini, pour le dédommager de cette limitation, en imaginant une localité conçue comme par excellence (*per eminentiam*), c'est-à-dire infinie. Mais il est absolument impossible d'être en même temps dans plusieurs lieux, parce que les lieux divers sont respectivement en dehors les uns des autres, et qu'ainsi ce qui est en plusieurs lieux est en dehors de soi-même et présent extérieurement à soi-même, ce qui implique. Pour ce qui est du temps, ils ne se bornent pas à soustraire les lois de la connaissance sensitive, ils l'étendent au delà du monde, le transportent à l'être même qui en est en dehors, comme une connaissance de son existence même, et s'engagent ainsi dans un labyrinthe inextricable. De là des questions absurdes qui font leur torture, par exemple, pourquoi Dieu n'a-t-il pas créé le monde plus tôt de quelques siècles. Ils se persuadent qu'ils peuvent concevoir aisément de quelle manière Dieu voit le présent, l'actuel *du temps où il est,* mais ils croient qu'il est difficile de concevoir comment il prévoit le futur, c'est-à-dire l'actuel *du temps où il n'est pas encore.* Comme si l'existence d'un être nécessaire passait successivement par tous les moments d'un temps imaginaire, et qu'après avoir épuisé une partie de la durée, il prévoyait l'éternité qu'il doit vivre encore, avec tous les événements du monde qui doivent arriver dans cette durée! Toutes ces difficultés disparaissent comme des songes dès qu'on se fait une juste idée du temps.

§ 28.

Les préjugés de la SECONDE espèce en imposant à l'entendement par les conditions sensitives auxquelles l'esprit est astreint, sont encore plus difficiles à découvrir lorsqu'il veut, en certains cas, arriver à l'intellectuel. L'un de ces préjugés affecte la connaissance de la quantité, l'autre la connaissance des qualités en général. Le premier peut s'énoncer ainsi : *toute multitude actuelle est numériquement exprimable,* et par conséquent tout quantum fini. Voici le second : Tout *ce qui est impossible se contredit.* Dans l'un et l'autre la notion de temps n'entre pas dans la notion même du prédicat, et n'est pas censée caractériser le sujet, mais elle sert de moyen pour former la notion du sujet, et affecte ainsi, ou comme condition, la notion intellectuelle du sujet, en ce que nous n'atteignons que par ce moyen cette notion.

Quant au premier, comme aucun quantum aucune série n'est connue distinctement que par coordination successive, la notion intellectuelle du quantum et de la multitude ne se forme donc qu'à l'aide de cette notion de temps, et n'atteint son maximum qu'autant que la synthèse peut être achevée dans un temps fini. Telle est la raison pour laquelle une *série infinie* de coordonnées ne peut être distinctement comprise à cause des limites de notre entendement, et paraît impossible par un vice de subreption. En effet, d'après les lois de l'entendement pur, toute série d'effets a un *principe,* c'est-à-dire qu'il n'y a pas de régression sans limite dans une série d'effets. Mais comme, d'après les lois sensitives, toute série de coordonnées a son *commencement* assignable, les propositions dont la dernière comprend la *commensurabilité* de toute la série, la première qui en comprend la *dépendance,* sont mal à propos regardées comme identiques. De même, à l'*argument de l'entendement* qui sert à prouver que le composé substantiel étant donné, les principes de la composition, c'est-à-dire les simples sont aussi donnés, j'ajoute l'argument *subreptice* (*supposititium*), suborné (*subornatum*) par la connaissance sensitive, à savoir, que, dans un semblable composé, il n'y a pas dans la composition des parties de régression à l'infini, c'est-à-dire que dans tout composé de parties se trouve un nombre défini ; ce qui ne signifie pas la même chose que la première proposition, et qui, par conséquent, lui est mal à propos substitué. Que le quantum cosmique soit limité (qu'il ne soit pas le plus grand possible), qu'il ait un principe, que les corps soient composés d'éléments simples, c'est ce qui peut assurément se reconnaître à un signe certain de la raison. Mais que l'univers soit mathématiquement fini quant à la masse, que sa durée passée soit mesurable, que le nombre des éléments qui composent les corps soit défini, ce sont là des propositions qui décèlent ouvertement leur origine d'une connaissance sensitive, et, quelle qu'en puisse être d'ailleurs la vérité, elles portent toujours la tache certaine de leur origine.

Quant au *second axiome subreptice,* il a son origine dans la conversion abusive du principe de contradiction. La notion de temps tient ici au jugement primitif, en ce sens que si deux opposés contradictoires sont donnés *en même temps* dans le même sujet, l'impossibilité est manifeste ; ce qui s'énonce ainsi : *Tout ce qui est et n'est pas en même temps est impossible.* Comme on affirme ici par l'entendement quelque chose dans un cas qui est donné suivant les lois sensitives, le jugement est très-vrai et très-évident. Au contraire, lorsque le même axiome est converti de cette façon : *Tout impossible est et n'est pas en même temps,* on implique contradiction, on affirme par la connaissance sensitive en général quelque chose d'un objet de la raison ; on soumet donc une notion intellectuelle du possible ou de l'impossible aux conditions de la connaissance sensitive, c'est-à-dire à des rapports de temps ; ce qui est très-vrai sans doute des lois auxquelles l'entendement humain est assujetti et limité, mais ce qui ne peut en aucune façon s'accorder objectivement et généralement. Notre entendement *n'aperçoit* sans doute l'*impossibilité* qu'où il peut noter l'énonciation simultanée de deux opposés touchant un même sujet, c'est-à-dire dans le cas seulement où il y a contradiction. Partout donc où ne se rencontre pas une condition de cette nature, il n'y a lieu pour l'entendement humain à aucun jugement d'impossibilité ; mais on en conclut témérairement qu'aucun entendement n'en est capable, et qu'ainsi *tout ce qui n'implique pas contradiction est par là même possible;* c'est prendre des conditions subjectives de jugement pour des conditions objectives. De là tant de *forces* fictives, imaginées comme à plaisir, qui s'échappent en foule, sans rencontrer l'obstacle de la contradiction des intelligences architectoniques, ou plutôt portées aux chimères. En effet, une *force* n'étant que le *rapport* de la substance A à quelque autre chose B (un accident), comme rapport de la raison au raisonné, la possibilité d'une force *ne tient pas à l'identité* de la cause et du causé, ou de la substance et de l'accident; donc l'impossibilité des forces faussement imaginées *ne dépend pas de la seule contradiction.* On ne peut donc regarder une force *imaginaire* comme possible qu'autant qu'elle est *donnée par l'expérience,* et aucune pénétration de l'entendement n'en peut concevoir *à priori* la possibilité.

§ 29.

Les axiomes subreptices de la TROISIÈME espèce ne sortent pas si nombreux des conditions propres *au sujet,* d'où ils sont abusivement transportés aux *objets,* que (ainsi qu'il arrive dans ceux de la seconde classe) il n'y ait moyen de parvenir à la notion intellectuelle que par des *données sensibles;* seulement, ce n'est qu'à l'aide de ces données, que la notion peut être *appliquée* au *cas donné* par l'expérience; c'est-à-dire qu'on peut connaître si quelque chose est ou n'est pas contenu sous une notion intellectuelle certaine. De ce nombre est ce principe reçu dans les écoles : *tout ce qui existe d'une manière contingente, n'a pas existé autrefois*. Ce principe subreptice provient de la pénurie de l'entendement, qui considère le plus souvent les caractères *verbaux* de la contingence ou de la nécessité, rarement les caractères *réels*. On ne saura donc si l'opposé de quelque substance est possible, puisque c'est à peine si on le reconnaît à des caractères pris à priori, qu'*autant qu'il sera certain qu'elle n'a pas existé autrefois*. Les changements attestent mieux la contingence que la contingence n'atteste la mutabililité; de telle sorte que si on n'observait rien de passager et transitoire dans le monde, c'est à peine si l'on aurait la notion de contingence. C'est pourquoi la proposition directe étant très-vraie : *tout ce qui n'a pas été autrefois est contingent*, l'inverse ne fait connaître que les conditions sous lesquelles seules il est possible de reconnaître si quelque chose existe nécessairement ou d'une manière contingente. Aussi, lorsqu'elle est énoncée comme loi subjective (ce qu'elle est en effet), elle doit se formuler ainsi : *Le sens commun ne donne pas des caractères suffisants de la contingence de ce dont la non-existence antérieure n'est pas certaine*. Ce qui finit par aboutir tacitement à une condition objective, comme si, sans cet accessoire, il n'y avait évidemment pas lieu à la contingence; mais cette addition en fait un faux axiome, un axiome erroné; car ce monde, existant d'une existence contingente, *est permanent* (*sempiternus*), c'est-à-dire simultané en tout temps, de sorte qu'on dirait faussement qu'il a été un temps où il n'a pas existé.

§ 30.

Certaines autres choses, qui ne communiquent à la notion intellectuelle aucune tache de connaissance sensitive, mais où cependant l'intellect est tellement abusé qu'il les prend pour des arguments tirés de l'objet, quand elles nous sont seulement recommandées par leur convenance avec le libre et vaste usage de l'entendement, suivant sa nature individuelle, s'attachent par une grande affinité aux principes subreptices. Aussi, comme les choses qui ont été plus haut énumérées, elles sont fondées sur des raisons *subjectives*, non sur les lois de la connaissance sensitive, mais bien sur celles de la connaissance intellectuelle, c'est-à-dire sur les conditions qui lui permettent d'user facilement et promptement de sa clairvoyance. Qu'il me soit permis de dire un mot, en finissant, de ces principes, qui, si je ne me trompe, n'ont été exposés distinctement nulle part ailleurs. J'appelle *principes de convenance* les règles du jugement auxquelles nous

nous soumettons volontiers, auxquelles nous nous attachons comme à des axiomes, par la raison seulement que *si nous nous en séparions, notre entendement ne pourrait porter aucun jugement d'un objet donné*. Au nombre de ces principes sont les suivants : Le PREMIER, par lequel nous admettons que *tout dans l'univers arrive suivant un ordre de la nature*. Ce principe a été admis sans restriction par Epicure ; et tous les philosophes sont unanimes à reconnaître qu'il ne doit y être apporté que de très-rares exceptions, au nom même de la plus impérieuse nécessité. Nous en décidons ainsi, non que nous ayons une aussi vaste connaissance des événements cosmiques suivant les lois communes de la nature, ou parce que l'impossibilité d'événements surnaturels nous serait démontrée, ou que la possibilité hypothétique de ces sortes d'événements soit la plus petite possible, mais parce que si l'on déserte l'ordre de la nature, il n'y a plus aucun usage possible de l'entendement, et que l'affirmation téméraire du surnaturel est l'oreiller d'un entendement paresseux. Par cette raison, nous écartons avec soin de l'exposition des phénomènes les *miracles relatifs* (*comparativa*), je veux dire l'influence des esprits, par la raison que leur nature nous étant inconnue, l'entendement serait, à son grand dommage, détourné de la lumière de l'expérience, vers des ombres de causes et d'espèces ou formes inconnues, et que cependant l'expérience seule donne à l'esprit le moyen de juger d'après des lois connues. Le SECOND de ces principes est cette *faveur de l'unité,* propre à l'esprit philosophique, d'où est venu ce canon vulgaire : que *les principes ne doivent pas être multipliés sans nécessité.* Si nous l'admettons, ce n'est pas que nous voyions par la raison ou par l'expérience une unité de cause dans le monde, mais c'est que nous cherchons par un instinct de l'entendement cette unité même, parce qu'il ne croit avoir avancé dans l'explication des phénomènes qu'en raison des progrès qu'il lui a été donné de faire en allant de ce même principe à un plus grand nombre de conséquences. Le TROISIÈME principe de cette espèce est celui-ci : *Aucune matière absolument ne naît ni ne périt*, et toutes les vicissitudes du monde n'en atteignent que la forme. Ce postulat, suggéré par le sens commun, est reçu de toutes les écoles de philosophie. Ce n'est pas qu'il soit évident ou démontré par des arguments *a priori*, mais c'est parce que si l'on regarde la matière comme passagère, transitoire, l'entendement n'aura plus rien de parfaitement fixe et durable pour expliquer les phénomènes par des lois universelles et perpétuelles.

Voilà ce que j'avais à dire de la méthode, surtout en ce qui regarde la différence entre la connaissance sensitive et l'intellectuelle; si cette méthode est un jour traitée d'une manière plus approfondie, elle sera, pour tous ceux qui s'engageront dans les profondeurs secrètes de la métaphysique, une science propédeutique d'un incalculable profit.

Nota. La recherche de la méthode étant l'objet unique de cette dernière section, et les règles qui prescrivent la véritable forme du raisonnement à l'égard du sensible étant évidentes, et comme elles ne tirent pas cette lumière d'exemples donnés pour éclaircir le sujet, je n'en ai cité qu'en passant. Il n'est donc pas étonnant que la plupart des lecteurs croient y voir des assertions plus hardies que vraies, et qui demanderaient d'une exposition plus développée, quand on pourra la donner, une plus grande force dans les arguments. C'est ainsi que ce que j'ai dit § 27 de la localisation des choses immatérielles a besoin d'une explication, qu'on voudra bien chercher dans Euler, t. II, c. I, p. 49-52. En effet, l'âme n'est pas en relation avec le corps parce qu'elle est fixée dans une partie déterminée du corps, mais on lui assigne un lieu déterminé dans tout le corps parce qu'elle est en commerce mutuel avec un certain corps, à la dissolution duquel tout le lieu qu'il occupe dans l'espace disparaît. La *localisation* de l'âme est donc *dérivée* et attribuée à l'âme accidentellement (*contingenter*), par la raison que tout ce qui ne peut pas être par soi-même objet des sens externes (tels que les hommes les possèdent), c'est-à-dire les choses *immatérielles*, n'est pas du tout soumis à la condition universelle des choses *extérieurement sensibles*, c'est-à-dire à l'espace. On peut donc nier que l'âme soit susceptible d'une localisation absolue et immédiate, mais on peut lui en attribuer une hypothétique et médiate.

VI

CORRESPONDANCE PHILOSOPHIQUE

ENTRE

KANT ET LAMBERT

—

1765-1770

Première Lettre.

LAMBERT A KANT.

Berlin, le ... novembre 1765.

Monsieur,

Si la ressemblance dans la manière de penser autorise à s'affranchir des ambages du *style*, je puis m'y croire autorisé dans cette lettre, puisque je vois que dans un grand nombre de questions neuves nous avons les mêmes idées et la même méthode. L'occasion qui m'est offerte par le voyage de monsieur le professeur et pasteur Reccard à Kœnigsberg, est trop belle pour que je ne donne pas un libre cours au désir que j'ai depuis fort longtemps de vous écrire. Vous ne tarderez pas à vous apercevoir, monsieur, que M. Reccard est fait en quelque sorte pour l'astronomie, et qu'il joint à cette inclination et à cette aptitude naturelles tout le soin, toute l'exactitude et toute la précision que requiert ce genre d'étude. Vous avez jeté, monsieur, le regard astronomique d'un œil pénétrant dans les espaces célestes; vous en avez parcouru la profondeur et l'ordre admirable. Je devais donc présumer que cette nouvelle connaissance vous serait une source de satisfaction.

Il y a un an, M. le professeur *Sulzen* me montrait votre *Seule preuve possible de l'existence de Dieu*. Il me fut très-agréable d'y retrouver l'une des miennes entièrement semblable pour la manière de penser, le choix des matériaux et l'emploi des expressions. Je me suis dit, monsieur, que si vous aviez connaissance de mon *organon* vous vous y retrouveriez pour ainsi dire dépeint dans la majeure partie de l'ouvrage, et qu'il conviendrait, pour éviter le soupçon de plagiat, de nous dire réciproquement par écrit ce que nous avons l'intention d'exprimer, ou de nous partager l'exécution des parties d'un plan commun.

Je puis vous assurer, monsieur, que vos idées cosmologiques ne me sont pas encore connues. En 1749, un jour après souper, ayant quitté la compagnie, contre mon habitude d'alors, et m'étant retiré dans une chambre, l'idée me vint d'écrire les *Lettres cosmologiques*, comme je le raconte p. 149. Je déposai la pensée qui en fut l'occasion, sur un morceau de papier, et, en 1760, lorsque j'écrivais les *Lettres cosmologiques*, je n'avais pas encore de matériaux sur ce sujet. En 1761, étant à Nuremberg, on me dit que peu d'années auparavant un Anglais avait fait imprimer dans des lettres adressées à certaines personnes, des idées semblables, mais qu'il n'était pas encore très-avancé, et que la traduction qu'on en avait commencée à Nuremberg n'était pas encore achevée. Je répondis que je ne croyais pas que mes lettres cosmologiques fissent jamais grand bruit, mais qu'un jour peut-être un astronome découvrirait dans le ciel quelque chose qui ne pourrait s'expliquer autrement; et que si le système se trouvait ainsi justifié *à posteriori*, viendraient des amateurs de la littérature grecque, qui n'auraient ni paix ni cesse, jusqu'à ce qu'ils eussent prouvé que tout le système était parfaitement bien connu de *Philolaüs*, d'*Anaximandre* ou de quelque autre philosophe grec, et qu'on n'a fait, dans les temps modernes, que de le retrouver et de l'arranger, etc. Si j'avais un jour la pensée de donner une suite à ces lettres, la première chose que je ferais, serait d'épargner à ces fins littérateurs la peine de leurs investigations, en recherchant moi-même tout ce qu'ils pourraient trouver, et en l'exposant dans un style convenable. Mais ce qui m'étonne, c'est que Newton ne soit pas tombé là-dessus, puisqu'il avait déjà pensé au poids respectif des étoiles fixes.

Je ne m'arrêterai cependant pas plus longtemps, monsieur, sur ce sujet, parce que j'ai à vous parler encore d'autres choses, auxquelles je sais que vous vous intéressez. Il s'agit de l'*amélioration de la métaphysique*, et tout d'abord du perfectionnement de la méthode qui doit y servir. Il faut bien voir, avant tout, le chemin qui doit conduire au résultat désiré. *Wolff* pouvait bien enchaîner des syllogismes, tirer des conséquences, et de cette façon réduire toutes les difficultés à des définitions. Il a fait voir comment on peut avancer, mais il n'a pas bien connu comment il faut commencer. Des définitions ne sont pas le commencement ; le véritable commencement c'est ce qu'on doit nécessairement savoir pour faire les définitions. Les définitions ne sont dans Euclide qu'une sorte de nomenclature, et chez lui les mots *per definitionem* ne signifient rien de plus que les mots *per hypothesim*. Wolff me semble aussi ne pas avoir suffisamment remarqué combien Euclide est attentif à prouver la *possibilité* des figures, à déterminer leurs *limites*, et avec quel soin il dispose en conséquence l'ordre de l'exposition. Autrement Wolff se serait fait des *postulats*, qui lui servent proprement à cela, des idées bien différentes; il aurait également vu alors qu'on ne doit pas commencer par l'*universel*, mais par le *simple*, et que les *axiomes* diffèrent des *principes* à peu près comme la matière diffère de la forme, etc. Je crois donc qu'on fait mieux *lorsqu'au lieu du simple en métaphysique* on cherche *le simple dans la connaissance*. quand on possède tout cela on peut ensuite le diviser, non pas comme l'indique le nom des sciences admises jusqu'ici, mais comme l'exige la chose même.

En réfléchissant au simple dans la connaissance, je

fais tout d'abord des distinctions et des classes : je sépare les notions simples de relations particulières, par exemple, *avant*, *après*, *pendant*, *à côté*, etc., des *notions simples de réalité*, par exemple, *substantiel*, *espace*, *durée*, etc., et je fais abstraction des degrés que les choses peuvent avoir, et qui servent à les multiplier à l'infini, sans que la *qualité* en soit changée. Alors je distingue encore ce qui est *générique* dans le simple, de ce qui ne l'est pas; par exemple, *substance* est un *générique*, parce qu'il convient à la substance matérielle et à l'immatérielle. Au contraire, espace et durée ne sont pas des génériques, parce qu'il n'y a qu'*un seul* espace, *une seule* durée, si étendus qu'ils puissent être l'un et l'autre.

Quelques notions simples, mais qui peuvent avoir des différences en degrés, suffisent pour accroître à l'infini le nombre des notions composées. De l'espace, du temps, de la matière et des forces suffisent pour former une infinité d'espèces de systèmes cosmiques. Si je n'ai pas mêlé la *quantité* et la *qualité*, c'est que je crois que pas une seule de nos notions simples ne doit rester innommée, parce qu'elles sont trop facilement connues, trop distinctement faites, trop différentes les unes des autres. Cela étant, il suffit pour ainsi dire de parcourir un vocabulaire pour trouver toutes nos notions simples, et pour en dresser une table. Leur comparaison conduit sans peine ensuite aux *axiomes* et aux *postulats ;* car les uns et les autres devant précéder toutes les notions composées, ils ne doivent contenir que des notions simples, parce qu'elles seules sont concevables par elles-mêmes, et, par cela qu'elles sont simples, exemptes de toute contradiction interne.

Telle est à peu près la manière dont je pense attaquer la chose. Mais je dois vous demander, monsieur, si vous ne l'auriez déjà pas fait ; je crois fort que nous sommes sur la même voie. Écrivez-moi, en tout cas, ce que vous en pensez ; car il est nécessaire avant toutes choses d'aller pas à pas, et si une science doit être méthodiquement conduite au début, c'est la *métaphysique.* Il faut à chaque instant prouver qu'il n'y a ni saut ni déviation. Un grand nombre de notions métaphysiques sont composées, par exemple celle d'*une chose,* la plus composée que nous ayons, parce qu'elle comprend tous les *fondements des divisions et des subdivisions.* Il faut donc se bien garder de commencer par là, si l'on ne veut pas s'engager et se perdre dans une *analyse* sans fin ; il faut au contraire marcher synthétiquement, à la manière d'*Euclide.*

Deuxième Lettre.

KANT A LAMBERT.

Kœnisberg, le 31 décembre 1765.

Aucune lettre ne pouvait m'être plus agréable et plus désirable que celle dont vous m'avez honoré, puisque, sans rien dire qui ne soit l'expression sincère de mon opinion, je vous tiens pour le premier génie de l'Allemagne, capable de perfectionner grandement et pour longtemps les connaissances dont je m'occupe pardessus tout.

Ce n'est pas une médiocre satisfaction pour moi d'apprendre de vous le parfait accord de nos méthodes, accord que j'avais déjà remarqué plus d'une fois dans vos écrits, et qui a contribué à m'y attacher comme à une épreuve logique qui montre que ces pensées supportent l'essai de la pierre de touche de l'universelle raison humaine. L'invitation que vous voulez bien me faire de nous communiquer mutuellement nos esquisses m'est très-précieuse, et je ne manquerai pas d'en profiter, quoique je me connaisse assez pour savoir que je ne puis guère estimer le peu de science que je crois avoir acquise après de longs efforts, puisque, d'un autre côté, monsieur, le talent qu'on vous reconnaît d'unir à volonté les vues les plus hautes à une pénétration extraordinaire dans les détails, me fait espérer de l'union de vos forces à mes faibles moyens une instruction importante pour moi, et peut-être aussi pour tout le monde.

J'ai pendant plusieurs années tourné mes réflexions philosophiques de tous les côtés imaginables, et je suis enfin parvenu, après toutes sortes de mésaventures où je cherchais toujours les sources de l'erreur ou de la vérité dans la manière de procéder, à m'assurer de la méthode qu'il convient de suivre quand on veut échapper à cette illusion du savoir, qui fait qu'on croit à chaque instant tenir la solution, mais qui oblige toujours à recommencer le voyage, et d'où résulte aussi le désaccord fâcheux des prétendus philosophes, parce qu'il n'y a pas de règle commune pour apprécier uniformément leurs travaux. Depuis lors, je regarde toujours, d'après la nature de chaque recherche à laquelle je m'applique, ce qu'il faut que je sache pour arriver à la solution d'une question particulière, et quel degré de connaissance est déterminé par ce qui est donné; en sorte que le jugement devient sans doute souvent plus limité, mais aussi plus déterminé et plus sûr qu'il n'arrive d'habitude. Tous ces efforts ont principalement pour objet la *méthode propre à la métaphysique*, et par là même à toute la philosophie. A propos de quoi je puis vous faire savoir que M....., auquel j'ai appris que je pourrais avoir un volume tout prêt, sous ce titre, pour la prochaine foire de Pâques, s'est trop hâté de le faire annoncer sous ce titre, un peu inexact, dans le catalogue de la foire de Leipzig. J'ai cependant abandonné mon premier dessein, en ce que je veux encore un peu laisser reposer cet ouvrage, comme terme capital de tous ces aperçus, par la raison que j'aperçois en avançant, que si je ne manquais pas d'exemples de la fausseté des jugements pour expliquer mes propositions touchant la fausse méthode, je n'en avais pas assez pour faire voir *in concreto* la méthode vraie. En conséquence, pour ne pas encourir de nouveau le reproche de faiseur de projets philosophiques, je dois publier d'abord de moindres travaux, dont la matière est toute prête, et dont les premiers comprendront les *Fondements métaphysiques de la philosophie de la nature*, et les *Fondements de la philosophie pratique*, afin que l'ouvrage capital ne soit pas trop étendu par des exemples qui seraient tout à la fois trop nombreux et néanmoins insuffisants.

Je m'aperçois que je dois mettre un terme à ma lettre. Une autre fois, monsieur, je vous soumettrai quelque partie de mon dessein, en vous priant de m'en dire votre avis.

Vous vous plaignez avec raison, monsieur, de l'éternel badinage des beaux esprits, et du babil assommant des écrivains qui donnent aujourd'hui le ton, et qui n'ont d'autre goût que celui de parler du goût. Mais j'imagine que c'est l'euthanasie de la fausse philosophie, puisqu'elle expire dans de niaises bagatelles, et qu'il serait beaucoup plus regrettable de la voir descendre au tombeau dans de profondes et fausses rêveries avec la pompe d'une sévère méthode. Pour que la vraie philosophie renaisse, il faut que l'ancienne disparaisse ; et comme la putréfaction est la dissolution la plus entière qui précède toujours lorsqu'une nouvelle production doit commencer, la crise de l'érudition semble en tenir lieu à notre époque, où il ne manque pas non plus de bons esprits animés du plus vif espoir que la grande révolution des sciences, si longtemps désirée, n'est pas très-éloignée.

M. le professeur *Reccard*, qui m'a été si agréable par sa visite et par votre lettre, est ici très-recherché et généralement très-estimé, c'est-à-dire comme il mérite de l'être, quoique, assurément, un très-petit nombre de gens soient capables de l'apprécier à toute sa valeur.

Troisième Lettre.

LAMBERT A KANT.

Berlin, le 3 février 1766.

Il est incontestable que si une science doit toujours être méthodique et tirée au clair, c'est la métaphysique. L'universel, qui doit toujours y dominer, conduit en quelque façon au savoir universel, et à certains égards au delà des limites possibles de la connaissance humaine. Cette considération semble persuader qu'il vaut mieux y travailler partiellement, et ne chercher à savoir en chaque chose que ce que nous pouvons trouver, en évitant des lacunes, des sauts et des cercles vicieux. Je trouve qu'un défaut capital et mal connu des philosophes, c'est d'avoir voulu violenter les choses, et au lieu d'avoir laissé sans explication ce qui ne pouvait être expliqué, de s'être repus d'hypothèses, et d'avoir ainsi retardé la découverte du vrai.

La méthode que vous m'indiquez, monsieur, dans votre lettre, est sans contredit la seule qu'on puisse employer sûrement et avec un succès croissant. Cette méthode est à peu près celle que j'ai exposée dans le dernier chapitre de la *Dianoiologie*. 1° J'indique brièvement tout ce qui me vient à l'esprit sur une chose, et même comme il se présente et dans l'ordre où il se présente, que ce soit clair en soi ou seulement présumable, ou douteux, ou même en partie contradictoire. 2° Je continue de la sorte jusqu'à ce que je puisse remarquer en général s'il en sortira quelque chose. 3° J'examine ensuite si les propositions qui pourraient en partie se contredire ne seraient pas conciliables par une détermination et une limitation plus strictes, ou, s'il n'y a pas moyen, qu'est-ce qui doit en rester. 4° Je vois si ce mélange de propositions appartient à un tout unique ou à plusieurs. 5° Je les compare pour savoir quelles sont celles qui dépendent les unes des autres, et quelles sont celles qui doivent être placées les premières ; je commence ainsi à les numéroter. 6° Je regarde ensuite si les premières sont évidentes par elles-mêmes, ou ce qu'il manque encore à leur explication et à leur détermination précise, et par là, 7° ce qu'il faut pour y enchaîner tout le reste. 8° Je réfléchis alors sur le tout pour, d'une part, m'assurer s'il n'y aurait pas de lacunes ou des parties manquantes, d'autre part et particulièrement pour trouver les desseins auxquels tout le système peut servir, et pour, 10°, décider s'il faut, à cet effet, quelque chose de plus. 11° L'exposition de ces vues ou desseins forme ordinairement le commencement, parce que le côté par lequel j'envisage la chose s'en trouve éclairé. 12° Je montre ensuite comment j'arrive aux notions qui servent de fondement, et pourquoi je ne les prends ni plus larges ni plus étroites. Je cherche surtout, 13°, à découvrir l'ambiguïté des termes et des locutions, et à laisser les uns et les autres dans le vague, quand la langue s'en sert ainsi ; je veux dire que je ne les emploie *pas comme sujets*, mais tout au plus comme *prédicats*, parce que la signification du prédicat se détermine d'après la signification du sujet. Mais si je suis obligé de les employer comme *sujets*, ou j'en fais plusieurs propositions, ou je tâche d'éviter l'équivoque par une périphrase, etc.

Voilà le général de la méthode qui, dans les cas particuliers, subit encore un grand nombre de changements et de déterminations particulières, presque toujours plus claires dans les exemples qu'on ne peut les rendre en termes logiques. Ce qui doit par-dessus tout appeler l'attention, c'est de ne pas oublier une seule des circonstances capables de tout changer ce qui viendrait ensuite. Il faut encore voir, et en quelque sorte pouvoir sentir si une notion ne voudrait pas dire encore une combinaison de caractères simples, cachés, notion qui mettrait en ordre et abrégerait toute la chose. Les ambiguïtés cachées des termes peuvent faire aussi qu'on tombe toujours sur des dissonances, et qu'on ignore longtemps la raison pour laquelle le prétendu général ne peut pas convenir aux cas particuliers. On rencontre de ces obstacles quand on considère comme un genre ce qui n'est qu'une espèce, et que l'on confond les espèces. La détermination et la possibilité des conditions qui sont admises au début de toute question, exigent encore une attention spéciale.

Mais j'ai eu l'occasion de faire des remarques plus générales. La première est relative à la question de savoir *si et jusqu'à quel point la connaissance de la forme conduit à la connaissance de la matière de notre savoir?* La question est importante, et par plusieurs raisons. Car : 1° notre connaissance de la forme, telle qu'elle s'offre en logique, est aussi incontestable, aussi rigoureuse que la géométrie. 2° Ce qui regarde la forme est la seule chose, en métaphysique, qui soit demeurée inattaquable, tandis que les contestations et les hypothèses ont commencé aussitôt qu'on a voulu poser la matière pour fondement. 3° En fait, on n'est pas encore convenu de ce qui doit proprement servir de base à la matière de la métaphysique. Wolff admet assez gratuitement des définitions de noms, et y ramène ou s'en sert pour déguiser toutes les difficultés. 4° Quoique la forme ne détermine absolument aucune matière, elle en détermine cependant l'ordre, et dans la mesure où la forme peut être constituée scientifiquement, ce qui sert ou ne sert pas pour commencer. 5° On peut aussi décider par là de ce qui doit être réuni ou divisé, etc.

En réfléchissant à ces circonstances et aux rapports de forme et de matière, je suis arrivé aux propositions suivantes, que j'énoncerai purement et simplement :

1° La forme donne les *principes* ; la matière donne les *axiomes* et les *postulats*.

2° La forme veut que l'on commence par les notions simples, parce qu'elles sont indépendantes et simples, qu'elles ne peuvent renfermer aucune contradiction, ou qu'elles en sont exemptes par elles-mêmes, comme elles sont concevables par elles-mêmes.

3° Des *axiomes* et des *postulats* ne se rencontrent à proprement parler que dans des notions simples. La possibilité de la composition doit résulter seulement des principes et des *postulats*.

4° Ou aucune notion composée n'est concevable, ou la possibilité de la composition doit déjà se concevoir dans les notions simples.

5° Les notions simples sont des notions individuelles. Car les *genres* et les *espèces* contiennent les *fondements des divisions et des subdivisions*, et sont par le fait d'autant plus composés qu'ils sont plus abstraits et plus généraux. La notion d'*être* est de toutes la plus composée.

6° Suivant l'analyse de *Leibniz*, qui procède par abstraction et d'après les ressemblances, on va à des notions d'autant plus composées qu'on abstrait davantage, et le plus souvent à des notions de rapport nouménales, qui appartiennent plus à la forme qu'à la matière.

7° Réciproquement, comme la forme ne regarde que les notions purement relatives, elle ne donne que des notions simples de relation.

8° Les propres notions objectives simples doivent donc être trouvées par leur intuition directe : ce qui signifie qu'on doit saisir d'ensemble, d'une manière toute anatomique, les notions, les faire passer chacune en revue, pour s'assurer si, en omettant tous les rapports, il y aurait plusieurs autres notions dans celle-là, ou si elle est absolument simple (*einfoermig*).

9° Des notions simples, telles que celles d'espace et de temps, sont *entièrement* différentes les unes des autres ; ce qui veut dire qu'elles sont faciles à connaître, faciles à nommer, et impossibles à confondre si l'on fait abstraction des degrés, pour ne voir que la *qualité* ; et, autant que je puis croire, aucune d'elles n'est restée sans nom dans le langage.

D'après ces propositions, je n'hésite pas à dire que *Locke* a été sur la vraie voie qui conduit au simple dans notre connaissance. Il faut excepter seulement ce qui se mêle à l'usage d'une langue. C'est ainsi, par exemple, que dans la notion d'*étendue* se trouve incontestablement quelque chose d'individuel, de simple, qui ne se rencontre dans aucune autre notion. La notion de *durée*, comme les notions d'*existence*, de *mouvement*, d'*unité*, de *solidité*, etc., ont quelque chose de simple, qui leur est propre, et qui se laisse très-bien concevoir indépendamment d'un grand nombre de notions de rapport qui s'y présentent. Elles donnent aussi d'elles-mêmes des *axiomes* et des *postulats* qui servent de fondement à la connaissance scientifique, et qui sont absolument de même nature que ceux d'*Euclide*.

L'autre observation que j'ai eu l'occasion de faire, est relative à *la connaissance philosophique comparée à la connaissance mathématique*. Je voyais en effet que partout où les mathématiciens parviennent à ouvrir un champ nouveau que les philosophes, jusque-là, croyaient avoir labouré les premiers, ils doivent non-seulement tout renverser, mais encore tout ramener à quelque chose de si simple, et pour ainsi dire de si naïf, que le philosophique devient parfaitement inutile et presque méprisable. La seule condition que des *homogènes* peuvent seuls être additionnés, exclut chez le mathématicien toutes les propositions philosophiques dont le prédicat ne s'étend pas également à tout le sujet, et il n'y a encore que trop de propositions semblables en philosophie. On dit une montre d'*or* quand la boîte seule est à peine d'or. *Euclide* ne tire ses éléments ni de la définition de l'espace, ni de la définition de la géométrie ; il commence au contraire par les lignes, les angles, etc., c'est-à-dire par le simple dans les dimensions de l'espace. En mécanique on parle peu du *mouvement* en partant de la définition, mais on s'attache immédiatement à *ce qui s'y présente*, à savoir : un corps, une direction, une vitesse, un temps, une force et un espace ; on *compare* entre elles toutes ces choses, pour trouver des principes. Je suis, en général, conduit à la proposition, qu'aussi longtemps qu'un philosophe ne poussera pas aussi loin l'analyse, dans les objets susceptibles d'être mesurés, que le mathématicien peut y trouver en même temps d'unités de perches et de dimensions, c'est un signe certain que le philosophe laisse encore quelque chose de confus, ou que, dans ses propositions, le prédicat ne s'étend pas uniformément à tout le sujet.

J'attends avec impatience que les deux *Principes fondamentaux* de la philosophie physique et de la philosophie pratique aient paru, et je suis persuadé qu'une vraie méthode s'apprécie bien mieux et plus sûrement par l'exposition d'exemples réels, d'autant plus qu'on peut la montrer dans les exemples avec tous les détails ; quand, au contraire, elle est exposée en logique seulement, elle est facilement trop abstraite. Des exemples rendent ici le même service que les figures en géométrie, car les figures sont bien aussi des exemples ou des cas particuliers.

Quatrième Lettre.

KANT A LAMBERT.

Kœnigsberg, le 2 septembre 1770.

Je me sers de l'occasion qui se présente pour vous envoyer ma dissertation par un répondant à cette thèse, un habile étudiant juif (1), et pour dissiper autant que possible une interprétation qui me serait désagréable, du long temps que j'ai mis à vous répondre. C'est l'importance seule du dessein que votre lettre avait fait briller à mes regards, qui a été cause du retard d'une réponse conforme à la proposition. Comme j'avais longtemps cultivé les sciences qui faisaient alors l'objet de votre étude, afin d'en découvrir la nature, et, autant que possible, les lois immuables et évidentes, rien ne pouvait être plus désirable pour moi que les offres qui m'étaient faites par un homme d'une si grande profondeur et d'un si vaste savoir, dont j'avais en outre reconnu souvent une manière de procéder et de penser en fait de science d'accord avec la mienne, d'esquisser, en communauté d'examens et de recherches, le plan d'une construction solide. Je ne pouvais me décider à envoyer moins qu'une esquisse claire de la forme sous laquelle m'apparaît cette science, et une idée déterminée de la méthode qui lui est propre. L'exécution de ce projet m'engagea dans des recherches qui étaient nouvelles pour moi-même, et qui, avec mon pénible travail d'académie, amena forcément délai après délai.

Il y a près d'un an, je suis arrivé, je crois pouvoir m'en flatter, à cette notion que je ne crains plus d'avoir

(1) C'était la dissertation *De mundi sensibilis atque intelligibilis forma et principiis.*

jamais à changer, mais qu'il sera nécessaire d'étendre, et qui sert à examiner toute espèce de questions métaphysiques d'après un criterium parfaitement sûr et d'un facile emploi, et à décider avec certitude si elles sont solubles ou non.

L'esquisse de toute cette science, en tant qu'elle en comprend la nature, les sources premières de tous ses jugements et la méthode à suivre pour aller avec facilité plus loin encore, pourrait être soumise à votre appréciation dans un espace assez court, c'est-à-dire dans un petit nombre de lettres; je m'en promets un profit tout particulier, et je vous en demande la permission.

Mais comme, dans une entreprise de cette importance, une dépense de temps n'est pas une petite perte, quand on peut faire quelque chose de complet et de durable, je dois encore vous prier de regarder le beau projet de contribuer à cette grande tâche comme une résolution invariable chez moi, mais de m'accorder encore quelque temps pour l'exécuter. Je me suis proposé, pour me remettre d'une longue indisposition que j'ai eue cet été, et pour n'être cependant pas sans occupations aux heures libres, de mettre en ordre, cet hiver, mes recherches sur la philosophie morale pure (qui ne contient pas de principes empiriques), qui est une sorte de métaphysique des mœurs. Cet ouvrage, en beaucoup de parties, frayera la voie aux desseins les plus importants pour la nouvelle forme de la métaphysique; il me semble nécessaire aussi pour établir les principes, encore aujourd'hui si mal affermis, des sciences pratiques. Après avoir accompli cette tâche, j'userai de la liberté que vous avez bien voulu m'accorder de vous soumettre ce que j'aurai terminé de mes essais métaphysiques, bien décidé que je suis de ne laisser passer aucune proposition qui ne vous semblerait pas d'une parfaite évidence; car si elle ne pouvait obtenir cet assentiment, le but proposé, de fonder cette science sur des règles parfaitement incontestables, et qui excluent toute espèce de doute, serait manqué.

Pour le moment, il me serait très-agréable et très-utile d'avoir votre jugement sur quelques points capitaux de ma dissertation, parce que je pense y ajouter encore deux feuilles pour la prochaine foire; j'y pourrais corriger les fautes d'inadvertance, et donner plus de netteté à ma pensée. La première et la quatrième sections peuvent être omises comme étant sans importance; mais la deuxième, la troisième et la cinquième, quoique mon indisposition m'ait empêché de les soigner comme je l'aurais voulu, me semblent renfermer une matière qui mériterait une exécution plus habile et plus étendue. Les propositions les plus générales de la sensibilité jouent mal à propos un grand rôle en métaphysique, où il ne s'agit que de notions et de principes de la raison pure.

Il semble donc qu'une science toute particulière,

quoique purement négative (*Phænomenologia generalis*) devrait précéder la métaphysique, où seraient déterminées la valeur et les limites des principes de la sensibilité, afin d'éviter la confusion des jugements sur des objets de la raison pure, comme c'est presque toujours arrivé jusqu'ici. Car l'espace, le temps et les axiomes, tout ce qui se rapporte à ces trois choses, sont, en ce qui regarde les connaissances expérimentales et tous les objets des sens, très-réels, et contiennent effectivement les conditions de tous les phénomènes et de tous les jugements empiriques. Mais si quelque chose n'est pas du tout conçu comme un objet des sens, s'il est pensé en vertu d'une notion universelle et pure de la raison, comme une chose ou une substance en général, etc., il en résulte de très-fausses assertions quand on veut les soumettre aux notions fondamentales de la sensibilité. Il me semble aussi, et peut-être serai-je assez heureux pour obtenir votre suffrage par cet essai, quoique encore très-imparfait, qu'une telle discipline préparatoire, qui préserverait la métaphysique proprement dite de ces sortes de mélanges avec le sensible, conduirait facilement et sans grands efforts à une évidence, à une exécution détaillée et profitable.

Cinquième Lettre.

LAMBERT A KANT.

Berlin, le ... 1770.

Votre lettre, monsieur, ainsi que votre dissertation *sur le monde sensible et l'intelligible* ne m'a pas fait un médiocre plaisir, par la raison, surtout, que je puis regarder cette dissertation comme une preuve de la manière dont la métaphysique pourrait être améliorée, et par suite aussi la morale. Je désire vivement que vos fonctions puissent vous fournir l'occasion de semblables mémoires à l'avenir, si vous n'avez pas pris la résolution de les publier en particulier.

Vous me rappelez une proposition faite il y a cinq ans de *travaux à faire en commun par la suite*. J'écrivis alors la même chose à M. *Holland*, et successivement à quelques autres savants, quand les catalogues des foires n'avaient pas encore fait voir que les belles-lettres supplantent tout le reste. Je crois cependant qu'elles passent bruyamment, et qu'on reviendra aux sciences plus solides. Des personnes qui ne s'occupaient dans les universités que de poésie, de romans et d'œuvres littéraires, m'ont déjà fait l'aveu qu'ayant été dans la nécessité d'entreprendre des ouvrages, elles s'étaient trouvées entièrement dépaysées, et avaient dû se remettre pour ainsi dire à étudier de nouveau. C'est un très-bon conseil sur ce qu'il convient de faire dans les universités.

Mon plan était cependant, en partie, d'écrire provisoirement de petits traités, en partie d'engager à faire de même quelques savants qui auraient été dans les mêmes sentiments, et d'établir ainsi une espèce de compagnie particulière où l'on aurait évité tout ce qui ne corrompt que trop facilement les sociétés publiques savantes. Les membres de cette compagnie n'auraient compté qu'un petit nombre de philosophes choisis, mais qui auraient dû être en même temps initiés à la physique et aux mathématiques, parce que, à mon sens, un *purus putus metaphysicus* me fait l'effet d'un homme qui manque d'un sens, comme l'aveugle de la vue. Les membres de cette société se seraient communiqué leurs ouvrages, ou s'en seraient au moins donné une notion suffisante pour se faire aider dans tous les cas où plusieurs yeux auraient mieux vu qu'un seul. Mais si chacun était resté dans son opinion, chacun aussi aurait pu exprimer la sienne avec la modestie convenable, et avec la conscience qu'on peut se tromper. Les traités philosophiques, ceux qui auraient eu pour objet la théorie des langues et des belles-lettres, auraient été les plus nombreux ; des traités de physique et de mathématiques auraient pu être en tout cas acceptés, surtout s'ils se bornaient au pur philosophique. Le premier volume aurait dû être l'affaire principale, et l'on aurait toujours eu la liberté, en vue des traités à venir, de les écarter, si la majorité des suffrages leur avait été contraire. Les membres auraient pu se communiquer leurs opinions sur les points difficiles, sous forme de question ou de telle manière qu'on eût la liberté de faire des objections et d'y répondre.

Vous pouvez me dire encore aujourd'hui, monsieur, jusqu'à quel point vous regardez une pareille société comme possible et comme durable. Je me représente à ce sujet les *Acta eruditorum,* qui n'ont été dans le principe qu'un *commercium epistolicum* des premiers savants. Les *Mémoires de Brême,* où les poëtes originaux du temps, *Gellert, Rabener, Klopstock*. etc. ont publié leurs essais et se sont en quelque sorte formés, peuvent être donnés comme un autre exemple. Le pur philosophique semble souffrir plus de difficultés. Mais il suffirait de bien choisir les membres. Les écrits devraient être purs de toute proposition hérétique, de trop d'opinions personnelles ou sans valeur.

J'ai déjà quelques traités qui pourraient faire partie d'un tel recueil ; les uns ont paru dans les *Acta Eruditorum,* les autres ont été lus à l'Académie ; il en est enfin qui ont vu le jour dans d'autres occasions.

Mais j'arrive à votre remarquable dissertation, puisque vous désiriez particulièrement savoir ce que j'en pense. Si j'ai bien compris la chose, il y a là quelques propositions essentielles que je signalerai aussi brièvement que possible.

La première proposition capitale est que la connaissance humaine, en tant, d'une part, qu'elle est *connaissance*, et, d'autre part, qu'elle a *sa forme propre*, se décompose, dans l'antiquité, en *phénomène* et en *noumène*, et qu'elle sort, d'après cette division, de deux sources entièrement différentes, et pour ainsi dire hétérogènes, en telle sorte que ce qui vient d'une source ne peut jamais être dérivé de l'autre. La connaissance qui provient des sens est et reste par conséquent sensible, comme celle qui provient de l'entendement lui reste propre.

Cette proposition, à mon avis, regarde surtout l'*universalité*, en tant que les deux sortes de connaissances sont tellement séparées qu'elles ne se rencontrent *nulle part*. Pour le prouver *a priori*, il faut partir de la nature des sens et de celle de l'entendement. Mais si nous ne pouvons apprendre à la connaître qu'*a posteriori*, il s'agit alors de la classification et de l'énumération des objets.

Telle semble être aussi la marche que vous prenez dans la troisième section. A cet égard, il me paraît tout à fait juste que ce qui tient au *temps et au lieu* présente des vérités d'une tout autre espèce que celles qui doivent être regardées comme éternelles et immuables. C'est ce que je remarquais simplement dans l'*Aléthiol.* § 81, 87. Car la raison pour laquelle des vérités sont ainsi liées, et pas autrement, au temps et au lieu, n'est pas si facile à donner, quelle qu'en soit l'importance.

Du reste, il ne s'agissait là que des choses existantes. Mais les vérités géométriques et chronométriques ne sont pas contingentes, elles tiennent très-essentiellement au temps et à l'espace ; et parce que le temps et l'espace sont éternels, les vérités géométriques et chronométriques font partie des vérités éternelles et immuables.

Vous demandez maintenant, monsieur, si ces vérités sont sensibles? Je puis très-bien l'accorder. Il semble que la difficulté qui s'attache au fond des notions de temps et d'espace peut être exposée sans égard à cette question. Les quatre premières propositions, § 14, me semblent tout à fait justes, et il est très-bon surtout que vous insistiez, dans la quatrième, sur la véritable notion de la *continuité*, notion qui semble avoir entièrement disparu de la métaphysique, parce qu'on a voulu la faire consister absolument dans un *complexus entium simplicium,* et qu'il a par conséquent fallu la dénaturer. La difficulté est donc proprement dans la cinquième proposition. Il est vrai que vous ne donnez pas la proposition : *Tempus est subjectiva conditio,* etc., comme une définition. Elle doit cependant indiquer quelque chose de propre et d'essentiel au temps. Le temps est incontestablement une condition *sine qua non*, et qui appartient par le fait à la représentation des choses sensibles, et de toutes les choses qui tiennent au temps et au lieu. Elle est aussi particulièrement nécessaire aux hommes pour cette représentation. Elle est également *intuitus purus*, et non une substance, ni un simple rapport. Elle diffère de la *durée*, comme le *lieu* diffère de l'*espace*. Elle est une détermination particulière de la durée. Elle n'est pas non plus un accident, qui tombe ou s'évanouit avec la substance, etc. Ces propositions peuvent toutes passer. Elles n'aboutissent à aucune définition, et la meilleure définition sera toujours que le temps est le *temps*, si l'on ne veut pas le définir, et même d'une façon très-malheureuse, par ses rapports aux choses qui sont dans le temps, et par là tourner dans un cercle logique. Le *temps* est une notion plus déterminée que la *durée*, et qui par conséquent donne aussi plus de propositions négatives. Par exemple, ce qui est dans le temps dure, mais pas réciproquement, en ce sens qu'il faut, pour *être dans le temps*, un commencement et une fin. Une substance qui a une durée absolue n'est par là même pas dans le temps. Tout ce qui existe dure, mais tout ce qui dure n'est pas dans le temps. Avec une notion aussi claire qu'est le *temps*, les propositions ne manquent pas. Il semble seulement qu'on ne doit pas définir le temps et la durée, mais simplement les concevoir. Tous les changements tiennent au temps et ne sont pas concevables sans le temps. *Si les changements sont réels, le temps est alors réel*, ce qu'il peut toujours être. *Si le temps n'est pas réel, aucun changement non plus n'est réel.* Il me paraît cependant qu'un idéaliste même doit reconnaître, au moins dans ses représentations, qu'il y a des changements, qu'elles commencent et qu'elles finissent, que quelque chose précède réellement, existe. Ainsi le temps ne peut pas être regardé comme quelque chose qui n'est *pas réel*. Il n'est pas une substance, etc., mais c'est une détermination finie de la durée, avec laquelle il a quelque chose de réel, en quoi ce réel peut toujours subsister (*etwas Reales, worin dieses auch immer bestehen mag*). S'il est impossible de le nommer d'aucun nom pris d'autres choses, sans danger d'équivoque, il doit ou recevoir un nom nouveau, *primitivum,* ou rester sans nom. Le réel du temps et de l'espace semble si bien avoir quelque chose de simple et d'hétérogène par rapport à tout le reste, que l'on peut seulement le concevoir; on ne peut le définir. La durée semble être inséparable de l'existence. Ce qui existe dure aussi pendant un certain temps absolument, et réciproquement ce qui dure doit nécessairement exister aussi longtemps qu'il dure. Des choses existantes d'une durée qui n'est pas absolue, sont ordonnées suivant le temps, en ce sens qu'elles commencent, durent, changent, finissent, etc. *Ne pouvant refuser aux changements la réalité* sans connaître auparavant quelque autre chose, je ne puis pas non plus dire maintenant que le temps, non plus que l'espace, ne soit qu'un auxiliaire des représentations humaines. Du reste, pour ce qui est des locutions vicieuses dans les langues par rapport au temps, il est toujours bon de remarquer les équivoques que le mot *temps* peut faire naître. Par exemple :

Un long temps est *intervallum temporis vel duorum momentorum* et signifie une durée déterminée.

Vers ce temps-là, à cette époque, etc., est ou un instant déterminé, comme en astronomie *tempus immersionis, emersionis*, etc., ou une durée un peu indéterminée, plus petite ou plus grande, antérieure ou postérieure à l'instant, ou un point de temps, etc.

Vous présumerez facilement ma pensée par rapport au lieu et à l'espace. J'établis l'analogie :

Temps : durée $=$ lieu : espace,

analogie qui a fait rigoureusement disparaître l'équivoque des expressions, et qui ne change qu'en cela seulement, que l'espace a trois dimensions, la durée une seule, et qu'en outre chacune de ces notions a quelque chose de propre. Comme la durée, l'espace a quelque chose d'absolu, et aussi des déterminations finies. L'espace, comme la durée, a une réalité qui lui est propre, qu'on ne peut ni donner ni définir, sans crainte de malentendu, en prenant des mots tirés d'autres choses. C'est quelque chose de simple et qui doit être conçu. Le monde intelligible tout entier n'appartient pas à l'espace ; mais il a un *simulacre* d'espace, qui se distingue facilement de l'espace physique, et qui offre avec l'espace une ressemblance peut-être plus intime qu'une ressemblance métaphorique.

Les difficultés théologiques qui ont rendu si épineuse la théorie de l'espace, surtout depuis *Leibniz* et *Clarke*, ne m'ont pas encore troublé. C'est que je laisse volontiers indécis un différend qui ne peut être clairement posé. Du reste, je n'ai pas voulu, dans mon ontologie, m'occuper des autres parties de la métaphysique. Je ne trouve donc pas à redire qu'on regarde le temps et l'espace comme de simples figures et comme des phénomènes. Car outre qu'une apparence constante est pour nous une vérité, où ce qu'il y a de fondamental ne sera jamais découvert ou ne le sera que plus tard, il est utile, en ontologie, de s'occuper aussi des notions qui ont pris leur crédit dans l'apparence, *parce que la théorie doit cependant finir par être appliquée aux phénomènes.* Car l'astronome aussi commence par le *phénomène* ; il en déduit la théorie de l'univers et l'applique, dans ses éphémérides, aux phénomènes et à leur prédiction. En métaphysique, où la difficulté de l'apparence est si importante, la méthode de l'astronome sera plus sûre. Le métaphysicien peut tout admettre comme apparence, distinguer la vaine de la réelle, conclure du réel au vrai. Et s'il marche bien, il rencontrera peu de contradiction pour les principes, et, en général, de l'assentiment; seulement, il semble qu'il faille pour cela du temps et de la patience.

Je serai plus bref par rapport à la cinquième section. Je tiens pour très-important, monsieur, si vous pouvez trouver un moyen de scruter plus profondément le principe et l'origine des vérités qui tiennent au temps et au lieu. Mais, en ce qui regarde la méthode, je n'aurais à dire ici que ce que j'ai déjà dit auparavant à propos du temps. Car si les *changements*, et avec eux le *temps* et la *durée* sont quelque chose de réel, il semble en résulter *que la* séparation proposée dans la cinquième section, doit avoir un autre but et, en partie, plus nettement déterminé, et qu'en conséquence il faudrait aussi une autre classification. Ce qui me fait penser ainsi, ce sont les §§ 25 et 26. Par rapport au § 27, le *quicquid est, est alicubi et aliquando*, est en partie erroné, en partie équivoque, s'il signifie la même chose que *in tempore et in loco*. Ce qui dure *absolute* n'est pas *in tempore*, et le monde intelligible n'est que *in loco* du *simulachri* auparavant mentionné de l'espace, ou *in loco* de l'espace imaginaire (*Gedankenraums*).

Ce que vous dites § 28, et dans la remarque, p. 2 et 3, de l'*infini mathématique*, qu'il est dénaturé en métaphysique par des définitions, et qu'un autre lui est substitué, est tout à fait dans mon sens. Par rapport au § 28, où il est question du *simul esse et non esse*, je pense qu'il y a aussi dans le monde intelligible un *simulachrum temporis*, et que le *simul* en vient, quand il se rencontre dans des preuves de vérités absolues qui ne tiennent ni au temps ni au lieu. Je croirais que le *simulachrum spatii et temporis* dans le monde intelligible pourrait fort bien trouver sa place dans votre théorie. C'est une copie de l'espace et du temps réels, et qui en est cependant très-distincte. Nous avons encore dans la connaissance symbolique un moyen terme entre le sentir et le vrai penser pur. Si nous procédons convenablement dans la notation du simple et du mode de composition, nous aurons des règles certaines pour établir des signes de choses tellement composées que nous ne pouvons plus les penser, avec l'assurance cependant que la notation représente la vérité. Personne encore ne s'est représenté clairement tous les membres d'une série infinie en même temps, et personne ne le fera jamais. Mais, grâce aux lois de la connaissance symbolique, nous pouvons calculer avec ces sortes de séries, nous pouvons en donner la somme, etc. ; nous dépassons ainsi les limites de notre pensée réelle. Le signe A-1 représente un non-être inconcevable, et peut cependant très-bien servir à trouver des théorèmes. Ce qu'on tient ordinairement pour des preuves de l'entendement pur ne doit être regardé le plus souvent que comme des preuves de la connaissance symbolique. C'est ce que je disais, § 122 de la *Phénoménologie*, à l'occasion de la question du § 119, et je n'ai rien à dire contre la remarque tout à fait générale du § 10.

Je m'en tiendrai là ; vous ferez de ce que j'ai dit tel usage qu'il vous plaira. Je vous prie cependant d'examiner avec quelque attention les propositions soulignées dans cette lettre, et de vouloir bien, si vous en avez le temps, m'en dire votre jugement. Jusqu'ici je n'ai pu refuser encore toute réalité au temps et à l'espace, ni en faire de simples images et apparences ; si je pensais que tous les changements dussent être une pure apparence, ce serait contraire à l'une de mes propositions principales (§ 54 de la *Phénoménologie*) (1). Des changements se succèdent, persistent, cessent, etc. ; toutes expressions uniquement prises du temps. Si

---

(1) L'allemand dit, au contraire : Je pense que tous les changements doivent aussi être une pure apparence. Ce serait contraire, etc. *Jch denke dass jede Veraenderungen auch blosser Schein müssten. Dieses waere einem*, etc. Ces deux phrases se conciliant mal entre elles, et la première avec ce que l'auteur a dit précédemment de la réalité des changements, j'ai supposé qu'il y a ici quelque faute, et j'ai traduit en conséquence. (*N. du trad.*)

vous pouvez, Monsieur, m'apprendre autre chose là-dessus, je n'aurai pas beaucoup à perdre. Le temps et l'espace seront une apparence réelle, ayant pour fondement quelque chose qui se règle avec autant de précision et de suite en apparence, qu'il peut y avoir de suite et de précision dans les vérités géométriques. Mais je dois dire cependant qu'une apparence qui absolument ne trompe jamais pourrait bien être plus qu'une apparence.

P.-S. — Je présume que les journaux de Haude et de Spener iront à Kœnigsberg. Je me bornerai donc à vous dire ici que, dans le n° 116 du 27 septembre, j'ai eu l'occasion de dire au public comment s'est déjà trouvé quelqu'un qui étendra les tables des *diviseurs des nombres*, qui se trouvent dans mes *additions aux tables logarithmiques et trigonométriques*, jusqu'à 204,000 et peut-être plus loin, et qu'une personne a entrepris de calculer les *logarithmes hyperboliques* jusqu'à plusieurs décimales. Je vous en informe, afin d'éviter un double travail, et que le calcul soit consacré à d'autres tables encore toutes à faire. Il y a ici et là des amateurs de mathématiques qui s'en chargeront volontiers ; et j'ai lieu d'espérer que l'invitation qui en sera faite dans les *Catalogues généraux des bibliothèques*, dans les *Affiches de Goëttingue* et dans les *Journaux savants de Leipzig*, portera ses fruits. Si vous trouviez, Monsieur, quelqu'un de votre pays qui prît plaisir à ces sortes de calculs, j'en serais charmé. Un éditeur ne compte pas le temps et la peine d'après le mérite, et je retirerai difficilement au delà d'un ducat par feuille. Pour ce qui est des bénéfices ultérieurs, je ne demande rien ; mais chacun pourra retirer des mains de l'éditeur même ce qui pourrait lui en revenir. Du reste, celui qui s'offrira le premier à calculer les tables encore à faire aura, comme de raison, le choix, s'il présente des garanties de capacité. C'est ainsi que j'ai toujours laissé le choix à quelqu'un qui s'est présenté, soit pour calculer lui-même ou pour faire calculer. La table des diviseurs des nombres s'élève peut-être bien à 1,000,000, et pourrait seule former deux volumes in-8°.

VII

QU'EST-CE
QUE
S'ORIENTER DANS LA PENSÉE.

—

1786

Si haut que nous puissions porter les notions, et nous éloigner ainsi de la sensibilité par l'abstraction, toujours cependant s'y attacheront des représentations *sensibles*, dont la destinée propre est d'approprier à l'*usage de l'expérience* des notions qui d'ailleurs ne sont pas dérivées de l'expérience. Comment, en effet, voudrions-nous donner aux notions sens et signification, si quelque intuition (qui, à la fin, doit toujours être un exemple pris d'une expérience possible) ne leur était soumise? Si donc, après cette opération concrète de l'entendement, nous omettons le mélange de l'image, d'abord de la perception contingente des sens, ensuite même l'intuition sensible pure en général, il ne reste que cette notion intellectuelle pure, dont l'étendue se trouve maintenant agrandie, et qui contient une règle de la pensée en général. La logique générale elle-même a été faite de cette manière; et dans l'usage expérimental de notre entendement et de notre raison, est peut-être encore cachée une méthode *euristique* de penser telle que, si nous savions la tirer habilement de cette expérience, elle pourrait bien enrichir la philosophie de plusieurs maximes utiles, même pour penser abstraitement.

De cette sorte est le principe expressément reconnu par feu *Mendelssohn*, mais, autant que je sache, seulement dans ses derniers écrits (*les Matinées*, p. 162-166, et la *Lettre aux amis de Lessing*, p. 33 et 67); à savoir la maxime de la nécessité, dans l'usage spéculatif de la raison (auquel d'ailleurs il accordait excessivement par rapport à la connaissance des objets hyperphysiques, puisqu'il croyait jusqu'à l'évidence de la démonstration), de *s'orienter* à l'aide d'un moyen de direction certain, qu'il appelait tantôt le *sens commun* (*Matinées*), tantôt la *saine raison,* tantôt le *simple entendement humain* (*aux amis de Lessing*). Qui aurait pu penser que cet aveu dût être si funeste, non-seulement à son opinion avantageuse du pouvoir de l'usage spéculatif de la raison en matière de théologie (ce qui était par le fait inévitable), mais que la saine raison commune même, dans cet état d'ambiguïté où il laissait l'exercice de cette faculté en regard de la spéculation, courrait le danger de servir de fondement à la superstition, et de détrôner la raison? C'est cependant ce qui est arrivé dans le débat entre *Mendelssohn* et *Jacobi*, surtout par les raisonnements très-sérieux de l'ingénieux auteur des *Résultats* (1). Mon intention n'est cependant pas d'attribuer à l'un ou à l'autre des deux adversaires le dessein d'introduire une façon de penser si funeste; je veux plutôt regarder l'entreprise du dernier comme un argument *ad hominem*, dont il a bien le droit de faire usage pour se défendre, en faisant tourner contre son antagoniste les pauvretés de la polémique. D'un autre côté je ferai voir qu'en réalité c'est sur la raison *seulement*, et non sur un prétendu sens mystérieux de la vérité, sur aucune intuition transcendante qu'on appellerait la foi, que peut être greffée une tradition ou révélation sans consentement de la raison. Ainsi que le soutenait fermement et avec une ardeur légitime Mendelssohn, il n'y a tout simplement que la propre et pure raison humaine par laquelle il soit nécessaire, suivant lui, de s'orienter, et par laquelle il conseille de le faire. Ce qui n'empêche pas assurément de laisser tomber la haute prétention de la faculté spéculative de la raison, surtout son autorité purement impérative (par démonstration), et de ne lui accorder, comme raison spéculative, rien de plus que la mission de purger la notion rationnelle

---

(1) Lettres de *Jacobi* sur la doctrine de *Spinoza*, Breslau, 1784. — *Jacobi* contre l'accusation de *Mendelssohn*, concernant les lettres sur *Spinoza*, Leipz., 1766. — Les *résultats de la philosophie de Jacobi et de Mendelssohn;* recherche critique d'un volontaire, *ibid.*

commune de contradictions, et de défendre des maximes d'une saine raison contre les attaques sophistiques de la raison spéculative *elle-même*. — La notion de l'*orientation de soi-même*, développée et déterminée avec plus de précision, peut nous aider à exposer clairement les maximes de la saine raison, dans son application à la connaissance des objets sursensibles.

S'orienter signifie, dans le sens propre du mot : d'une région donnée du monde (nous divisons l'horizon en quatre de ces régions), trouver les trois autres, surtout l'*Orient*. Si donc je vois le soleil au ciel, et que je sache qu'il est midi, je puis trouver le sud, l'ouest, le nord et l'est. Mais j'ai besoin à cet effet de sentir une différence dans mon propre *sujet*, celle de la main droite et de la main gauche. J'appelle cela un *sentiment*, parce que ces deux côtés ne montrent extérieurement dans l'intuition aucune différence remarquable. Dans le tracé d'un cercle, sans avoir besoin de distinguer en aucune manière les objets, je ne puis cependant me passer de cette faculté pour distinguer le mouvement de gauche à droite d'avec le mouvement contraire, et pour déterminer ainsi *a priori* une différence dans la position des objets, pour savoir si je dois poser l'ouest à droite ou à gauche du point de l'horizon. Je ne m'oriente donc *géographiquement*, avec toutes les données objectives du ciel, qu'à l'aide encore d'une raison subjective de distinction ; et si un jour, par miracle, tous les astres conservant du reste leur forme et leur situation respective, ne présentaient d'autre changement, sinon que leur direction, d'orientale qu'elle était, serait devenue occidentale, aucun œil humain ne remarquerait, la nuit suivante, à la clarté des étoiles, le moindre changement, et l'astronome lui-même, s'il ne faisait attention qu'à ce qu'il verrait, et pas aussi à ce qu'il sentirait, serait infailliblement *désorienté*. Mais la faculté de distinguer que lui a donnée la nature, et qui lui est devenue habituelle par un plus fréquent exercice, vient à son aide, grâce au sentiment de la droite et de la gauche ; et pourvu seulement qu'il jette les yeux sur l'étoile polaire, non-seulement il remarquera le changement survenu, mais il pourra s'*orienter* malgré ce changement.

Je puis maintenant étendre cette notion géographique du procédé dans l'orientation, et entendre par là l'orientation dans un espace donné en général, par conséquent l'orientation purement *mathématique*. Malgré l'obscurité, je m'oriente dans une chambre que je connais, pourvu seulement que je puisse saisir un objet dont la place est présente à ma mémoire. Mais rien évidemment ne me sert ici que la faculté de déterminer la position d'après une raison *subjective* de distinguer : car je ne vois pas les objets dont je dois trouver la position; et si quelqu'un, par badinage, avait déplacé tous les objets, mais en mettant le même ordre entre eux, sauf cette différence que ce qui était à gauche serait maintenant à droite et réciproquement, je ne pourrais me retrouver dans une chambre où d'ailleurs les parois seraient égales. Mais je m'oriente aussitôt par le simple sentiment d'une distinction entre mes deux côtés, le droit et le gauche. Même chose arrive si je dois voyager et me diriger de nuit sur une route à moi connue d'ailleurs, et où je ne distingue maintenant aucune habitation.

Je pourrais étendre encore cette notion, si elle devait consister dans la faculté de s'orienter, non plus simplement dans l'espace, c'est-à-dire mathématiquement, mais en général dans la *pensée*, c'est-à-dire *logiquement*. On peut aisément conjecturer d'après l'analogie, que ce sera là un acte de la raison pure, celui de diriger son usage, lorsque, partant d'objets connus (de l'expérience), elle veut s'étendre au delà des bornes de l'expérience, et qu'elle ne trouve absolument aucun objet de l'intuition, mais seulement la place pour cette intuition possible. En effet, elle n'est plus alors en état de soumettre ses jugements à une maxime positive, dans la détermination de sa propre faculté de juger, et en suivant des principes objectifs de la connaissance; elle ne peut le faire qu'en suivant un principe de distinction subjectif (1). Ce moyen subjectif, le seul qui reste alors, n'est autre que le sentiment du *besoin* propre à la *raison*. On peut être rassuré contre toute erreur, si l'on n'essaie pas de juger toutes les fois qu'on n'en sait pas assez pour juger déterminément. L'ignorance est donc en soi la cause des limites, mais non des erreurs dans notre connaissance. Mais partout où il ne dépend pas autant de nous de vouloir ou de ne vouloir pas juger déterminément de quelque chose, partout où existe un *besoin* réel de juger, un besoin inhérent à la raison même, et où cependant le défaut de savoir par rapport à ce qui est nécessaire pour juger, nous limite, là aussi est nécessairement une maxime d'après laquelle nous devons porter notre jugement; car la raison veut être satisfaite. Si donc il a déjà été décidé qu'il ne peut y avoir ici aucune intuition d'objet, pas même quelque chose qui y ressemble, et à l'aide de quoi nous puissions opposer aux notions étendues un objet qui soit d'accord avec elles, et par là nous assurer de leur vérité par leur réalité possible; alors nous n'aurons plus qu'à bien examiner la notion avec laquelle nous voulons nous aventurer au delà de toute expérience possible, afin d'être sûr qu'elle est exempte de toute contra-

---

(1) S'*orienter* dans la pensée, en général, signifie donc : à défaut des principes objectifs de la raison, se déterminer dans le vraisemblable suivant un principe subjectif de cette même raison.

diction, et de soumettre du moins le *rapport* de l'objet avec les objets de l'expérience aux notions pures de l'entendement, non pas pour le rendre sensible, mais cependant pour concevoir quelque chose de sursensible, d'une manière au moins compatible avec l'usage expérimental de notre raison ; car sans cette précaution nous ne pourrions faire aucun usage de cette notion, et nous délirerions au lieu de penser.

Par là cependant, c'est-à-dire par la simple notion, rien n'est encore décidé par rapport à l'existence de cet objet ou de sa liaison réelle avec le monde (ensemble de tous les objets de l'expérience possible); mais il y a là le *droit du besoin* de la raison, comme d'un motif subjectif de présupposer et d'admettre quelque chose qu'elle ne peut prétendre savoir par des considérations subjectives. Elle ne peut donc pas non plus avoir la prétention de ne s'*orienter* que d'après son propre besoin, dans la pensée, dans l'espace incommensurable du sursensible, pour nous rempli des plus épaisses ténèbres.

On conçoit beaucoup de choses sursensibles (car les objets des sens ne remplissent pas le champ total de l'entière possibilité); où la raison cependant n'éprouve aucun besoin de s'étendre jusque-là, et bien moins encore d'en admettre l'existence. La raison trouve une occupation suffisante aux causes cosmiques qui se manifestent aux sens (ou qui sont du moins de même nature que celles qui se montrent aux sens), pour n'être pas dans la nécessité d'admettre à leur secours l'influence d'êtres naturels purement spirituels; cette hypothèse serait plutôt nuisible à son usage. Car ne sachant rien des lois suivant lesquelles de semblables êtres pourraient agir, et sachant beaucoup de choses des objets des sens, pouvant espérer du moins d'en connaître beaucoup de choses par l'expérience, on porterait plutôt atteinte, par une semblable supposition, à l'usage de la raison. Ce n'est pas absolument un besoin, mais bien plutôt une pure curiosité qui n'aboutit qu'à des rêveries, que de se livrer à de semblables recherches, ou de jouer avec des fictions de cette nature. Il en est tout autrement de la notion d'un *être premier*, comme intelligence suprême et comme souverain bien en même temps. Car ce n'est pas seulement un besoin pour notre raison de donner la notion de l'infini pour fondement à la notion du fini, par conséquent à toutes les autres choses (1), mais ce besoin va même jusqu'à

(1) La raison ayant le droit de supposer comme donnée une réalité qui explique la possibilité de toutes choses, et ne considérant la diversité des choses déterminées par les négations qui s'y attachent que comme des limites, elle se voit forcée de poser en principe une possibilité unique, celle de l'être illimité comme origine, et de considérer tous les autres comme dérivés. Et comme la possibilité constante de chaque chose doit se rencontrer absolument dans l'ensemble de toute existence, que c'est là du moins la condition sous laquelle le principe de la détermination constante rend possible aux yeux de notre raison

la supposition de l'*existence* de l'infini. Sans cela elle ne peut se donner aucune raison satisfaisante de l'existence des choses dans le monde, et moins encore s'expliquer la finalité et l'ordre qui se rencontrent partout à un degré si étonnant (dans les petites choses, parce qu'elles sont près de nous, comme dans les grandes). A moins d'admettre un créateur intelli-

la distinction entre le possible et le réel, nous trouvons une raison subjective de la nécessité, c'est-à-dire un besoin de notre raison même, de donner pour fondement à toute possibilité l'existence d'un être parfaitement réel (suprême). De là donc la preuve *cartésienne* de l'existence de Dieu, puisque des raisons subjectives de supposer quelque chose pour l'usage de la raison (qui n'est jamais au fond qu'un usage expérimental) sont réputées objectives, par conséquent un *besoin* pour *une vue de l'esprit (Einsicht)*. Il en est ainsi de la preuve cartésienne et de toutes les preuves de l'honorable *Mendelssohn* dans ses *Matinées*. Elles sont inutiles pour une démonstration. Mais elles ne sont pas inutiles absolument. Car, pour ne pas parler de la belle occasion que ces développements tout à fait subtils des conditions subjectives de l'usage de notre raison donnent de connaître parfaitement cette faculté, et dont ils sont des exemples permanents, la croyance (*Fürwahrhalten*), fondée sur des motifs subjectifs de l'usage de la raison, quand les motifs objectifs font défaut, et que nous sommes cependant forcés de juger, est toujours de quelque importance. Seulement nous ne devons pas donner pour un *libre aperçu* ce qui n'est qu'une *supposition*, afin de ne pas laisser voir sans nécessité, à un adversaire avec lequel nous nous sommes permis de *dogmatiser*, des faiblesses dont il peut abuser contre nous. *Mendelssohn* ne pensait guère que *dogmatiser* avec la raison pure dans le champ du sursensible est la grande route de la superstition philosophique, et que la critique de la même raison peut seule apporter un remède radical à cette infirmité. Il est vrai que la discipline de la méthode scolastique (de celle de *Wolf*, par exemple, qu'il recommande aussi pour cette raison), déterminant toutes les notions par des définitions, et tous les pas faits devant être justifiés par des principes, peut empêcher pour quelque temps ce désordre, mais elle ne peut pas le prévenir entièrement. Car de quel droit interdirait-on à la raison, qui, de son propre aveu, a déjà si bien réussi dans ce champ, d'y pénétrer plus avant ? Où donc alors est la limite qu'elle ne doit pas franchir ?

gent, on ne peut, du moins sans tomber dans de pures absurdités, en donner *aucune* raison *intelligible;* et quoique nous ne puissions pas *prouver* l'impossibilité d'une telle finalité sans une *cause intelligente* (car alors nous aurions des raisons objectives suffisantes de cette assertion, et nous ne serions pas dans la nécessité de nous en rapporter à des raisons subjectives), il reste encore, malgré ce défaut de lumière, une raison subjective suffisante de l'admettre, en ce sens que la raison *a besoin* de supposer quelque chose qui lui soit intelligible pour expliquer par là le phénomène donné, puisque tout ce à quoi du reste elle peut seulement rattacher une notion ne peut la satisfaire.

Mais on peut considérer le besoin de la raison sous deux aspects : *premièrement* dans son usage *théorique*, *secondement* dans son usage *pratique*. J'ai fait connaître le premier; mais on voit bien qu'il n'est rien que conditionné, c'est-à-dire que nous sommes dans la nécessité d'admettre l'existence de Dieu quand nous *voulons juger* des premières causes de tout contingent, principalement dans l'ordre des fins réellement placées dans le monde. Le besoin de la raison dans son usage pratique est beaucoup plus important, parce qu'il est inconditionné, et que nous ne sommes pas alors simplement forcés de supposer l'existence de Dieu quand nous *voulons* juger, mais par ce que nous *devons juger*. Car l'usage pratique pur de la raison consiste dans la prescription des lois morales. Or ces lois conduisent toutes à l'idée du *bien suprême*, qui est possible dans le monde, en tant seulement qu'il est possible par *liberté*, à la *moralité*. D'un autre côté elles conduisent aussi à ce qui ne regarde pas seulement la liberté humaine, mais encore la *nature*, à savoir, la plus grande *félicité*, autant qu'elle est proportionnée à la moralité. La raison a donc besoin d'admettre cette espèce de souverain bien *dépendant*, et comme garantie de ce bien une intelligence suprême à titre de bien souverain *indépendant*, non pas il est vrai pour en dériver l'autorité obligatoire des lois morales, ou les mobiles de leur observation (car elles n'auraient aucun prix si leur mobile était dérivé d'autre chose que de la loi seule, qui est apodictiquement certaine en soi); mais seulement pour donner à la notion du souverain bien une réalité objective, c'est-à-dire pour empêcher qu'il ne soit regardé avec toute la moralité comme un pur idéal, s'il n'existait nulle part une chose dont l'idée accompagne indissolublement la moralité.

Ce n'est donc pas une *connaissance*, c'est *un besoin* senti (1) de la raison, par lequel *Mendelssohn* s'o-

---

(1) La raison ne sent pas; elle aperçoit ce qui lui manque, et le sentiment agit par le *mobile de la connaissance*. Il en est ici comme du sentiment moral, qui ne donne aucune loi morale; car cette loi

rientait (sans le savoir) dans la pensée spéculative. Et comme ce moyen de conduite n'est pas un principe objectif de la raison, un principe des vues (*Einsichten*), mais un principe purement subjectif (c'est-à-dire une maxime) de l'usage à elle permis seulement par ses limites, une conséquence du besoin, et qui constitue *par soi seul*, toute la raison déterminante de notre jugement sur l'existence de l'Etre suprême, dont on ne fait qu'un usage contingent en s'orientant dans les essais spéculatifs sur cet objet, ce fut certainement une faute de la part de Mendelssohn d'accorder néanmoins à cette spéculation le pouvoir de tout faire par elle seule en matière de démonstration. La nécessité du premier moyen ne pouvait avoir lieu que par suite du parfait aveu de l'insuffisance du second : aveu auquel l'aurait enfin conduit sa pénétration, s'il eût vécu plus longtemps, et qu'il eût eu l'habileté d'esprit plus propre aux années du jeune âge de changer une ancienne manière de penser d'après le changement survenu dans l'état des sciences. Il a cependant le mérite de s'être attaché à ne chercher ici, comme partout ailleurs, la dernière pierre de touche pour l'admissibilité d'un jugement, que *dans la raison seule*, que la raison dût être dirigée

---

sort tout entière de la raison; mais il est causé ou opéré par des lois morales, par conséquent par la raison, parce que la volonté, excitée et cependant libre, a besoin de principes déterminés.

dans le choix de ses maximes par une vue claire ou par un simple besoin et par les maximes de sa propre utilité. Il appelait la raison dans son dernier usage, la raison humaine commune, parce qu'elle a toujours et avant tout son intérêt propre devant les yeux, puisqu'il faut être déjà sorti de la voie naturelle pour l'oublier, et spéculer à loisir au point de vue objectif pour étendre simplement son savoir, qu'il y ait ou non nécessité.

Mais comme l'expression de *sentence de la saine raison* reste toujours équivoque dans la présente question, et que, elle peut être prise, ou comme *Mendelssohn* lui-même l'entend abusivement pour un jugement résultant d'une *vue rationnelle*, ou comme l'auteur des résultats semble la prendre, pour un jugement d'*inspiration rationnelle ;* il devient nécessaire de donner à cette source de jugement critique une autre dénomination, et aucune ne lui convient mieux que celle de *foi rationnelle*. Toute foi, même l'historique, doit sans doute être *rationnelle* (puisque la dernière pierre de touche de la vérité est toujours la raison) ; mais une foi rationnelle est celle qui ne se fonde sur aucunes autres données que celles qui sont contenues dans la raison *pure*. Toute *foi* est donc une croyance (*Fürwahrhalten*) subjectivement suffisante, mais accompagnée de la *conscience* de son insuffisance objective. Elle est donc opposée au *savoir*.

D'un autre côté, si par des raisons objectives, quoique insuffisantes aux yeux de la conscience, quelque chose est réputé vrai, par conséquent *opiné* purement et simplement, cette *opinion* peut cependant finir en se complétant insensiblement par des principes de même espèce, par devenir un *savoir*. Si au contraire les raisons de la croyance vraisemblable sont de nature à ne pas valoir objectivement, la foi ne peut par aucun usage de la raison devenir un savoir. La foi historique, par exemple, de la mort d'un grand homme, rapportée par quelques lettres, *peut devenir un savoir*, si l'autorité locale en donne avis, si elle parle de ses funérailles, de son testament, etc. Quelque chose d'historique peut donc être réputé vrai sur simple témoignage, c'est-à-dire peut être cru, par exemple qu'il y a dans le monde une ville qui s'appelle Rome, de telle sorte que celui qui n'y a jamais été peut dire *je sais*, et non simplement *je crois* qu'il existe une Rome; ces deux choses sont parfaitement conciliables. Au contraire, la *foi rationnelle* pure ne peut jamais être convertie en un *savoir* par toutes les données naturelles de la raison et de l'expérience, parce que le fondement de la vraisemblance est ici purement subjectif; c'est le besoin nécessaire de la raison (et tant que nous serons des hommes il subsistera) de *supposer* seulement, non de démontrer l'existence d'un être suprême.

Ce besoin de la raison ne serait qu'une pure *hypothèse rationnelle* pour un usage *théorique* dont la raison se contente, c'est-à-dire une opinion suffisante pour une croyance vraisemblable par des raisons subjectives, et cela parce qu'on ne peut jamais en attendre d'autres pour *expliquer* des *effets donnés,* et que la raison n'a cependant pas besoin d'un autre motif d'explication. Mais la *foi rationnelle,* qui repose sur le besoin de l'usage de la raison au point de vue *pratique*, peut s'appeler un *postulat* de la raison; non pas que ce soit une vue qui satisfasse à tout ce qui est logiquement nécessaire pour la certitude, mais parce que cette croyance vraisemblable (dans l'homme) ne le cède (1) pour le degré à aucun savoir, quoiqu'il en diffère pleinement quant à l'espèce.

Un usage pur de la raison est donc le guide ou la boussole qui peut servir au penseur spéculatif à s'orienter dans ses excursions rationnelles au champ des objets sus-sensibles, et à l'homme du commun, mais d'une raison (moralement) saine, à se tracer une voie, théoriquement ou pratiquement, en parfaite harmonie avec la fin totale de sa destinée. Et cette foi rationnelle

(1) Il faut pour la *fermeté* de la foi la conscience de son *invariabilité*. Je puis donc être parfaitement certain que personne ne pourra ébranler en moi cette croyance : *il y a un Dieu;* où prendrait-il la vue contraire? Il n'en est donc pas de la foi rationnelle comme de la foi historique, où il est toujours possible de trouver des preuves contraires, et où l'on doit même se réserver toujours la faculté de changer d'opinion, si la connaissance des choses devait s'étendre.

est ce qui doit servir de base à toute autre foi, même à toute révélation.

La *notion* de Dieu, et même la persuasion de son *existence*, ne peut se trouver que dans la raison seule, aperçue que par elle seule, et ne peut survenir d'abord en nous ni par une inspiration, ni par un enseignement du dehors, si grande qu'en soit l'autorité. Aurais-je une intuition immédiate d'une espèce telle que la nature, autant que je la connais, ne puisse me la donner, toujours faudrait-il que la notion de Dieu me servît de règle pour m'assurer si ce phénomène s'accorde avec tout ce qu'exige la caractéristique d'une divinité. Quoique je ne voie absolument pas comme il est possible qu'un phénomène quelconque me fasse aussi apercevoir ce qui, d'après sa qualité, ne peut jamais qu'être conçu, sans être jamais perçu, il est néanmoins assez clair que lorsqu'il s'agit seulement de juger si ce qui m'apparaît, qui agit intérieurement ou extérieurement sur mon sens est Dieu, je dois le rapporter à une notion rationnelle de Dieu, et m'assurer en conséquence, non pas s'il est adéquat à cette notion, mais simplement s'il ne la contredit pas. Pareillement, quoiqu'il ne se rencontrât rien, dans tout ce par quoi il se manifestait immédiatement à moi, qui répugnât à cette notion, ce phénomène, cette intuition, cette apparition immédiate, quelque nom qu'on veuille donner à une telle manifestation, ne prouverait cependant jamais l'*existence* d'un être dont la notion (si elle n'est pas déterminée avec incertitude, et par conséquent exposée au mélange de toute sorte d'illusion possible) exige une *infinité* en grandeur pour le distinguer de toute créature, mais une notion à laquelle aucune expérience ou intuition ne peut être adéquate; jamais donc l'existence d'un pareil être ne serait clairement prouvée par là. Personne donc ne peut être *tout d'abord* persuadé de l'existence de l'être suprême par une intuition quelconque ; la foi rationnelle doit précéder ; ce n'est qu'alors en tout cas que certains phénomènes ou manifestations pourraient être une occasion de rechercher si nous sommes bien autorisés à regarder comme une divinité ce qui nous parle ou se montre à nous, et confirmer cette foi.

Contester à la raison le droit qui lui appartient de parler la *première* dans les matières qui dépassent les objets sensibles, comme l'existence de Dieu et la vie future, c'est ouvrir la porte à deux battants à toute sorte d'extravagance, à la superstition et même à l'athéisme. Dans cette discussion entre *Jacobi* et *Mendelssohn,* tout *semble* cependant disposé pour ce renversement, soit, ce que ne sais pas bien, simplement de la *lumière de la raison* et du savoir (par une prétendue force dans la spéculation), soit même de l'usage de la raison, et tendre au contraire à l'établissement d'une autre foi que chacun peut se faire à sa guise. On devrait

presque conclure ce dernier point en voyant la notion
de Dieu, *telle que Spinoza la conçoit*, établie comme
la seule qui soit d'accord avec les principes de la raison (1), et cependant déclarée inadmissible. Bien que
l'usage de la raison permette sans peine de concevoir
que la raison spéculative n'est pas même en état

(1) On comprend à peine comment ces hommes instruits ont pu trouver dans la *Critique de la raison pure* un aliment pour le spinozisme. La Critique coupe entièrement les ailes au dogmatisme par rapport à la connaissance des objets sursensibles, et le spinozisme est ici tellement dogmatique qu'il dispute de rigueur démonstrative avec le mathématicien. La Critique prouve que la table des notions intellectuelles pures doit contenir tous les matériaux de la pensée pure ; le spinozisme parle de pensées qui cependant penseraient elles-mêmes, et par conséquent d'un accident qui n'en existerait pas moins en soi comme sujet : notion qui ne se trouve point dans l'entendement humain, et qui n'y peut entrer. La Critique montre qu'il ne suffit pas à beaucoup près qu'on puisse affirmer la possibilité d'un être, même pensé, pour qu'il n'y ait pas de contradiction dans la notion de cet être (quoiqu'il soit alors permis, s'il le faut absolument, d'admettre cette possibilité), tandis que le spinozisme prétend apercevoir l'impossibilité d'un être dont l'idée se compose de notions intellectuelles pures, qu'on a purgées de toutes conditions sensibles, où par conséquent toute contradiction est impossible, et ne peut cependant appuyer par rien cette prétention transcendante. Le spinozisme conduit donc tout droit au fanatisme. Il n'y a donc qu'un seul moyen infaillible de déraciner toute superstition fanatique, c'est de déterminer avec précision les limites de la raison pure. — Un autre savant trouve du *scepticisme* dans la Critique de la raison pure, quoique la Critique ait pour but précisément de poser quelque chose de certain et de déterminé par rapport à la circonscription de notre connaissance *à priori*. Il trouve également une *dialectique* dans les recherches critiques, qui ont cependant pour objet de résoudre et d'anéantir à jamais l'inévitable dialectique, où la raison pure, tant qu'elle est conduite dogmatiquement, se prend et s'enlace. Les néoplatoniciens, qui s'appelaient éclectiques, parce qu'ils savaient trouver partout leurs propres ineptes, dans les auteurs plus anciens, mais à la condition de les y avoir mises, procédaient justement de la sorte ; il n'y a donc rien de nouveau sous le soleil.

d'apercevoir la *possibilité* d'un être tel que nous devons concevoir Dieu, aucune foi, aucune opinion fondée sur la vraisemblance d'une existence ne permet qu'une raison puisse concevoir l'*impossibilité* d'un objet, et en reconnaître par d'autres motifs la réalité.

Hommes d'intelligence et de grands sentiments! j'honore vos talents et chéris votre humanité. Mais avez-vous bien réfléchi à ce que vous faites, et aux conséquences de vos actes contre la raison? Sans doute vous voulez conserver une *liberté de penser* illimitée; car sans elle ce serait bientôt fait même des élans du génie. Nous verrons ce qu'il adviendra naturellement de cette liberté de penser, si la conduite que vous commencez à tenir prend le dessus.

A la liberté de penser est *d'abord* contraire la *contrainte civile*. On dit, à la vérité, que la liberté de *parler* ou *d'écrire* peut sans doute nous être enlevée par un pouvoir supérieur, mais non la liberté de *penser*. Mais *penserions*-nous beaucoup et penserions-nous bien si nous ne pensions pour ainsi dire pas en commun avec d'autres auxquels nous communiquons nos pensées, et qui nous font part des leurs? On peut donc bien dire que cette puissance extérieure, qui enlève aux hommes la liberté de *communiquer* publiquement leurs pensées, leur ôte aussi la liberté de *penser*, l'unique trésor qui nous reste encore malgré toutes les charges sociales, et qui peut seul fournir un remède à tous les maux attachés à cette condition.

Deuxièmement. La liberté de penser se prend aussi dans ce sens, qu'elle a pour opposé la *contrainte de la conscience.* Cette contrainte a lieu lorsque, indépendamment de tout pouvoir extérieur dans les affaires de religion, des citoyens se posent en tuteurs à l'égard d'autres citoyens, et qu'au lieu d'arguments, par des formules de foi obligatoires, accompagnées de la crainte poignante du *danger d'une investigation personnelle,* ils savent, grâce à une impression faite à temps dans les esprits, bannir tout examen de la raison.

Troisièmement. On entend aussi par liberté de penser la soumission de la raison aux *seules lois qu'elle se donne elle-même.* A cette liberté est opposée la maxime d'un *usage sans loi* de la raison (afin, comme le rêve le génie, de voir plus loin qu'en se donnant des lois pour limites). D'où la conséquence naturelle, que si la raison ne veut pas être soumise à la loi qu'elle se donne elle-même, il faut qu'elle subisse le joug de lois qu'une autre lui donne; car sans une loi quelconque rien ne peut aller loin, pas même le plus grand non-sens. La conséquence inévitable de *cette* absence de loi dans le penser (d'un affranchissement des restrictions employées par la raison), c'est qu'une liberté de penser y trouve sa perte ; et comme il n'y a presque pas là de malheur, mais la faute d'un véritable orgueil, la liberté est *perdue* (étourdiment, *verscherzet*), dans le sens propre du mot.

Telle est la marche inévitable des choses. Le génie se complaît d'abord dans son audacieux élan, après avoir jeté le fil avec lequel la raison le conduisait autrefois. Bientôt il charme aussi les autres par des sentences impérieuses et de brillantes promesses ; il semble s'être enfin placé sur un trône qu'une raison tardive et pesante ornait si mal, sans toutefois cesser d'en tenir le langage. La maxime alors admise de l'impuissance d'une raison souverainement législatrice, nous l'appelons, nous autres hommes vulgaires, une *extravagance ;* mais pour ces favoris de la bonne nature, c'est de l'*illumination*. Cependant, comme une confusion de langage ne peut tarder à naître parmi eux, puisque la raison seule peut prescrire valablement pour tout le monde, et que chacun maintenant s'abandonne à son inspiration propre, de ces inspirations intérieures doivent alors finir par sortir des faits extérieurs garantis par des témoignages, de ces traditions, qui dans le commencement même étaient choisies, mais qui avec le temps sont devenues des enseignements *obligatoires*, doit sortir en un mot l'entier asservissement de la raison aux faits, c'est-à-dire la *superstition*, parce que la superstition se laisse du moins conduire à une *forme légale*, et par là à un état de repos.

Néanmoins, comme la raison humaine ne cesse jamais de soupirer après la liberté, il est nécessaire, si elle vient à briser ses liens, que son premier usage d'une liberté longtemps restée sans exercice dégénère en abus, et qu'une confiance téméraire en l'indépendance de sa faculté à l'égard de toute restriction ne se change en une foi à la souveraineté exclusive de la raison spéculative, qui n'admettra rien que ce qui peut se justifier par des raisons *objectives* et une persuasion dogmatique, rejetant témérairement tout le reste. La maxime de l'indépendance de la raison à l'égard de son *propre besoin* (la renonciation à une foi rationnelle) s'appelle donc *incrédulité ;* non pas une incrédulité historique, qu'on ne peut absolument concevoir comme délibérée, ni par conséquent comme imputable (attendu que chacun, qu'il le veuille ou non, est forcé de croire à un fait suffisamment établi, tout comme à une démonstration mathématique), mais bien une *incrédulité rationnelle,* un état pénible de l'esprit humain, qui ôte aux lois morales d'abord toute la force du mobile sur le cœur, et prépare la façon de penser qu'on appelle *impiété*, c'est-à-dire le principe de ne plus admettre aucun devoir. Ici intervient l'autorité, pour empêcher que la société ne tombe dans le plus grand désordre. Et comme le moyen le plus prompt et le plus efficace tout à la fois est précisément le meilleur à ses yeux, elle enlève la liberté de penser, et soumet cette affaire, comme toutes les autres, aux lois constitutionnelles du pays. C'est ainsi que la liberté de penser, quand elle va jusqu'à vouloir s'affranchir des lois mêmes de la raison, finit par s'anéantir de ses propres mains.

Amis de l'humanité et de ce qu'il y a de plus saint pour elle, admettez ce qui vous paraît le plus digne de foi après un examen attentif et sincère, qu'il s'agisse de faits ou de raisonnements; seulement ne contestez pas à la raison ce qui fait son souverain bien sur la terre, le privilége d'être la pierre de touche de la vérité (1). Autrement, indignes de cette

---

(1) *Penser par soi-même* c'est chercher en soi-même (c'est-à-dire dans sa propre raison) la pierre de touche suprême de la vérité; et la maxime de penser toujours par soi-même est la *culture de l'esprit*. Ce qui ne suppose pas tout ce que supposent ceux qui font consister cette culture dans les *connaissances*, puisqu'elle est plutôt un principe négatif dans l'usage de la faculté de connaitre, et que souvent celui qui est très-riche en connaissances est très-peu éclairé dans l'usage qu'il en fait. Se servir de sa *propre* raison ne signifie donc que se demander à soi-même dans tout ce qu'on doit entreprendre, s'il convient d'ériger en principe universel de l'usage qu'on fait de sa raison, le motif pour lequel on entreprend quelque chose ou la règle qui en résulte. Chacun peut faire en soi-même cette expérience, et voir la superstition et le fanatisme se dissiper immédiatement par cet examen, quoique tout le monde ne possède pas à beaucoup près les connaissances suffisantes pour combattre ces deux états de l'esprit par des raisons objectives : car il suffit alors de la simple maxime de la *conservation* de la raison *par elle-même*. Il est donc très-facile de fonder par l'éducation dans les *sujets individuels* la culture de l'esprit; il suffit d'habituer de bonne heure les jeunes têtes à cette réflexion. Mais éclairer un *siècle* est une très-grande affaire; il se rencontre de nombreux obs-

liberté, vous ne pourrez manquer de la perdre, et vous entraînerez dans cette infortune tous ceux qui, sans ce malheur, auraient assez bien pensé pour user régulièrement de leur liberté, et la faire servir en même temps au salut du monde!

tacles extérieurs qui empêchent en partie cette espèce d'éducation, ou qui la rendent difficile.

VIII

DÉTERMINATION

DE

LA NOTION D'UNE RACE HUMAINE.

1785

Les connaissances répandues par les voyageurs modernes sur la diversité de l'espèce humaine, ont plus excité l'entendement à la recherche sur ce point qu'elles ne l'ont satisfait. Il importe beaucoup ici d'avoir bien déterminé la *notion* qu'on veut élucider par des observations, avant d'interroger à ce sujet l'expérience; car on n'y trouve (dans l'expérience) ce dont on a besoin qu'autant qu'on sait d'abord ce qu'on doit chercher. On a débité beaucoup de choses sur les différentes *races d'hommes*. Quelques-uns entendent par là des *espèces* d'hommes presque entièrement différentes. D'autres, au contraire, se bornent sans doute à une signification plus étroite, mais ne semblent pas trouver cette distinction beaucoup plus importante que celle par laquelle les hommes se distinguent les uns des autres par le tatouage ou les vêtements. Je n'ai pas d'autre dessein pour le moment que de déterminer avec précision cette *notion* d'une race. Il y a des races dans l'espèce humaine.

L'explication de l'origine des races réellement existantes, et qu'on estime pouvoir ainsi nommer, n'est qu'un accessoire dont on peut faire ce qu'on voudra. Et cependant je vois que des hommes, d'ailleurs pénétrants lorsqu'il s'agit d'apprécier ce qui a été dit dans ce but depuis quelques années seulement (1), n'ont fait attention qu'à cet accessoire, je veux dire l'application hypothétique du principe, mais que pour le principe même, qui est cependant l'affaire capitale, ils l'ont à peine effleuré. C'est le sort de plusieurs recherches qui ont les principes pour objet, et ce qui peut par conséquent *dissuader* de toute contestation et de toute justification en matière spéculative, mais *recommander au contraire une détermination plus précise et une explication du malentendu, comme le seul parti prudent* à prendre.

II

Cela seul qui est héréditaire dans une [espèce animale peut autoriser à y reconnaître une différence de classe.

Le *Maure* (Mauritanien), qui, brûlé par l'air et le soleil de son pays, diffère si fort de l'Allemand ou

---

(1) Voir les *Philosophes pour les gens du monde* d'*Engel*, part. II, p. 125 et s. (c'est-à-dire le traité précédent, n. viii, édit. Rosenkr. t. VI, p. 355); l'*Observation de Kant* dans la *Revue mensuelle de Berlin*, t. VI, p. 391.

du Suédois par la couleur de la peau, le *créole* français ou anglais des Indes occidentales, qui semble pâle et épuisé comme s'il sortait à peine de maladie, ne peuvent pas plus être comptés, par cette raison, comme différentes classes de l'espèce humaine, que le paysan espagnol de *la Manche*, qui est habillé de noir comme un maître d'école, parce que les moutons de sa province ne donnent que de la laine noire. Le Maure qui ne sort pas de la chambre et le créole qui est élevé en Europe, ne diffèrent pas des habitants de notre partie du monde.

Le missionnaire *Demanet*, parce qu'il est resté quelque temps dans la *Sénégambie*, croit pouvoir bien juger à lui seul de la couleur noire des nègres, et n'entend pas que ses compatriotes, les Français, aient une opinion là-dessus. J'affirme, au contraire, qu'on peut aussi bien juger à distance, en France, par exemple, de la couleur des nègres qui ont habité longtemps ce pays-là, et mieux encore de ceux qui y sont nés, si l'on se propose de décider en conséquence de la différence de cette classe d'hommes avec les autres, que dans le pays même des noirs. En effet, l'influence du soleil d'Afrique sur la peau du nègre, ce qu'il y a, par conséquent, d'accidentel dans le fait, doit disparaître en France, et la seule couleur noire de naissance, le noir héréditaire, le seul caractéristique, reste seul. On ne peut se faire une idée sûre de la couleur propre des *insulaires du Sud*, d'après les descriptions qu'on en connaît jusqu'ici. Car, bien que certains leur attribuent la couleur acajou, je ne sais cependant pas ce que je dois rapporter de ce brun à l'action du soleil et de l'air, et la part qui doit en être faite à la naissance. Un enfant d'un couple de cette variété, qui serait né en Europe, permettrait de distinguer sûrement leur couleur propre, celle qui leur revient *naturellement*. Je conclus d'un passage que je lis dans le voyage de *Carteret* (qui dans son voyage maritime était assurément peu descendu de son bâtiment, mais qui avait cependant visité plusieurs insulaires) que les habitants de la plupart des îles doivent être blancs. Car, dans l'*île de Fréville* (à proximité des îles qui font partie de la mer des Indes), il a vu, dit-il, pour la première fois, le *véritable jaune* de la couleur de peau de l'Indien. On ne peut pas non plus se prononcer d'une manière bien décisive sur la question de savoir si la forme de la tête des habitants de *Malicolo* doit être attribuée à la nature ou à l'art, ou jusqu'à quel point la couleur naturelle de la peau des *Cafres* diffère de celle des nègres, et si d'autres propriétés caractéristiques sont héréditaires et de nature, ou si elles sont seulement accidentelles.

III

On peut admettre, par rapport à la couleur de la peau, quatre classes d'hommes bien distinctes.

Nous ne connaissons avec certitude, en fait de différences héréditaires de la couleur de la peau, que celles des *blancs*, des *jaunes indiens*, des *nègres*, des *rouges cuivrés* d'Amérique. Il est remarquable que ces caractères semblent se prêter d'une manière particulière à la division par classes du genre humain, par la raison d'abord que chacune de ces classes est aussi passablement éloignée de l'habitant des autres (c'est-à-dire séparée de toutes les autres, mais groupée dans les parties qui la forment). La classe des *blancs* s'étend du cap Finistère, par le Nord, l'Oby, la petite Bucharie, la Perse, l'Arabie Heureuse, l'Abyssinie, les extrémités septentrionales des déserts du Sahara, jusqu'au cap Blanc en Afrique, ou à l'embouchure du Sénégal ; la classe des *noirs* s'étend de là jusqu'au cap Noir, et, en exceptant les Cafres, en rétrogradant jusqu'à l'Abyssinie ; la classe *jaune* se trouve proprement dans l'Hindoustan, jusqu'au cap Comorin (une variété métis des hommes de cette classe se rencontre dans l'autre péninsule de l'Inde et dans quelques îles du voisinage) ; la classe des *rouges cuivrés* est propre à une partie du monde toute distincte, l'Amérique. La *seconde* raison pour laquelle le caractère se prête particulièrement à la classification de l'espèce humaine, quoiqu'une différence de couleur puisse sembler à plusieurs très-insignifiante, c'est que la séparation, d'après la sécrétion, doit être très-importante aux yeux de la prévoyante nature, en ce que la créature, — transportée dans toutes sortes de zones et de climats, où elle est affectée très-diversement par l'air et le soleil, — doit pouvoir subsister dans des conditions aussi peu artificielles que possible, et que la peau, considérée comme organe de la sécrétion, porte en soi la trace de cette différence de caractère naturel qui justifie la division du genre humain en classes sensiblement différentes. Au surplus, je prie qu'on veuille bien m'accorder la différence *héréditaire* de la couleur de la peau quelquefois contestée, jusqu'à ce que l'occasion s'offre par la suite d'en établir la vérité ; de me permettre de penser qu'il n'y a pas d'autres caractères héréditaires par rapport à cette livrée naturelle, par la simple raison que ce nombre de quatre se prouve avec une certitude dont aucune autre n'est susceptible.

IV

Dans la classe des blancs, il n'y a pas d'autre propriété caractéristique, nécessairement héréditaire, en dehors de ce qui appartient au genre humain en général : et ainsi pour les autres classes.

Il y a chez nous autres blancs beaucoup de qualités héréditaires qui ne font pas partie du genre, qui servent à distinguer les familles, et même les peuples ; mais aucune de ces qualités n'est *inévitablement* innée ; ceux qui en sont porteurs produisent, dans leur union avec d'autres de la classe des blancs, des enfants qui n'ont plus cette qualité caractéristique. C'est ainsi que la couleur blonde domine d'une manière distinctive en Danemark, celle d'une peau brune (avec ses conséquences, la couleur des yeux et des cheveux) en Espagne (et plus encore en Asie, chez les peuples qui passent pour blancs). Cette dernière couleur peut même être héréditaire sans exception chez un peuple séparé, comme sont les Chinois, qui trouvent les yeux noirs risibles, parce qu'il n'y a pas de blond qui puisse s'y reproduire. Mais si l'un de ces bruns a une femme blonde, il aura des enfants bruns ou blonds, suivant qu'ils se rapprocheront davantage d'un côté ou de l'autre; et ainsi à l'inverse. Dans certaines familles, la phthisie, le strabisme, les vésanies, etc., sont héréditaires; mais aucune de ces innombrables affections, susceptibles d'être transmises avec la vie, n'est *inévitablement* héréditaire. Car, bien qu'il fût mieux d'éviter soigneusement dans les mariages de telles unions, en choisissant bien les familles, j'ai souvent remarqué néanmoins qu'un mari d'une bonne santé produisait avec une femme phthisique un enfant qui ressemblait trait pour trait à son père, et qui en avait la santé, puis un autre qui était le portrait de sa mère, et qui était phthisique comme elle. Je trouve également dans le mariage d'un homme sain d'esprit avec une femme qui jouit elle-même d'une bonne intelligence, mais qui est d'une famille où la folie est généralement héréditaire, un seul enfant aliéné et tous les autres sains d'esprit. Il y a ici *innéite*, transmission héréditaire (*Nachartung*); mais elle n'est pas nécessaire quand il y a différence entre les parents. On peut étendre en toute sûreté la même règle aux autres classes. Des Nègres, des Indiens ou des Américains, ont aussi leurs différences personnelles de familles ou de provinces; mais aucune d'elles, en se mêlant à celles qui sont de la *même classe,* ne reproduira et ne propagera *inévitablement* sa propriété respective.

V

Dans le mélange de ces quatre classes entre elles le caractère de chacune est inévitablement héréditaire.

Le blanc avec la négresse, et réciproquement, donnent le *mulâtre* ; le blanc avec l'Indienne, le *jaune* ; et avec l'Américaine le *rouge* métis. L'Américain uni à la négresse donnent le *Caraïbe noir*, et réciproquement. Le mélange de l'Indien avec le nègre n'a pas encore été expérimenté. Le caractère des classes se transmet *inévitablement* dans des unions d'espèces hétérogènes, sans exception ; quand on croit en trouver, il y a malentendu au fond ; on a pris un *Albinos* ou un *kakerlake* (deux monstruosités) pour des blancs. Cette *hérédité* est donc toujours bilatérale, jamais purement unilatérale, dans un seul enfant. Le père blanc lui imprime le caractère de sa classe, la mère noire celui de la sienne. Il doit donc toujours survenir une variété moyenne ou bâtarde ; espèce intermédiaire qui disparaîtra insensiblement dans les unions plus ou moins nombreuses des membres d'une seule et même classe, mais qui se transmettra et s'éternisera sans exception si l'union se restreint entre sujets de cette variété.

VI

Réflexion sur la loi de la production, necessairement hybride.

C'est un phénomène toujours bien remarquable, qu'avec tant de caractères dans le genre humain, en partie importants et même domestiquement héréditaires, il n'y en ait cependant pas un seul qui soit nécessairement héréditaire dans une classe d'hommes caractérisés par la seule couleur de la peau ; que ce dernier caractère, si léger qu'il puisse paraître, tient néanmoins si profondément à cette classe que, dans le mélange avec une des trois autres, elle se transmet universellement et *inévitablement*. Peut-être pourrait-on présumer, de ce phénomène singulier, quelque chose des causes de l'hérédité des qualités qui n'appartiennent pas essentiellement à l'espèce, en partant de la circonstance que ces qualités sont immanquables.

D'abord, d'où vient qu'en général quelque chose, qui n'est pas de l'essence de l'espèce, peut être *héréditaire*? Tenter de répondre *à priori* à cette question serait une entreprise périlleuse, et dans cette obscurité des sources de la connaissance, la liberté des hypothèses est tellement illimitée, qu'on perdra sa peine et son temps à les réfuter, puisqu'en pareil cas chacun n'en fait qu'à sa tête. Je ne fais alors attention qu'à la *maxime rationnelle* dont chacun part, et suivant laquelle on sait aussi généralement recueillir les faits propres à la confirmer ; après quoi je cherche la mienne, qui m'empêche de croire à toutes ces explications avant de m'être bien rendu compte des raisons contraires. *Quand donc je trouve ma maxime certaine, parfaitement d'accord avec l'usage de la raison dans la science de la nature, et seule appropriée à une façon de penser conséquente*, alors je la suis, sans me soucier de ces prétendus faits qui n'empruntent guère leur crédibilité et leur propriété d'expliquer l'hypothèse admise, que de la maxime d'abord choisie, faits auxquels on peut d'ailleurs opposer facilement cent autres faits. La propagation par l'effet de l'imagination des femmes enceintes, ou bien encore des juments dans des écuries princières, l'épilation de la barbe chez des peuples entiers, comme la résection de la queue chez les chevaux anglais, ce qui a forcé la nature d'omettre également dans ses générations une partie dont elle était munie dans le principe ; les nez aplatis, qui sont d'abord ainsi formés artificiellement chez les nouveau-nés par les parents, et qui seraient, avec le temps, acceptés par la nature dans sa force créatrice : ces moyens d'explication et d'autres seraient difficilement accrédités par les faits cités à l'appui, auxquels on peut en opposer de beaucoup mieux prouvés, si d'ailleurs ils n'étaient pas recommandés par la très-juste maxime rationnelle : *d'éprouver tout ce qui est présumé par des phénomènes donnés, avant d'admettre à l'appui des forces naturelles particulières ou des dispositions innées* (suivant le principe : *Principia præter necessitatem non sunt multiplicanda*). Mais j'ai contre moi une autre maxime qui limite celle de l'économie des principes inutiles, à savoir : *que dans toute nature organique, malgré tous les changements des individus, les espèces s'en conservent invariablement* (suivant la formule de l'École : *Quælibet natura est conservatrix sui*). Or, il est clair que si la magie de l'imagination ou l'artifice humain avait le pouvoir de changer chez les animaux la force génératrice même, de transformer le modèle initial de la nature, ou de le défigurer par des additions qui seraient néanmoins conservées à perpétuité dans les générations suivantes, on ne saurait plus du tout de quel original la nature est partie, ni jusqu'où peut aller le changement dont elle serait susceptible, ni, comme l'imagination humaine n'a pas de bornes, jusqu'à quel point pourraient être défigurés les genres et les espèces. En conséquence, j'admets le principe : *de n'accorder à l'imagination aucun pouvoir de troubler la force génératrice de la nature, ni aucune faculté aux hommes de produire par des moyens arti-*

ficiels extérieurs des changements dans l'original primitif des genres et des espèces, de les faire passer dans la force créatrice et de les rendre héréditaires. Car, accorder un seul cas de cette espèce, c'est comme si l'on reconnaissait une seule histoire de revenants ou de magie. Une fois les barrières de la raison brisées, l'erreur de l'opinion y passe en mille endroits. Il n'y a pas de danger qu'en prenant cette résolution, je me rende, de propos délibéré, incapable de reconnaître des expériences réelles, ou, ce qui est la même chose, que je me rende *incrédule obstiné*. Car tous ces faits merveilleux portent sans distinction de cachet, qu'ils ne sont susceptibles d'*aucune expérimentation;* qu'au contraire, ils ne peuvent être établis que par des perceptions exceptionnelles. *Or, ce qui est de telle espèce que, tout en étant à la rigueur susceptible d'être expérimenté absolument, ne comporte cependant rien de semblable, ou s'y soustrait constamment sous toutes sortes de prétextes, n'est que fiction, vaine opinion.* Telles sont les raisons pour lesquelles je ne puis admettre une mode d'explication qui favorise essentiellement le penchant superstitieux à la magie, toujours empressé de saisir tous les prétextes, même les plus légers : c'est que le caractère qui tient de l'espèce (*das Anarten*), fût-il contingent, ce qui ne réussit pas toujours, ne peut jamais être l'effet d'une autre cause que des germes et des dispositions déposés dans l'espèce même.

Mais tout en accordant que des impressions fortuites peuvent faire naître des caractères transmissibles, il serait néanmoins impossible d'expliquer par là comment ces quatre différences de couleur sont, de tous les caractères héréditaires, les *seuls* qui se transmettent inévitablement. Pourquoi cela, sinon parce que dans les germes de la souche originelle du genre humain doivent avoir été déposées des dispositions naturelles destinées à conserver l'espèce, du moins pendant la première période de sa propagation, et qui devaient en conséquence se représenter dans les générations suivantes ?

Nous sommes donc forcés d'admettre qu'il y a eu *différentes souches* d'hommes, à peu près dans les contrées où nous les trouvons maintenant, qui, dans l'intérêt de la conservation de l'espèce, avaient été soigneusement appropriées par la nature aux différentes régions du monde, par conséquent organisées diversement, organisation dont les quatre espèces de couleur sont le signe extérieur. Cette diversité de couleur, non-seulement se transmettra nécessairement suivant chaque souche dans son habitat, mais elle se conservera sans amoindrissement dans toute autre partie de la terre, de génération en génération dans la même classe, lorsque le genre humain se sera suffisamment accru (soit que l'entier développement se soit fait insensiblement, ou que par l'usage de la raison l'art ait pu'aider la nature). Car ce caractère tient nécessairement à la faculté génératrice, parce qu'il était nécessaire à la conservation de l'espèce. — Mais si ces souches étaient *originelles*, on ne pourrait dire ni concevoir pourquoi dans leur mélange entre elles leur caractère distinctif se transmet *invariablement*, comme il arrive en effet. Car la nature a donné originellement à chaque souche son caractère, par rapport à son climat et en conséquence de ce climat. L'organisation de l'une a donc une tout autre fin que l'organisation de l'autre; et l'on ne comprend pas, avec la différence des souches primitives, que malgré cette différence de fins, les forces génératrices de deux souches aient dû tellement concorder en ce point de leur différence caractéristique, non-seulement qu'une variété en *puisse* résulter, mais encore qu'elle *doive* inévitablement s'ensuivre. Ce n'est qu'à la condition d'admettre qu'il doit nécessairement y avoir dans les germes d'*une seule et même souche* des dispositions pour toute cette différence de classes, afin de le rendre capable de peupler insensiblement les différentes parties du monde, que l'on comprend pourquoi, si ces dispositions se sont développées suivant l'occurrence, et diversement encore d'après la situation, différentes classes d'hommes en sont résultées, et comment elles ont dû nécessairement porter aussi, avec le temps, leur caractère déterminé dans les produits qu'elles ont formés avec toute autre classe; c'est que ce caractère faisait partie de la possibilité de leur propre existence, par conséquent aussi de la possibilité de la propagation de l'espèce, et qu'il était sorti de la disposition primitive et nécessaire de la souche originelle. De ces propriétés inévitablement transmissibles, jusque dans le mélange avec d'autres classes, et cependant hybrides, il faut nécessairement conclure qu'elles dérivent d'une souche unique, sans quoi la *nécessité* de la transmission ne serait pas concevable.

VII

Il n'y a que ce qui est inévitablement transmissible dans les différentes classes du genre humain, qui soit de nature à justifier la dénomination d'une race humaine particulière.

Des propriétés qui appartiennent essentiellement au genre même, qui par conséquent sont communes à tous les hommes comme telles, sont sans doute inévitablement héréditaires; mais parce qu'il n'y a là aucune différence d'hommes, on n'y fait pas attention dans la division des *races*. Les caractères physiques, par lesquels les hommes se distinguent les uns des autres (sans différence de sexe), et celles-là seules, à la vérité, qui sont héréditaires, doivent être prises en considération lorsqu'il s'agit d'en faire la base d'une division de l'*espèce* en *classes*. Mais ces *classes* ne doivent prendre le nom de *races* qu'autant que ces caractères sont *inévitablement* (aussi bien dans le mélange des classes que dans une seule) héréditaires. La *notion d'une race* contient donc d'abord la notion d'une souche commune, ensuite celle de caractères *nécessairement héréditaires* de la différence par classe des descendants de cette souche entre eux. Par ce dernier moyen, sont établis de plus sûrs principes de distinction, pour diviser le genre en classes ; et ces classes, à cause du premier point ci-dessus indiqué, celui de l'unité de la souche, ne peuvent pas prendre le nom d'espèces, ce ne sont que des *races*. La classe des blancs ne diffère pas, comme *espèce* particulière dans le genre humain, de celle des noirs ; et il *n'y a pas plusieurs espèces d'hommes*. En admettre plusieurs, ce serait nier l'unité de la souche dont elles pourraient provenir. Loin qu'on ait une raison de le faire, comme c'est évident déjà par l'hérédité constante de leurs caractères de classes, on a plutôt une raison très-importante d'affirmer le contraire (1).

(1) Dans le principe, quand on n'a sous les yeux que les caractères de la comparaison (d'après la ressemblance ou la dissemblance), on soumet des *classes* d'êtres à un seul genre. Mais si l'on regarde à leur origine, on voit alors si ces classes sont autant d'*espèces* différentes, ou si elles ne sont que des *races*. Le loup, le renard, le chacal, l'hyène et le chien de garde sont autant de classes de quadrupèdes. Mais si l'on admet que chacune d'elles doit avoir une origine particulière, ce sont

La *notion* d'une race est donc *la distinction d'une classe d'animaux d'une seule et même souche, considérée comme inévitablement héréditaire*.

Telle est la détermination que j'ai proprement en vue dans ce traité ; le reste peut être regardé comme des idées secondaires, ou simplement accessoires, et par conséquent être admis ou rejeté. Je tiens seulement le premier point comme prouvé, et comme un principe utile dans l'étude de l'histoire naturelle, parce qu'il est susceptible d'une *expérimentation* qui peut conduire sûrement l'application de cette notion ; sans ce guide la notion serait chancelante et incertaine. Si des hommes différemment formés sont placés dans des circonstances à se mêler, il y a déjà, si la production est hybride, une forte présomption qu'ils pourraient bien appartenir à différentes races ; mais si ce produit de leur mélange est *toujours croisé*, la présomption devient une certitude. Au contraire, quoique une seule génération ne donne pas de métis, on peut être assuré que les deux parents de même genre, si différents qu'ils puissent paraître d'ailleurs, appartiennent cependant à une seule et même race.

---

alors autant d'*espèces*. Reconnaît-on, au contraire, qu'elles peuvent toutes provenir d'une seule souche, ce ne sont plus alors que des *races* de cette souche. *Espèce* et *genre* ne se distinguent point en *histoire naturelle* (où il ne s'agit que de la génération et de la descendance). Dans la *physiographie*, où il n'est question que de la comparaison des caractères, cette différence est seule admise. Ce qui s'y appelle *espèce*, doit ailleurs prendre souvent le nom de *race*.

Je n'ai admis que *quatre* races de l'espèce humaine, non pas que je sois parfaitement sûr qu'il n'y ait pas quelques traces d'un plus grand nombre, mais seulement parce qu'elles *contiennent* ce que je demande pour constituer le caractère d'une race, à savoir la génération croisée ou hybride, et qu'aucune autre classe d'hommes ne le présente à un degré suffisant. Ainsi M. *Pallas,* dans sa description des populations *mongoles,* dit que la première génération d'un Russe avec une femme mongole (une Buriate) donne déjà avec le temps de beaux enfants, mais il ne dit pas si l'on n'y retrouverait aucune trace de l'origine calmouque. Circonstance remarquable, si le mélange d'un Mongol avec un Européen devait faire complétement disparaître les traits caractéristiques du premier, quand au contraire ces traits sont toujours plus ou moins reconnaissables dans le mélange de populations méridionales (sans doute avec des Indiens), les *Chinois,* les *Avanais,* les *Malais,* etc. Mais le caractère mongol ne regarde pas proprement la forme, ni la couleur, au sujet de laquelle l'expérience ne nous a révélé jusqu'ici qu'une transmission constante, comme caractère d'une race. On ne peut pas dire non plus avec certitude si la *figure des Cafres* que portent les *Papouas* et les différents habitants des îles de l'océan Pacifique qui les avoisinent, témoigne d'une race particulière, parce qu'on ne connaît pas encore le produit de leur mélange avec des blancs. Car ils se distinguent suffisamment des nègres par leur barbe épaisse quoique crépue.

OBSERVATION.

Cette théorie, qui admet certains germes originels dans la première et commune souche humaine, ayant proprement *pour but* la différence caractéristique des races actuelles, repose exclusivement sur la *certitude* de la transmission héréditaire, confirmée par l'expérience dans les quatre races indiquées. Celui qui tient ce moyen d'explication pour un principe superflu dans la physiographie, et qui croit qu'on peut absolument se passer de ces dispositions spéciales dans la nature, qu'en admettant une première souche de parents comme blanche, les autres races s'expliquent par les impressions survenues dans la suite par l'air et le soleil sur les descendants ultérieurs, celui-là n'a rien prouvé encore lorsqu'il dit que beaucoup d'autres qualités provenant du long séjour d'un peuple dans la même contrée finissent aussi par devenir héréditaires, et constituent un caractère physique de ce peuple. Il doit prouver par un exemple la *certitude* de la transmission héréditaire de ces propriétés, non-seulement dans le même peuple, mais encore dans le mélange de ce peuple avec tout autre (qui s'en distingue en ce point), de telle sorte que le produit soit constamment hybride. Mais c'est ce qu'on ne peut faire ; car on ne trouve pas d'exemple propre à établir qu'un autre caractère que celui qui a été mentionné par nous, et dont le commencement dépasse toute l'histoire, soit dans le cas voulu. S'il préférait admettre différentes *souches humaines premières* avec des caractères héréditaires, *d'abord* il mettrait la philosophie dans la nécessité de recourir à différentes créatures et même de perdre l'unité de l'espèce. Car des animaux dont la différence est si grande qu'il faudrait pour leur existence autant de créations diverses, peuvent bien appartenir à un *genre nominal* (servant à les classer d'après certaines ressemblances), mais jamais à un *genre réel,* qui exigerait au moins la possibilité de descendre d'un couple unique. Or c'est proprement l'affaire de l'histoire naturelle de trouver le genre réel ; le physiographe peut se contenter du genre nominal. Mais alors aussi il faudrait, *deuxièmement*, admettre tout à fait gratuitement, et sans autre raison que le bon plaisir de la nature, l'accord particulier des forces génératrices de deux genres différents, qui tout étrangers qu'ils soient entre eux, en ce qui regarde leur origine, peuvent cependant s'unir ensemble d'une manière utile. Si pour établir le dernier point on allègue des animaux où il a lieu, malgré la différence de leur souche primitive, chacun niera dans des cas semblables la dernière supposition, et conclura bien plutôt de la fécondité d'une pareille union à l'unité de la souche, comme on le fait pour la fécondité de l'union entre le chien et le renard, etc. La *transmission constante* des propriétés des deux parents est donc la seule véritable et suffisante pierre de touche de la différence des races auxquelles ces parents appartiennent, et une preuve de l'unité de la souche dont ils sont descendus, c'est-à-dire de la différence des germes originels déposés dans la souche, se développant dans la suite des générations, et sans lesquels ces diversités héréditaires n'auraient pu devenir *nécessairement héréditaires*.

La *forme finale* dans une organisation est cependant le principe universel d'où nous concluons à un appareil originellement déposé dans une créature en vue de ce résultat, et, si cette fin ne devait être atteinte que plus tard, à des germes créés. Or, l'existence de cette forme finale, dans la propriété d'une race, ne peut être prouvée plus clairement nulle part que dans la *race nègre ;* mais l'exemple qui se tire de cette seule race nous autorise du moins à conjecturer la même chose des autres. On sait, en effet, maintenant que le sang humain, par le seul fait qu'il est phlogistiqué, devient noir (comme on peut le voir à la partie inférieure d'un caillot). Or, la forte odeur des nègres, qu'aucun soin de propreté ne peut faire disparaître, est déjà une présomption que leur peau enlève beaucoup de phlogistiques au sang, et que la nature doit avoir organisé cette peau de telle façon que le sang puisse se déphlogistiquer chez eux par ce moyen dans une bien plus grande proportion que chez les blancs, où cette fonction s'accomplit surtout par les poumons. Mais les véritables nègres habitent aussi des contrées où l'air est tellement phlogistiqué par d'épaisses forêts, par des étendues considérables de plantes marécageuses, que, d'après Lind, il y a danger de mort pour les matelots anglais à passer un seul jour sur la *Gambie* pour y acheter de la viande. C'est donc une très-sage institution de la nature, d'avoir tellement organisé la peau des naturels de ce pays-là, que le sang, qui rend peu de phlogistique par les poumons, puisse se déphlogistiquer par là beaucoup plus abondamment que chez nous. Il devait donc porter beaucoup de phlogistique aux extrémités des artères, afin qu'il fût en excès sous la peau même, et par conséquent s'y noircir, quoique à l'intérieur du corps il soit assez rouge. Quant à la forme finale de l'organisation des autres races, telle qu'elle peut s'induire de la couleur, on ne peut sans doute pas l'établir avec une égale vraisemblance; mais il y a cependant des manières d'expliquer la couleur de la peau qui confirment cette présomption de la finalité. Si l'abbé *Fontana*, contredisant le chevalier *Landriani,* et disant que l'air fixe qui est chassé des poumons à chaque expiration ne provient pas de l'atmosphère, mais du sang même, avait raison, une race d'hommes pourrait bien avoir un sang surchargé de cet acide, que les poumons seuls ne pourraient pas chasser, et auquel les vaisseaux cutanés devraient encore ajouter ce qui provient de l'intérieur (non pas sous forme d'air, mais uni à une autre matière exhalée). Ainsi cet *acide gazeux* donnerait aux particules de fer, dans le sang, cette couleur d'un rouge rubigineux qui distingue la peau des Américains; et la transmission de cette qualité de la peau peut tirer sa nécessité de ce que les habitants actuels de cette partie du monde n'ont pu gagner les régions qu'ils habitent aujourd'hui, en partant du nord-est de l'Asie, qu'en suivant les côtes et peut-être en passant par les glaces de la mer Glaciale. Mais l'eau de ces mers, dans son état de congélation constante, doit faire expirer une quantité extraordinaire d'air fixe, dont par conséquent l'atmosphère doit sans doute être plus surchargée en cette région que partout ailleurs. Pour le faire disparaître (puisque la respiration de cette atmosphère n'absorbe pas assez l'air fixe par les poumons), la nature peut y avoir pourvu par l'organisation du tissu cutané. On prétend aussi avoir remarqué beaucoup moins de sensibilité dans la peau des Américains originaires ; ce qui pourrait être une conséquence de cette organisation, qui s'est ensuite conservée dans les climats chauds, après s'être une fois développée comme différence caractéristique de la race. Mais l'exercice de cette fonction peut avoir aussi son occasion dans ces climats ; car toutes les substances alimentaires contiennent une quantité d'air fixe, qui peut être reçu par le sang, et évacué par cette voie. L'*alcali volatil* est encore une matière que la nature doit tirer du sang. Pour la sécréter, elle peut avoir en quelque sorte déposé certains germes destinés à l'organisation particulière de la peau chez les descendants de la première souche, qui devaient trouver à l'époque du premier développement de l'humanité leur demeure dans une zone sèche et chaude, propre à rendre leur sang particulièrement capable de produire surabondamment cette matière. Les mains froides des Indiens, quoique couvertes de sueur, semblent prouver une organisation différente de la nôtre. — Cependant la philosophie est peu rassurée par des hypothèses artificielles. Elles peuvent servir en tout cas à retourner contre un adversaire — qui, n'ayant rien de bon à dire pour renverser une proposition capitale, se félicite de ce que le principe admis ne peut pas même faire comprendre la possibilité des phénomènes, — *son* exemple hypothétique, par un exemple équivalent, et pour le moins aussi spécieux.

Mais quelque système qu'on adopte, il est cependant certain que les races actuellement existantes, quand même il n'y aurait des unes aux autres aucun mélange, ne pourraient plus s'éteindre. Les *Zingari* qui se rencontrent parmi nous, qu'on sait de source certaine être d'origine *indienne,* en sont la preuve la plus évidente. On ne peut en retrouver la trace en Europe au delà de trois cents ans, et cependant ils n'ont absolument rien perdu de la forme de leurs ancêtres. Les *Portugais* de la *Gambie,* qu'on dit être devenus des nègres, sont des descendants de blancs qui se sont *abâtardis* par leur mélange avec des noirs. Où trouve-t-on, en effet, qu'il soit écrit, et comment serait-il même vraisemblable que les premiers Portugais arrivés sur ces rivages y aient amené un égal nombre de femmes blanches, et que ces femmes aient vécu assez longtemps, ou qu'elles aient été remplacées par d'autres femmes, pour fonder une descendance pure de blancs dans une partie étrangère du monde? Les documents les plus dignes de foi disent au contraire que le roi Jean II, qui régna de 1481 à 1495, après que tous les colons qu'il avait envoyés à *Saint-Thomas* furent morts, ne peupla cette île que d'enfants juifs baptisés (avec une conscience de chrétien portugais), d'où sont descendus, à ce qu'on croit, les blancs qui s'y trouvent aujourd'hui. Les créoles noirs de l'Amérique du Nord, les Hollandais de l'île de Java, gardent fidèlement les caractères de leur race. Mais il ne faut pas confondre avec la couleur propre à la race, une teinte accidentelle que le soleil ajoute à la peau, et qu'un air plus frais fait disparaître; car cette teinte n'est jamais héréditaire. Les germes qui étaient primitivement déposés dans la souche de l'espèce humaine, pour la production des races, doivent donc s'être développés dès les temps les plus reculés, suivant les exigences du climat, si la résidence a été assez longue; et après qu'une de ces dispositions a été développée chez un peuple, elle a fait disparaître toutes les autres. On ne saurait donc admettre qu'un mélange antérieur de différentes races, opéré dans une certaine proportion, puisse encore aujourd'hui restituer la forme de la souche humaine; car autrement les bâtards qui sont provenus de cette cohabitation hétérogène se diviseraient encore maintenant d'eux-mêmes (comme autrefois la première souche) dans leurs produits par la propagation en différents climats, suivant leurs couleurs originelles; ce qu'aucune expérience n'autorise à penser, parce que tous ces produits bâtards se sont conservés dans leur propagation propre aussi *fidèlement* que les races dont le mélange leur a donné naissance. Il est donc impossible aujourd'hui de savoir quelle a pu être la forme de la première souche humaine (quant à la qualité de la peau); le caractère même des blancs n'est que le développement d'une des dispositions originelles qui se trouvaient avec les autres dans celui-là.

IX

DE L'USAGE

DES

PRINCIPES TÉLÉOLOGIQUES

EN PHILOSOPHIE.

—

1788.

Si par *nature* on entend l'ensemble de tout ce qui est soumis à des lois, et que l'on envisage le monde (comme nature proprement dite) dans ses rapports avec une cause suprême, l'étude de la nature (qu'on appelle physique au premier de ces points de vue, et métaphysique au second) peut prendre deux directions : elle peut être ou *théorique* ou *téléologique*. Mais, à ce dernier point de vue, la physique ne tient compte que des fins qui nous sont révélées par l'expérience ; la métaphysique, au contraire, comme il est dans sa destinée de le faire, ne peut s'occuper que d'une seule fin, celle qui est établie par la raison pure. J'ai fait voir ailleurs que la raison, dans la métaphysique de la physique spéculative (par rapport à la connaissance de Dieu), ne peut atteindre *complétement son but*, et qu'il lui reste encore la méthode téléologique à suivre, de telle sorte cependant qu'une fin déterminément donnée *a priori* (dans l'idée du souverain bien) par une raison pratique pure, et non point les fins naturelles qui ne portent que sur des preuves expérimentales, doit suppléer au défaut d'une théorie insuffisante. J'ai cherché, dans un petit essai sur les races humaines, à démontrer le droit de partir aussi d'un principe téléologique. Mais ce sont là deux cas d'une exigence à laquelle la raison ne se soumet pas volontiers, et qui peut prêter à plus d'un malentendu.

Dans toute étude de la nature, la raison aspire justement avant tout à la théorie, et plus tard seulement à la détermination finale. Ce qui manque à la théorie ne peut encore être réparé par aucune finalité pratique. Nous restons toujours dans l'incertitude par rapport aux causes efficientes, si évidente que nous puissions rendre la convenance de notre supposition des causes finales, de la part de la nature ou de la volonté humaine. Mais ce défaut n'est jamais plus réel que (comme dans ce cas métaphysique) quand des lois pratiques doivent nécessairement précéder pour donner tout d'abord la fin, en faveur de laquelle je pense à déterminer la notion d'une cause, notion qui paraît ainsi n'atteindre en rien la nature de l'objet, et n'avoir d'autre fin que nos vues et nos besoins.

Il est toujours difficile d'être ferme sur des principes dans les cas où la raison a deux sortes d'intérêts opposées l'une à l'autre. Mais il n'est si difficile de s'entendre aussi sur des principes de cette nature, que parce qu'ils tiennent à la méthode de penser avant la détermination de l'objet, et que des prétentions respectivement opposées de la raison rendent douteux le point de vue de l'esprit d'où l'on doit considérer son objet. Dans la *Revue mensuelle de Berlin*, deux premiers essais sur deux sortes d'objets fort différents, et d'un intérêt très-inégal, ont été soumis à un examen approfondi. Dans l'un, je n'ai *pas été compris*, quoique je m'attendisse à l'être ; dans l'autre, ma pensée a été *saisie au delà* de mon attente. Ces deux articles sont d'hommes d'un talent supérieur, pleins d'une force juvénile, et déjà en possession de la renommée. Dans l'un je suis censé avoir voulu résoudre une question de physique par des dogmes religieux ; dans l'autre, je suis déclaré non suspect d'avoir voulu porter la moindre atteinte à la religion par la preuve de l'insuffisance d'une physique *métaphysique*. Dans tous les deux, la difficulté d'être compris tient au droit encore obscur de recourir au principe téléologique partout où des sources de connaissances théoriques font défaut, mais avec une telle réserve que le droit de *priorité* soit assuré à la recherche théorico-spéculative, afin de s'assurer avant tout de la plénitude de ses forces en pareille matière (en quoi l'on exige à bon droit de la raison pure dans les questions métaphysiques, qu'elle prouve d'abord ce point, et en général sa prétention de prononcer sur quoi que ce soit, mais qu'elle y mette en pleine évidence les *moyens* propres à motiver une telle confiance), et que cette liberté lui reste toujours entière dans la suite. Une grande partie du différend tient ici à la crainte où l'on est que le libre usage de la raison en reçoive une atteinte ; en dissipant cette appréhension, j'aurai fait évanouir les obstacles qui s'opposent à une manière de voir uniforme.

M. le conseiller intime, Georges Forster, dans le Mercure allemand d'octobre et de novembre 1786, élève contre une explication de mon opinion depuis longtemps publiée dans la *Revue mensuelle de Berlin* de novembre 1785, des objections qui, à mon sens, n'ont leur raison que dans la manière vicieuse d'entendre le principe d'où je pars. L'illustre critique trouve tout d'abord périlleux de débuter par l'établissement d'un *principe* d'après lequel le naturaliste devrait se régler jusque dans la *recherche* et l'*observation*, un principe tel même qu'il conduirait à une *histoire naturelle* qui différerait de la simple *description de la nature* : distinction qui n'est pas plus admissible que le principe même. Mais on peut aisément faire disparaître cette dissidence.

Pour ce qui est du premier scrupule, il n'est pas possible de douter qu'on puisse jamais rien trouver de régulier par un tâtonnement tout empirique, c'est-à-dire sans un principe qui dirige dans l'investigation; car *observer* n'est pas autre chose que constituer *méthodiquement* l'expérience. Je fais peu de cas du voyageur purement empirique et de son récit, lors surtout qu'il s'agit d'une connaissance synthétique d'où la raison doit tirer quelque chose pour une théorie. Il répond d'ordinaire quand on le lui demande : « J'aurais bien pu remarquer cela si j'avais su qu'on me le demanderait. » M. Forster lui-même suit le principe de Linné, de la constance du caractère des organes reproducteurs dans les plantes, principe sans lequel la *description* systématique du règne végétal n'aurait pas atteint la remarquable perfection et le développement connus. Il n'est malheureusement que trop vrai que des savants ont la témérité de faire passer leurs idées dans l'observation même (et, comme le sait fort bien le grand naturaliste, de regarder la ressemblance de ces caractères, à la suite de certains exemples, comme un indice de la similitude des propriétés des plantes), de même que la leçon faite aux *raisonneurs intempérants* (ce qui, nous aimons à le penser, ne nous regarde pas) est très-fondée ; mais cet abus ne peut cependant pas prévaloir contre la justesse de la règle.

Quant à ce qui concerne la différence douteuse, absolument inadmise même, entre la description de la nature et l'histoire naturelle, elle serait, si l'on voulait entendre par histoire naturelle un *récit* des événements naturels, récit auquel nulle raison humaine ne suffit, par exemple, la première formation des plantes et des animaux, elle serait sans doute, comme le dit M. Forster, une science à faire par des Dieux qui auraient été contemporains du fait, ou même les auteurs, et non une science à attendre des hommes. Mais si l'histoire naturelle consiste à dériver des forces de la nature, telles qu'elles s'offrent à nous maintenant, l'enchaînement de certaines propriétés actuelles de la nature des choses avec leurs causes dans un temps antérieur, et cela aussi loin seulement que l'analogie permet de remonter, une pareille histoire naturelle est non-seulement possible, mais elle a été assez fréquemment essayée par des naturalistes profonds, quels qu'aient été leurs succès, par exemple dans les théories de la terre (où celle de l'illustre Linnée trouve aussi sa place). La conjecture de M. Forster lui-même, sur la première origine du *nègre*, n'appartient certainement pas non plus à la description de la nature, mais seulement à l'histoire naturelle. Cette différence tient à la nature des choses, et je ne demande par là rien de nouveau ; je veux seulement qu'on sépare avec soin une chose d'une autre chose, parce qu'elles sont entièrement *hétérogènes*, et que si l'une (la description de la nature) fait l'effet d'une science dans tout le luxe d'un grand système, l'autre (l'histoire naturelle) ne peut montrer que des fragments ou des hypothèses incertaines.

Grâce à cette distinction et à l'exposition de l'histoire naturelle, comme science propre, quoique maintenant (peut-être aussi à jamais) plus exécutable pour l'apparence que pour la réalité (dans laquelle pourrait bien se trouver indiqué pour réponse à la plupart des questions un *vacat*), j'espère faire en sorte que par une prétendue connaissance on n'attribue pas à l'une ce qui n'appartient qu'à l'autre, et qu'on apprenne à distinguer plus nettement la circonscription des connaissances réelles en histoire naturelle (car on en possède quelques-unes), en même temps que les limites qui lui sont assignées par la raison, et les principes qui pourraient servir à la faire cultiver avec le plus de succès. On doit me pardonner cet embarras, puisque j'ai constaté et fait ressortir dans d'autres cas, quoique pas précisément au gré de chacun, un grand nombre d'inconvénients résultant du peu de soin qu'on a pris de délimiter les sciences, et qu'en outre je suis très-persuadé que la simple séparation de l'hétérogène qu'on avait auparavant pris pêle-mêle, doit souvent apporter aux sciences une lumière toute nouvelle, en même temps sans doute qu'elle décèlera bien des pauvretés qui pouvaient auparavant se déguiser sous des connaissances étrangères. Mais aussi elle mettra en évidence un grand nombre de véritables sources de la connaissance dont on n'aurait pas soupçonné la place. La plus grande difficulté dans cette innovation prétendue, c'est la dénomination. Le mot *histoire* signifiant la même chose que le mot grec ἱστορία (récit, description), est trop usité et depuis trop longtemps, pour qu'on doive facilement se permettre d'y donner une autre signification qui indiquerait l'investigation naturelle de l'origine. Ajoutons qu'il ne serait pas facile de trouver une autre expression technique qui convînt parfaitement (1). Cependant la difficulté de la distinction dans les termes ne peut faire disparaître la différence dans les choses. Ce malentendu, résultat de la manière inévitablement différente d'entendre 'des expressions *classiques*, se retrouve aussi dans la notion de *race*, et s'étend à la chose même. On retrouve ici un exemple de ce que dit Sterne à l'occasion d'une discussion physiognomique qui, suivant le récit plaisant qu'il en fait, aurait mis en rumeur toute l'Université de Strasbourg : les logiciens auraient vidé le différend, *si seulement ils ne s'étaient pas heurtés à une définition*. Qu'est-ce qu'une *race?* Le mot ne se trouve pas, certes, dans un système descriptif de la nature, parce que la chose même n'est vraisemblablement nulle part non plus dans la nature. Mais la *notion* que cette expression désigne est cependant fondée dans la raison de tout observateur de la nature, qui conçoit à une

---

(1) Je proposerais, au lieu de description de la nature, le mot *physiographie*, et au lieu d'histoire naturelle, *physiogonie*.

propriété héréditaire de différents animaux qui se reproduisent par le croisement, propriété qui ne fait point partie de la notion de leur genre, une communauté de la cause, et même d'une cause qui se trouve originellement dans la souche du genre lui-même. Que ce mot ne se rencontre que dans la description de la nature (mais qu'on y trouve au lieu de celui-là le mot variété), je n'en conclurai pas qu'on n'ait pas le droit de le trouver nécessaire au point de vue de l'histoire naturelle. Seulement, il convient d'en déterminer nettement l'usage, et c'est ce que j'entreprends ici.

Le nom d'une *race* comme propriété *radicale*, qui désigne une souche commune, et permet en même temps plusieurs caractères qui passent d'une génération à l'autre, non-seulement dans le même genre animal, mais aussi dans la même souche, n'est pas d'une invention maladroite. Je le traduirais par *différence (Abartung, progenies* CLASSIFICA*)* pour distinguer une race de la *dégénération (Ausartung, degeneratio, s. progenies* SPECIFICA*)* (1), que l'on ne peut accorder, parce

---

(1) Les dénominations de *classes* et d'*ordres* expriment d'une manière parfaitement claire une séparation toute *logique* opérée par la *raison* entre les notions, à la faveur d'une simple *comparaison*. Mais les dénominations de *genres* et d'*espèces* peuvent indiquer aussi la séparation *physique* établie par la *nature* même entre les créatures par rapport à leur *reproduction*. Le caractère des races peut donc suffire pour classer en conséquence des créatures, mais *non* pour en faire une *espèce* particulière, parce que cette espèce pourrait aussi indiquer une dérivation particulière, que nous n'entendons pas faire entrer sous la dénomination de race. Il va sans dire que nous ne prenons pas ici le

qu'elle est opposée à la nature (dont la conservation de ses espèces est invariable dans la forme). Le mot *progenies* fait voir qu'il n'y a pas autant de caractères originels distribués en autant de *souches* qu'il y a d'espèces du même genre, mais que ces caractères ne se développent qu'avec les productions successives, que ce ne sont par conséquent pas des *espèces* diverses, mais des *ressemblances*, tellement déterminées et constantes cependant, qu'elles permettent une distinction caractéristique.

D'après ces idées préliminaires, le *genre humain* (entendu suivant son caractère universel dans la description de la nature) pourrait être divisé, dans un système d'histoire naturelle, en *souche* (ou souches), en *race* ou genre (*progenies classifica*), et en *variété humaine* (*varietas nativa*). Cette dernière ne contiendrait pas des caractères transmissibles héréditairement, et qui pussent par conséquent servir de base à une division par classes. Mais tout ceci n'est encore qu'une simple idée de la manière dont la plus grande diversité dans la reproduction peut se concilier avec la plus grande unité de la dérivation rationnelle. Les observations qui servent à faire connaître l'unité de la dérivation doivent servir à décider s'il y a réel-

---

mot classe dans la signification large qui lui est donnée par le système de *Linné;* nous l'employons également comme membre de division dans un tout autre but.

lement une telle parenté dans le genre humain. Ce qu'il y a de clair ici, c'est qu'on doit être conduit par un principe déterminé à l'*observation* pure et simple, c'est-à-dire à donner son attention à ce qui peut indiquer la dérivation, et non simplement la ressemblance caractéristique. Alors, en effet, il s'agit d'un problème d'histoire naturelle, et non d'une description naturelle et d'une simple nomenclature méthodique. Si l'on n'a pas dirigé ses recherches suivant ce principe, il faut chercher de nouveau; car ce qu'il convient de faire pour décider s'il y a entre les créatures une semblable parenté réelle, ou si cette parenté n'est que nominale, ne se présentera pas de soi-même à l'investigateur.

Il ne peut y avoir aucun criterium certain de la différence d'une souche primitive que l'impossibilité d'avoir une descendance féconde par le mélange de deux races humaines héréditairement différentes. Mais si la chose a lieu, la différence de la forme est encore si grande, que rien n'empêche d'y trouver, au moins possible, une dérivation commune; car pouvant, malgré cette différence, s'*unir* pour donner naissance à un produit qui porte les deux caractères, elles ont pu sortir d'une souche unique, qui renfermait le développement virtuel d'autant de races possibles qui devaient se *distinguer* par la génération; et la raison ne partira pas de deux principes quand un seul peut suffire. Mais le critère certain des qualités héréditaires comme signe d'autant de races, a déjà été indiqué. Il reste encore à remarquer quelque chose des variétés héréditaires qui fournissent une occasion de dénommer telle variété humaine ou telle autre (de famille ou de peuple).

Une variété est la propriété héréditaire qui ne sert pas *à classer*, parce qu'elle ne se produit pas inévitablement; car il faut cette constance du caractère héréditaire pour justifier, même au point de vue de la description de la nature, la division par classes. Une forme qui, dans la reproduction, n'offre qu'accidentellement le caractère des parents les plus proches, et même le plus souvent que d'un côté (paternel ou maternel), n'est pas un signe où l'on puisse reconnaître la provenance des deux parents, par exemple, la différence des blonds et des bruns. La race ou la variété est donc une propriété qui passe *inévitablement* d'une génération à une autre, qui peut sans doute servir à une division par classes, mais qui n'est cependant pas spécifique, parce que la ressemblance inévitablement moyenne (par conséquent la *fusion* des caractères de la distinction) permet au moins la possibilité de regarder les différences héréditaires comme ayant aussi leur origine dans la souche, où elles se trouvaient *réunies* comme en germe, et qui ne se sont séparées et développées que peu à peu à la faveur des générations successives. Il est impossible, en effet, de faire du sexe animal une espèce particulière, s'il n'est point à un autre pour former un seul et même système naturel de génération. En histoire naturelle, genre et espèce seraient donc une même chose, et signifieraient la propriété héréditaire séparée d'une souche commune. Mais la qualité qui peut subsister, cette souche est héréditaire nécessairement ou non. Dans le premier cas, il y a caractère de *race*, dans le second caractère de *variété*.

Quant à ce qui peut être appelé *variété* dans le genre humain, je remarque qu'il faut considérer aussi la nature, non comme agissant ici avec pleine liberté, mais que, tout comme dans la formation des caractères de races, elle est pour ainsi dire prédestinée par une disposition native à les développer seulement. On y trouve en effet une finalité d'une mesure en parfait accord avec elle, qui ne peut être l'œuvre du hasard. Ce que lord Shaftesbury avait déjà remarqué, à savoir qu'on trouve dans toute figure humaine une certaine originalité (comme un dessin réel), qui assigne pour ainsi dire à l'individu des fins particulières, propres, quoique nous ne puissions pas déchiffrer ces lignes, tout peintre de portraits qui réfléchit à son art peut le confirmer. On aperçoit la vérité d'une figure peinte sur le vif et bien rendue, c'est-à-dire que ce n'est pas une œuvre d'imagination. Mais en quoi consiste cette vérité ? Incontestablement dans une proportion déterminée de l'une des nombreuses parties du visage avec toutes les autres, pour exprimer un caractère individuel, qui renferme une fin obscurément représentée. Aucune partie de la figure, nous semblât-elle disproportionnée, ne peut être changée dans la peinture, en conservant tout le reste, sans que le connaisseur, encore bien qu'il n'eût pas vu l'original, par la comparaison avec le portrait fait d'après nature, ne remarque aussitôt laquelle des deux images représente la nature, laquelle est une fiction. La variété entre hommes de la même race est très-vraisemblablement contenue aussi régulièrement dans la souche primitive pour établir et développer en conséquence une très-grande diversité en vue de fins infiniment différentes, de même que la différence de races a pour but l'appropriation à des fins moins nombreuses mais essentielles. Il y a cependant cette différence, que les dernières dispositions, une fois développées (ce qui doit avoir eu lieu déjà dans les temps les plus reculés), ne peuvent donner naissance à aucunes formes nouvelles de cette espèce, ni laisser périr les anciennes, quand au contraire les premières, à notre connaissance du moins, semblent témoigner d'une nature inépuisable en nouveaux caractères (externes ou internes).

La nature semble craindre les *fusions* de variétés, parce qu'elles sont contraires à la fin, la diversité des caractères. Quant à la différence des races au contraire, elle en souffre du moins la fusion si elle ne la favorise pas ; c'est pour elle un moyen d'approprier la créature à des climats différents, quoiqu'il n'y en ait pas qui lui convienne autant que celui où elle a d'abord pris naissance. Car, pour ce qui est de l'opinion commune suivant laquelle des enfants (de notre race blanche) doivent hériter de leurs parents pour moitié des signes caractéristiques qui appartiennent à la variété (tels que la stature, les traits du visage, la couleur de la peau), et même de plusieurs vices (internes ou externes), et, comme on dit, tenir telle chose du père, telle autre de la mère, l'étude attentive que j'ai faite des familles diverses, ne me permet pas de la partager. Ils reproduisent sans mélange, quoique pas d'après le père ou la mère, la famille de l'un ou de l'autre ; et quoique l'éloignement pour les alliances entre proches parents se fonde sur des raisons morales particulièrement, et que la stérilité n'en soit pas suffisamment établie, par le fait qu'on le trouve répandu jusque chez les peuples barbares, on doit présumer qu'il a sa raison profonde dans la nature même, qui ne veut pas que les anciennes formes se reproduisent toujours, mais qui entend au contraire que la plus grande diversité, qu'elle a déposée dans les germes primitifs de la race humaine, soit réalisée. Un certain degré d'uniformité, qui s'offre dans les traits d'une famille et même d'un peuple, ne peut pas non plus être attribuée à la transmission pour moitié de leurs caractères (transmission partagée qui, selon moi, n'a pas lieu pour les variétés). En effet, la prépondérance de l'un ou de l'autre des conjoints, lors parfois que presque tous les enfants ressemblent à la souche paternelle ou maternelle, peut, malgré la grande différence primordiale des caractères, et par suite d'une action et d'une réaction qui fait que les ressemblances d'un côté deviennent de plus en plus rares, atténuer la diversité, et produire une certaine uniformité (qui n'est sensible qu'à des regards étrangers). Au surplus, j'abandonne cet avis au jugement du lecteur. Ce qui est plus important, c'est que chez d'autres animaux, presque tout ce qu'on pourrait appeler chez eux variété (la taille, les qualités de la peau, etc.) est transmis de moitié par les parents. C'est là un fait qui, lorsqu'on vient à considérer l'homme, comme on peut le faire, par analogie avec les animaux (en ce qui regarde la reproduction), semble renfermer une objection contre la distinction que j'ai faite entre les races et les variétés. Pour pouvoir en juger, il faut se placer au point de vue plus élevé de l'explication de cette loi de la nature, suivant lequel les animaux irraisonnables, dont l'existence ne peut avoir de prix qu'à titre de moyen, doivent être diversement appropriés à différents usages, et cela dès le principe (comme les différentes races de chiens, qui, suivant Buffon, proviendraient d'une souche commune, celle du chien de berger). Au contraire, une plus grande uniformité de fin dans la race humaine ne demandait pas une si grande différence de formes naturelles de naissance ; celles de ces formes nécessairement natives ne pouvaient donc tenir à un petit nombre de climats des plus divers que pour la conservation de l'espèce. Cependant, comme j'ai voulu simplement motiver la notion des *races*, je ne crois pas nécessaire de faire la même chose pour le principe d'explication des variétés.

Après avoir dissipé cette équivoque, qui cette fois, comme la plupart du temps, est bien plus une cause de malentendu qu'une dissidence de principes, j'espère trouver moins d'opposition à mon mode d'explication. M. Forster est d'accord avec moi sur ce point, qu'il estime une qualité héréditaire parmi les différentes formes humaines, celle qui distingue les *nègres* du reste des hommes, assez grande pour qu'on ne doive pas la regarder comme un simple jeu de la nature, comme un effet d'influences contingentes ; elle suppose au contraire une disposition originellement incorporée à la souche, et une loi spécifique de la nature. Cet accord entre nos idées est un fait important, et rend déjà possible un rapprochement, même par rapport aux principes d'explication des deux parts, au lieu que la commune et superficielle manière de voir suivant laquelle toutes les différences de notre espèce sont tracées de la même façon, c'est-à-dire également attribuées toutes au hasard, et rapportées, quant à leur origine, à leur disparition, à des causes purement extérieures, tient pour superflues toutes les recherches de cette nature et ne fait aucun cas de la constance même de l'espèce dans la forme régulière que cette espèce affecte. Restent deux différences entre nos idées, mais qui ne sont pas si grandes qu'elles doivent nécessairement empêcher de nous entendre : la *première* c'est que ces propriétés héréditaires, celles qui distinguent les *noirs* de tous les autres hommes, sont les seules qui doivent être regardées comme données d'origine, lorsqu'au contraire je crois être autorisé à faire entrer plusieurs autres propriétés (celles qui caractérisent les Indiens et les Américains, attribuées aux *blancs*) dans une complète division par classes. La *seconde* dissidence, mais qui touche moins l'observation (la description de la nature) que la théorie à choisir (l'histoire naturelle), c'est que M. FORSTER croit qu'il est nécessaire d'admettre deux souches primitives pour expliquer ces caractères lorsque, suivant moi (tout en regardant avec M. Forster ces caractères comme originels), il est possible et plus conforme à une véritable explication philosophique, de les regarder comme un développement de dispositions premières régulièrement déposées dans une souche. Ce qui n'est pas non plus une différence telle que la raison ne puisse également tomber d'accord sur ce point, si l'on fait attention que la première origine des êtres organisés reste pour tous deux impénétrable, et en général inaccessible à la raison humaine, tout aussi bien que la transmission partielle dans leur propagation. Comme le système de deux germes séparés tout d'abord et isolés en deux souches, mais par la suite mélangés et de nouveau réunis, ne donne pas à la raison plus de facilité d'intelligence que le système de germes différents qui auraient été originairement implantés dans une seule et même souche, et qui se seraient développés dans la suite *d'une manière régulière* en donnant naissance à la *première population générale*, et comme la seconde hypothèse a de plus l'avantage de ne pas rendre nécessaire plusieurs créations locales ; comme en outre il n'y a pas à s'occuper de l'économie des moyens d'explications *téléologiques* pour les remplacer par des moyens *physiques*, chez les êtres organisés, en ce qui regarde la conservation de l'espèce, et qu'ainsi le second système n'impose au naturaliste d'autre obligation que celle d'ailleurs indispensable de se conformer au *principe de finalité* ; comme aussi M. Forster n'a été porté que par la découverte de son ami, le célèbre anatomiste philosophe Sœmmering, à trouver la différence entre le nègre et les autres hommes, trop considérable pour qu'elle pût être facilement goûtée de ceux qui mêlent volontiers tous les caractères héréditaires, et qui pourraient les considérer comme de simples nuances toutes fortuites, et que cet homme éminent (qui se déclare pour la complète harmonie de la formation de la race nègre avec son sol natal (1), tandis que la construction osseuse de la tête n'offre pas une conformité plus visible avec le climat que l'organisation de la peau, ce grand instrument de la dépuration du sang), semble par conséquent comprendre cette *loi* au nombre de toutes les autres (dont la propriété de la peau est l'une des principales), et la propose aux anatomistes comme le caractère le plus frappant : j'espère que M. Forster, si on lui démontre qu'il y a encore, mais en petit nombre, d'autres propriétés constamment héréditaires, qui ne se résolvent point les unes dans les autres suivant les degrés du climat, mais restent réellement distinctes, quoiqu'elles n'aient pas un rang spécial en anatomie, ne sera pas éloigné d'y reconnaître un germe particulier, originel, normalement implanté

---

(1) SOEMMERING, *De la différence corporelle du nègre et de l'Européen*, p. 79. « On trouve dans la structure du nègre des propriétés qui s'approprient à merveille à son climat, et qui peut-être en font une créature plus accomplie que l'Européen. » Cet homme supérieur (*ibid.* § 44) révoque en doute l'opinion de D. Schott, sur l'organisation de la peau des nègres, organisation qui la rend plus propre à l'expulsion des matières nuisibles. Mais si l'on y joint les renseignements de Lind (*Des maladies des Européens*, etc.) sur la malignité de l'air phlogistiqué par les forêts marécageuses, sur les bords de la Gambie, qui devient si promptement mortel aux matelots anglais, et où néanmoins les nègres vivent comme dans leur élément, cette opinion devient cependant très-vraisemblable.

à une souche. Quant à savoir si, par cette raison, il est nécessaire d'admettre plusieurs souches, ou s'il n'en faut reconnaître qu'une seule qui serait commune, j'espère que sur ce point encore nous serons à la fin facilement d'accord.

Les seules difficultés à lever, celles qui empêchent M. Forster de se rendre à mon opinion, regarderaient donc moins le principe que la difficulté de l'appliquer convenablement à tous les cas. Dans la première section de son traité, octobre 1786, p. 70, M. Forster donne une échelle des couleurs de la peau, depuis les habitants du nord de l'Europe, en passant par les Espagnols, les Égyptiens, les Arabes, et les Abyssiniens, jusqu'à l'équateur, d'où, par une gradation renversée, et s'avançant dans la zone méridionale tempérée, il arrive au pays des Cafres et des Hottentots (d'après son opinion) avec une gradation du brun au noir tellement proportionnée au climat des pays, aussi bien en remontant qu'en descendant (en quoi il admet sans preuve que des Colonies sont parties de la Nigritie, qu'elles se sont dirigées vers la pointe de l'Afrique, qu'elles ont gagné insensiblement, et où elles sont devenues, par l'effet du climat, des Cafres et des Hottentots), qu'il s'étonne qu'on ne s'en soit pas aperçu plus tôt. Mais on doit bien plus s'étonner encore qu'il ait été possible de ne pas voir le criterium suffisamment déterminé, et qui, par des raisons décisives, pouvait être accepté pour reconnaître l'invariable propagation par moitié de la part des parents, quand tout ici vient cependant à l'appui du fait. Car ni l'Européen le plus septentrional en se mêlant au sang espagnol, ni le Mauritanien ou l'Arabe (non plus sans doute que l'Abyssinien qui en approche), qui prennent des femmes circassiennes, ne sont le moins du monde soumis à cette loi. Il n'y a pas de raison non plus, si l'on fait abstraction de l'influence du soleil du pays sur chaque individu de ces derniers, pour juger leur couleur différente de la couleur brune parmi les blancs. Quant à ce qu'il y a de semblable aux nègres chez les Cafres, et à un degré moindre chez les Hottentots, dans la même partie du monde, deux variétés qui doivent, je pense, confirmer l'expérience de la procréation variée par moitié, il est très-vraisemblable que ce ne peut être que le résultat de productions bâtardes d'une population noire avec les Arabes qui ont fréquenté de tous temps ces parages. Pourquoi, en effet, ne trouve-t-on pas aussi cette prétendue échelle de couleurs sur les côtes occidentales de l'Afrique, où la nature ne fait au contraire qu'un saut de l'Arabe ou du Mauritanien basané au nègre le plus noir du Sénégal, sans passer par la teinte intermédiaire des Cafres? Par là tombe aussi la preuve expérimentale exposée à la page 74, preuve anticipée, qui devait établir la fausseté de mon principe, à savoir que l'Abyssinien basané, uni à une Cafre, ne donnerait pas un produit de couleur mixte, parce que les deux couleurs sont identiques, la couleur basanée. Si M. Forster admet en effet que la couleur basanée de l'Abyssinien est profondément innée, comme celle des Cafres, à tel point même qu'elle devrait donner une couleur moyenne, dans la procréation avec une blanche, alors sans doute l'expérience réussirait au gré de M. Forster; mais elle ne prouverait rien contre moi, parce que la différence des races doit être jugée, non d'après ce qui leur est identique, mais d'après ce qu'il y a de différent entre elles. On pourrait dire seulement qu'il y a aussi des races fortement basanées qui se distinguent de la race noire ou de sa souche par *d'autres caractères* (par exemple, par la charpente osseuse); par rapport à celle-là seulement, la génération donnerait un métis, et ma liste des couleurs s'en trouverait augmentée d'une seule. Mais si la couleur foncée que portent les Abyssiniens nés dans leur pays n'est pas héréditaire, si elle est à peu près comme celle d'un Espagnol qui aurait habité ce pays dès son enfance, alors sa couleur naturelle donnerait sans doute à un produit une teinte moyenne avec celle des Cafres. Mais comme l'influence accidentelle du soleil y ajoute, elle en serait dénaturée et semblerait un trait de variété homogène (quant à la couleur). Cette expérience imaginée ne prouve donc rien contre l'utilité de la couleur nécessairement héréditaire de la peau comme moyen de distinguer une race ; elle ne prouve que la difficulté de pouvoir bien la déterminer, en tant qu'innée, dans les lieux où le soleil la rend accidentellement plus foncée, et confirme la justesse de ma demande, à savoir qu'on donne à cet effet la préférence à des produits de mêmes parents dans d'*autres pays*.

Nous avons de ces produits un exemple décisif dans la couleur indienne de la peau d'un petit peuple qui s'est propagé depuis quelques siècles dans nos régions septentrionales, je veux parler des *Bohémiens* (1). La couleur de leur peau prouve qu'ils sont un peuple *indien*. Pour la conserver, la nature s'est montrée si opiniâtre que, bien qu'on puisse faire remonter leur habitat en Europe jusqu'à douze générations, cette couleur apparaît encore avec une vérité si entière que si ces générations avaient eu lieu dans l'Inde entre ceux qui en ont été les auteurs et les habitants de ce pays-là, il n'y aurait vraisemblablement aucune différence. Dire qu'il faudrait encore attendre douze fois douze générations, jusqu'à ce que l'air du Nord eût complétement blanchi leur couleur héréditaire, serait retarder l'investigateur par des réponses dilatoires, et chercher des faux-fuyants. Donner leur

(1) Des bohêmes, appelés *Zingari* en Italie, et *Gitanos* en Espagne.
(*N. du trad.*)

couleur pour une simple variété, comme celle du brun
espagnol par rapport aux Danois, serait douter de
l'empreinte de la nature ; car ils produisent inévitablement avec nos anciens indigènes des métis; ce qui
est une loi à laquelle la race des blancs n'est soumise
par rapport à aucune de ses variétés caractéristiques
en particulier.

Mais aux pages 155-156 se trouve le principal argument qui prouverait, s'il était fondé, que, dans le
cas même où l'on m'accorderait mes *dispositions
originelles*, l'harmonie des hommes avec leur
patrie ne pourrait cependant pas subsister *avec
leur diffusion* à la surface du globe. On soutiendra
peut-être encore, dit M. Forster, que *les mêmes*
hommes *dont les dispositions* conviennent à *tel* ou
tel climat devaient naître ici ou là par suite d'une
sage direction de la Providence. Mais, continue-t-il,
comment donc cette providence est-elle devenue si peu
prévoyante que de ne pas penser à une *seconde transplantation* où chaque germe, qui n'était fait que pour
un climat, serait devenu tout à fait sans but.

Pour ce qui est du premier point, on se rappelle que
j'avais admis ces premières dispositions non comme
distribuées entre différents hommes, — ce qui aurait
fait différentes *souches*, — mais comme *réunies*
dans le premier couple humain ; en sorte que leurs
descendants, où est encore *toute* la disposition origi-

nelle pour toutes les différences futures, convenaient si bien à tous les climats (*in potentia*) que le germe qui les approprierait à la région terrestre où ils tomberaient, eux ou leurs successeurs plus avancés, pourrait s'y développer. Point donc n'était besoin d'une sage direction particulière pour les diriger dans des lieux favorables à leurs dispositions; partout au contraire où le hasard pouvait les conduire, et leur descendance se propager longtemps, se développait un germe approprié qui se trouvait dans leur organisation, et qui les mettait en harmonie avec le climat. Le développement des dispositions se règle sur les lieux, bien loin que des lieux, comme l'entend mal à propos M. Forster, doivent être cherchés d'après des dispositions déjà développées. Mais ceci ne s'entend que de l'époque la plus reculée d'un temps qui peut avoir assez duré (dans l'intérêt de la population graduelle de la terre) pour qu'à la fin un peuple qui avait un établissement fixe, ait subi des influences de climat et de sol propres à développer ses dispositions harmoniques avec ces deux circonstances. Mais, d'où vient, dit-on, que le même entendement, qui combinait si bien ici et les pays et les germes (*ils devaient*, d'après ce qui précède, se rencontrer *toujours*, quoique l'on veuille, non pas qu'une intelligence, mais seulement cette même nature qui avait réglé intérieurement l'organisation des animaux d'une manière si universellement régulière, leur ait donnée aussi avec une égale prévoyance les moyens de se conserver) ait eu tout à coup si peu d'entendement qu'elle n'ait pas aussi prévu le cas d'*une seconde transplantation*? Grâce à cette imprévoyance, la propriété innée qui convient pour un climat, devient complétement sans but, etc.

Quant à ce second point de l'objection, j'accorde que cette intelligence, ou si l'on aime mieux, cette nature agissant d'elle-même régulièrement, n'a pas fait aucune attention à une transplantation pour des germes déjà développés, mais sans qu'on puisse, pour cette raison, l'accuser d'imprévoyance ou défaut de sagesse. Elle a plutôt empêché, en établissant l'harmonie avec le climat, la confusion des climats, surtout du chaud et du froid. Car, ce rapport vicieux d'une région terrestre nouvellement habitée à un naturel déjà façonné par une autre région plus anciennement habitée par les mêmes hommes, se garantit précisément de lui-même. Où donc les Indiens ou les nègres ont-ils cherché à se répandre dans les contrées du Nord ? — Ceux qui y ont été transportés n'ont jamais donné dans leur descendance (comme les créoles, *nègres* ou *Indiens*, connus sous le nom de *bohémiens*), une variété propre aux travaux des champs ou de l'industrie (1).

(1) La dernière remarque n'est pas ici donnée comme une preuve; elle n'est cependant pas indifférente. Dans le recueil de M. Sprongel,

Mais cela même que M. Forster regarde comme une difficulté insurmontable contre mon principe, devient,

V⁰ partie, p. 268-287, un homme compétent allègue contre le désir de Ramsay que tous les esclaves nègres soient employés comme travailleurs libres ; que de plusieurs milliers de nègres affranchis qu'on trouve en Amérique et en Angleterre, il n'en connaît pas un seul qui fasse un ouvrage qu'on puisse appeler proprement *travail ;* qu'aussitôt qu'ils sont mis en liberté ils abandonnent l'ouvrage manuel peu difficile qu'ils étaient auparavant contraints de faire comme esclaves, pour se faire revendeurs, gargotiers, valets de chambre, pêcheurs, chasseurs, en un mot rôdeurs. C'est ce qui s'observe encore parmi nous chez les Bohêmes. Le même auteur remarque à ce sujet que ce n'est sans doute pas le climat du nord qui les rend impropres au travail, puisqu'ils supportent plus volontiers le froid quand il s'agit pour eux d'attendre derrière les voitures de leurs maîtres, ou par les plus rudes nuits d'hiver aux couloirs glacés des théâtres (en Angleterre), qu'à la grange, au champ, ou sur le port, etc. Ne doit-on pas en conclure qu'il y a, outre la *faculté* pour le travail, une impulsion immédiate de l'activité, indépendante de tout attrait (surtout à l'activité permanente qu'on appelle diligence), qui est mêlée tout particulièrement à certaines dispositions naturelles, et qu'Indiens et nègres n'emportent pas plus et ne transmettent pas plus de cette impulsion dans d'autres climats qu'il ne leur en faut pour leur conservation dans leur mère patrie, pas plus qu'ils n'en ont reçu de la nature, et que cette disposition intérieure s'éteint aussi peu qu'il le parait extérieurement. Or, les besoins bien moindres dans ces pays, et la peine moins considérable qu'il faut pour les satisfaire, ne demandent pas une grande disposition à l'activité. Je citerai encore à ce sujet un passage de la description approfondie de Sumatra par Marsden, dans les recueils de Sprengel, v⁰ partie, p. 198-199 : « La couleur de leur peau (*des Kejangs*) est ordinairement *jaunâtre*, sans ce mélange de rouge qui produit la teinte cuivrée. Ils sont presque tous d'une couleur un peu moins foncée que les *métis* dans les autres contrées de l'Inde. La couleur blanche des habitants de Sumatra, *en comparaison avec d'autres peuples* de la même *zone*, est, à mon avis, une forte preuve que la couleur de la peau ne dépend pas immédiatement du climat. —(Il dit précisément la même chose de la génération des enfants d'Européens et de nègres qui ont pris naissance dans ces pays-là, et il pense que la couleur plus foncée des Européens qui y ont fait un long séjour, est une conséquence des maladies de foie auxquelles tous sont exposés.) Je dois encore remarquer ici que les mains des naturels et des *métis*, malgré la chaleur du climat, sont habituellement fraîches (circonstance importante qui fait voir que la qualité propre de la peau ne doit résulter d'aucune cause extérieure superficielle). »

dans une certaine application, une lumière très-favorable, et résout des difficultés insolubles dans toute autre théorie. J'admets bien qu'il a fallu de nombreuses générations, depuis l'origine du genre humain, pour qu'il y ait eu évolution successive des dispositions innées en lui jusqu'à la complète harmonie avec un climat, et que la diffusion de ces générations sous ces climats divers, en grande partie forcée par des révolutions violentes de la nature, n'a pu arriver sur l'étendue la plus considérable de la terre qu'avec un accroissement difficile de l'espèce. Encore bien donc que ces causes eussent fait passer un petit peuple de l'ancien monde des régions méridionales aux septentrionales, l'harmonie qui, pour s'accommoder à l'ancienne situation, n'était peut-être pas encore arrivée graduellement à un état fixe, — doit avoir fait place à un développement de dispositions contraire à celles que demandent le climat du nord. En supposant donc que cette variété humaine se soit toujours portée de plus en plus loin au nord-est jusqu'en Amérique, — opinion très-vraisemblable, — ses dispositions naturelles se seraient déjà développées autant que possible avant qu'elle eût pu se répandre encore au sud dans cette partie du monde, et ce développement alors accompli, aurait nécessairement rendu impossible toute évolution ultérieure appropriée à un nouveau climat. Il se serait donc établi une race qui, dans sa marche progressive vers le sud, toujours la même sous tous les climats, ne conviendrait bien à aucun, parce que la disposition méridionale, arrêtée avant le départ au milieu de son développement, aurait été convertie en une disposition pour le climat du nord, et ainsi se serait établi l'état fixe de cette troupe d'hommes. En fait, *Don Ulloa* (un de ceux qui ont le mieux connu les Américains des deux hémisphères) assure qu'il a toujours trouvé fort semblable la forme caractéristique des habitants de cette partie du monde. Un voyageur moderne dont le nom m'échappe, dit que leur peau est d'une couleur de *rouille* mêlée d'*huile*. Si leur naturel n'est en *parfait* accord avec aucun climat, il faut en conclure aussi qu'il est difficile de donner une autr raison de l'infériorité très-marquée de cette race, — trop faible pour exécuter un travail pénible, trop indifférente pour agir avec diligence, incapable de toute culture (à quoi néanmoins le voisinage et l'exemple l'encouragent suffisamment), — par rapport au nègre lui-même, qui est cependant au plus bas degré de l'échelle des différentes races d'hommes que nous avons nommées.

Voyons maintenant toutes les autres hypothèses possibles de ce phénomène. Si l'on ne veut pas ajouter à la création particulière du nègre, déjà proposée par M. Forster, une seconde création encore, celle de l'Américain, il ne reste d'autre réponse à donner, sinon que l'Amérique est trop *froide* ou trop *nou-*

velle pour produire jamais la dégénérescence du nègre ou de l'Indien, ou pour l'avoir produite déjà depuis le peu de temps qu'elle est peuplée. La *première* de ces assertions, en ce qui regarde le climat de cette partie du monde, est suffisamment réfutée maintenant. Pour ce qui est de la *seconde*, à savoir, que si l'on voulait bien attendre seulement quelques mille ans encore, l'influence continuée du soleil y produirait peut-être des nègres (du moins quant à la couleur héréditaire de la peau), il faudrait être sûr avant tout que le soleil et l'air peuvent opérer de pareilles greffes, pour pouvoir seulement répondre à des *objections*, en alléguant un effet purement présumé et placé si loin de nous qu'on peut toujours le reculer à plaisir. On peut encore bien moins opposer aux *faits* une conjecture toute arbitraire, puisqu'en effet l'assertion est en elle-même très-douteuse.

Une confirmation importante de la dérivation des différences inévitablement héréditaires, par le développement des dispositions qui se trouvent originellement et régulièrement dans une souche humaine pour la conservation de l'espèce, c'est qu'on trouve les races qui en sont sorties répandues, non *sporadiquement* (dans toutes les parties du monde, dans un climat identique, de la même manière), mais *cycladiquement* réunis en groupes qui se distribuent dans les limites d'un pays où chacune d'elles a pu se former. Ainsi la descendance pure de la race *jaune* est renfermée *dans* les limites de l'*Indostan*, et l'*Arabie*, peu éloignée de là, qui occupe une zone en très-grande partie semblable, n'en renferme point ; mais ces deux contrées ne contiennent pas de *nègres ;* on n'en trouve qu'en *Afrique*, entre le *Sénégal* et le *cap Négro* (et ainsi de suite dans l'intérieur de cette partie du monde), tandis que l'*Amérique* entière ne présente ni des uns ni des autres, ni même aucun des caractères des races de l'ancien monde (les Esquimaux exceptés, qui semblent être, d'après différents caractères de leur forme et de leur talent, des étrangers tard venus de quelque partie de l'ancien monde). Chacune de ces races est en quelque sorte isolée, et comme elles se distinguent cependant les unes les autres dans le même climat, et même par un caractère qui tient inséparablement à la faculté reproductrice de chacune d'elles, l'opinion qui fait dériver le caractère de l'influence du climat en devient très-peu vraisemblable ; on y trouverait bien plutôt la confirmation d'une parenté perpétuelle par l'unité de dépendance, mais en même temps la confirmation d'une *cause* intrinsèque et non simplement dans le climat, de la distinction des races, distinction qui doit avoir exigé beaucoup de temps pour s'effectuer en conséquence du lieu devenu le théâtre de la propagation ; mais une fois cette distinction effectuée, plus de dégénérescences nouvelles par d'autres transpositions ne sont possibles. Elle ne peut donc être regardée que comme une *disposition originelle*, déposée dans la souche, se développant régulièrement et peu à peu limitée à un certain nombre, d'après les différences capitales des influences atmosphériques. Cet argument semble contredit par la race des *Papouas*, qui est disséminée dans les îles de l'Asie méridionale et dans celles qui s'étendent à l'est jusqu'à l'océan Pacifique, race que j'identifie avec celle des Cafres, ainsi que le fait le capitaine *Forster* (sans doute parce qu'il peut avoir trouvé, soit dans la couleur de leur peau, soit dans leurs cheveux et leur barbe, qu'ils entretiennent fort longs, ce que ne font pas les nègres, des raisons de ne pas les appeler des nègres). Mais la dispersion étonnante d'autres races qui se rencontrent dans le voisinage, celle des *Haraforas*, et de certains hommes qui se rapprochent davantage de la souche indienne pure, répond suffisamment à la difficulté, parce qu'elle atténue également la preuve de l'influence du climat sur leur propriété héréditaire, puisqu'on la retrouve si indifféremment dans une seule et même zone. On croit donc pouvoir regarder avec assez de fondement ces Papouas chassés de Madagascar, non comme des aborigènes, mais comme des étrangers obligés, on ne sait par quelle raison (peut-être par suite d'une grande révolution terrestre, qui doit s'être opérée de l'est à l'ouest), de quitter leurs établissements. Quoi qu'il en soit des habitants de l'île de *Freevill*, dont j'ai cité de mémoire (peut-être infidèlement) ce qu'en a dit *Carteret*, il faudra chercher les raisons du développement des différences de races au siége présumable de leur souche sur le *continent*, et non dans les *îles*, qui, suivant toute apparence, n'ont été peuplées que très-longtemps après l'effet accompli de la nature.

Assez pour la justification de mon idée de la dérivation de la diversité héréditaire des créatures organisées d'une seule et même *espèce naturelle* (*species naturalis*), en tant qu'elles sont liées par la faculté de se reproduire, et qu'elles sont sorties d'une souche unique (1), à la différence de l'*espèce logique* (*species artificialis*), en tant que les êtres qui s'y trouvent compris sont soumis à un signe commun de

(1) Le fait d'appartenir à une même souche n'est pas la même chose qu'être procréé d'un seul *couple* primitif ; être de même souche signifie seulement que les diversités qui se rencontrent maintenant dans une certaine espèce ne peuvent pas être regardées par cette raison comme autant de différences originelles. Quel que soit donc le nombre des personnes (des deux sexes) qui ont constitué la première souche humaine, pourvu qu'elles aient été toutes de la même espèce, je puis aussi bien faire descendre les hommes d'aujourd'hui d'un seul couple que de plusieurs. M. Forster me soupçonne d'avoir voulu affirmer ce dernier point comme un fait, et même en me fondant sur une autorité. Mais il n'y a là que l'idée qui découle tout naturellement de la théorie. Quant à cette difficulté, que le genre humain eût été fort mal assuré par un seul couple primitif, exposé qu'il était aux animaux féroces, ce n'est pas là pour lui une difficulté particulière ; car sa terre, abondante en toutes choses, a pu ne produire ces animaux qu'après les hommes.

simple comparaison ; la première de ces espèces appartient à l'histoire naturelle, la seconde à la physiographie ou description de la nature. Un mot encore sur le système propre de M. Forster touchant son origine. Nous sommes tous les deux d'accord en ce point, que tout, dans une science naturelle, doit être expliqué *naturellement*, parce qu'autrement l'explication n'appartiendrait pas à cette science. Je me suis tellement conformé à ce principe, qu'un homme d'un esprit très-pénétrant (M. O.-C.-R. Busching, dans le compte qu'il a rendu de mon ouvrage), à cause des expressions : dessein, sagesse, prévoyance, etc. de la nature, me prend pour un *naturaliste*, mais en ajoutant d'*une espèce particulière*, parce que je ne trouve pas convenable, dans les traités qui n'ont pour objet que des connaissances naturelles, quelque étendues qu'elles soient (où il est tout à fait convenable de s'exprimer *téléologiquement*), de parler un langage *théologique*, afin d'assigner à chaque espèce de connaissance ses justes limites.

Mais ce même principe, que tout, dans la science de la nature, doit être expliqué naturellement, indique en même temps les limites de cette science. Car on est parvenu à ses limites les plus reculées quand on fait usage du dernier principe d'explication qui puisse encore être confirmé par l'*expérience*. Où cesse l'expérience et où le recours même à des forces imaginées de la matière, d'après des lois inconnues et qui ne peuvent être prouvées d'aucune manière, commence à s'imposer, là déjà on dépasse la science de la nature, on en sort, tout en donnant encore des choses naturelles pour causes, mais en leur attribuant aussi des forces dont rien ne peut démontrer l'existence, et dont la possibilité même se concilie difficilement avec la raison. La notion d'un être organisé emportant avec elle l'idée qu'il y a une matière dans laquelle tout se tient réciproquement comme fin et moyen, et cela ne pouvant être conçu que comme un *système de causes finales*, et la possibilité de ce système ne permettant par conséquent, pour la raison humaine du moins, qu'une explication téléologique et non une explication mécanico-physique, on ne peut pas demander en physique d'où vient originellement toute organisation. La réponse à cette question, si en général elle nous est possible, serait évidemment en *dehors* de la physique; elle appartiendrait à la *métaphysique*. Pour ma part je dérive toute organisation d'êtres *organiques* (par voies de génération), et les formes ultérieures (de cette espèce de choses naturelles), suivant les lois du développement successif, des *dispositions originelles* (dont on trouve un très-grand nombre dans les transplantations des végétaux) qui se trouvaient dans l'organisation de leur souche. De savoir d'où est *venu* cette souche, c'est une question qui dépasse complétement les bornes de toute physique possible à l'homme, et dans lesquelles j'ai cependant cru devoir me renfermer.

Je n'avais donc rien à redouter pour le système de M. Forster, d'un tribunal de l'inquisition (car aussi bien ce tribunal s'arrogerait en cela une juridiction qui n'est pas la sienne), et j'en appelle, le cas échéant, des simples naturalistes à un *jury* philosophique (page 166), tout en croyant difficilement que la sentence lui soit favorable. « La terre, en état d'enfantement (page 80), fit sortir les animaux et les végétaux, sans génération par leurs semblables, de son sein maternel amolli, fécondé par le limon des mers; elle produisit en conséquence les créations locales des espèces organiques, l'*Afrique* ses hommes (les nègres), l'*Asie*, les siens (tous les autres) (page 158). De là cette parenté de tous les êtres organisés (1), formant une chaîne naturelle à transitions insensiblement graduées depuis l'homme jusqu'à la baleine, et de la baleine, en descendant ainsi (sans doute jusqu'aux mousses et aux lichens, non-seulement dans un système de comparaison, mais dans un système d'éducation en partant de la souche commune). » —

(1) Un mémoire de M. le professeur *Blumenbach* (Manuel d'histoire naturelle, 1779, préface, § 7) sur cette idée, très-goûtée de *Bonnet*, mérite d'être lu. Cet homme éminent attribue aussi l'*instinct de formation* par lequel il a jeté tant de lumière sur la théorie des générations, non pas à la matière inorganique, mais uniquement aux êtres organisés.

Cette idée ne ferait pas reculer le naturaliste, comme si c'était une monstruosité (page 75); car c'est un jeu qu'on s'est permis plus d'une fois, mais qu'il a délaissé, parce qu'il n'aboutit à rien; mais il en est détourné par la considération qu'en quittant ainsi le terrain solide et fertile de la physique, il s'égare dans les déserts de la métaphysique. J'ajouterai aussi une crainte, cependant *virile*, d'avoir peur de tout ce qui détourne la raison de ses premiers principes, et lui permet de vaguer dans des imaginations sans fin. Peut-être M. Forster ne s'est-il par là proposé que d'être agréable à un *hypermétaphysicien* (car il y en a, témoins ceux qui ne connaissent pas les notions élémentaires, qu'ils affectent aussi de dédaigner, et qui néanmoins se mettent héroïquement à l'œuvre), et fournir à la fantaisie l'occasion de s'attirer un ridicule.

La véritable métaphysique connaît les bornes de la raison humaine, et entre autres vices héréditaires qu'elle ne peut jamais nier, c'est qu'elle ne peut ni ne doit absolument pas imaginer à priori *des forces fondamentales* (parce qu'elle ne produirait ainsi que des notions entièrement vaines); qu'elle ne peut faire autre chose que réduire au moindre nombre possible celles que la nature lui montre (si elles ne diffèrent qu'en apparence, et qu'elles soient identiques au fond), et rechercher à cet effet une *force fondamentale* dans le *monde*, s'il s'agit de physique, et *hors du monde*, s'il s'agit de métaphysique (c'est-à-dire d'assigner la force qui ne dépend plus d'aucune autre). Or, nous ne pouvons donner d'une force fondamentale (puisque nous ne la connaissons que par le rapport d'une cause à un effet) aucune autre notion que la notion qui se tire de l'effet, ni lui trouver d'autre nom que le nom qui exprime ce rapport (1). Or encore la notion d'un être organisé est celle-ci : qu'il y a un être matériel qui n'est possible que par le rapport respectif de tout ce qui se trouve *en lui* comme fin et moyen (notion dont part en réa-

---

(1) Par exemple, l'*image* (*Einbildung*) dans l'homme est un effet que nous ne regardons pas comme identique avec les autres effets de l'âme. La faculté qui s'y rapporte ne peut donc être qu'imagination (comme faculté fondamentale). De même sous le titre de forces motrices sont comprises les *forces fondamentales* d'attraction et de répulsion. Plusieurs ont cru nécessaire d'admettre pour l'unité de la substance *quelque* force fondamentale, et ont même cru la reconnaître, quand ils donnaient simplement le *titre commun* de différentes forces fondamentales, par exemple, que la seule faculté fondamentale de l'âme est la faculté cognitive, comme si je disais que la seule force primitive de la matière est la force motrice, parce que l'attraction et la répulsion sont comprises sous la notion commune de mouvement. Mais on désire savoir si elles ne pourraient pas aussi en procéder; ce qui est impossible. Car les notions *inférieures*, en ce qu'elles ont de *différent*, ne peuvent jamais être dérivées d'une idée *supérieure;* et pour ce qui est de l'unité de la substance, si elle semble renfermer déjà dans sa notion l'unité de la force fondamentale, c'est une illusion qui tient à une mauvaise définition de la *force*. Car la force n'est pas ce qui contient la raison de la réalité des accidents (c'est-à-dire la substance), c'est simplement le *rapport* de la substance aux accidents, *en tant que* la substance contient la raison de la réalité. Mais divers rapports peuvent bien être attribués à la substance (sans préjudice pour son unité).

lité tout anatomiste comme physiologiste). Une force fondamentale, cause d'une organisation, doit donc être conçue comme une cause qui agit suivant des *fins*, de telle sorte que ces fins doivent être données comme fondement à la possibilité de l'effet. Or enfin, nous ne connaissons de force de cette nature, agissant d'après *son principe déterminant*, qu'*en nous-mêmes* par l'expérience, à savoir dans notre entendement et notre volonté, comme cause de la possibilité de certains effets opérés uniquement d'après des fins, c'est-à-dire des *œuvres d'art*. L'entendement et la volonté sont en nous des forces ou facultés fondamentales, dont la dernière, comme déterminée par la première, est une faculté de produire quelque chose *suivant une idée* qu'on appelle fin. Mais nous ne devons concevoir en dehors de toute expérience aucune nouvelle force fondamentale, telle que serait cependant celle qui agirait en vue d'une fin dans un être, sans néanmoins avoir le principe déterminant dans une *idée*. La notion de la faculté d'un être est donc d'agir de soi-même *conformément à une fin ;* mais une faculté d'agir *sans but* ni dessein qui serait en elle ou dans sa cause, comme une force fondamentale particulière, c'est ce dont l'expérience ne donne pas d'exemple ; c'est cependant ce qui peut très-bien être imaginé, mais d'une imagination vaine, c'est-à-dire sans la moindre assurance qu'un objet quelconque peut y correspondre. Que la cause des êtres organisés soit trouvée *dans* le monde ou *hors* du monde, il faut, ou renoncer à toute détermination de leur cause, ou concevoir à cet effet un *être intelligent;* non pas comme si nous *apercevions* (ainsi que feu Mendelssohn et d'autres le croyaient) qu'un pareil effet est *impossible* par une autre cause, mais parce que, pour mettre en principe une autre cause avec des causes finales, il faudrait imaginer une force fondamentale; ce que la raison ne nous autorise pas du tout à faire, parce qu'alors elle expliquerait sans peine tout ce qu'elle voudrait et *comme* elle voudrait.

Résumons-nous. Des *fins* ont un rapport immédiat à une *raison*, que cette raison nous soit étrangère ou qu'elle soit la nôtre propre. Mais pour admettre des fins dans une raison étrangère, nous devons poser la nôtre en principe, ou du moins quelque chose d'analogue, parce que des fins ne peuvent se concevoir sans une raison. Or les fins sont celles de la *nature* ou de la *liberté*. Personne ne peut apercevoir *a priori* qu'il *doive* y avoir des fins dans la nature; mais on peut très-bien voir *a priori* qu'il doit y avoir une liaison de causes et d'effets. L'usage du principe téléologique par rapport à la nature est donc toujours empirique. Il en serait de même des fins de la liberté, si les objets de la volonté devaient être donnés comme principes de détermination à la liberté par la nature (dans les besoins et les inclinations), afin que la raison décidât, en les comparant entre eux et avec leur ensemble, ce que nous devons prendre pour fins. Mais la critique de la raison pratique fait voir qu'il n'y a pas de principes pratiques purs qui déterminent la raison *a priori*, et qui, par conséquent, lui donnent sa fin *a priori*. Si donc l'usage du principe téléologique pour les explications de la nature ne peut pas donner d'une manière suffisamment déterminée et pour toutes les fins le principe fondamental de la liaison causale, parce qu'il est restreint aux conditions empiriques, on doit au contraire attendre ce principe d'une théorie *téléologique pure* (qui ne peut être que celle de la *liberté*), dont le principe *a priori* contient le rapport d'une raison en général à l'ensemble de toutes les fins, et ne peut être que pratique. Mais comme une téléologie pratique pure, c'est-à-dire une morale, est destinée à réaliser ses fins dans le monde, elle n'y devra pas négliger la *possibilité* de ces fins, en ce qui concerne soit les *causes finales*, soit la convenance de la *cause suprême du monde* pour un ensemble de toutes les fins, comme effet, par conséquent tant la *téléologie naturelle* que la possibilité d'une nature en général, c'est-à-dire, en un mot, la philosophie transcendantale, afin d'assurer une réalité objective à la téléologie pratique pure, en vue de la possibilité de l'objet dans la pratique, c'est-à-dire afin d'assurer la possibilité de la fin qu'elle se propose de réaliser dans le monde.

A ce double point de vue l'*auteur des Lettres sur la philosophie de Kant* (1) a fait preuve de l'incontestable talent d'appliquer utilement sa *pénétration* et ses vues remarquables, aux fins généralement nécessaires; et quoiqu'il y ait quelque prétention à m'adresser à l'éditeur distingué de la *Revue mensuelle* de Berlin qui semble trop modeste, je n'ai cependant pas cru pouvoir me dispenser de lui demander la permission d'insérer dans son journal mes remercîments pour le service que m'a rendu l'auteur anonyme, qui m'était encore inconnu il y a peu de jours, en prenant pour sujet de ces lettres la commune affaire d'une raison, tant spéculative que pratique, conduite suivant des principes certains, et en disant la part que je me suis efforcé d'y prendre. Le talent avec lequel il expose clairement et agréablement des doctrines arides, abstraites, sans préjudice pour la solidité, est assez rare (au moins dans la vieillesse) et néanmoins assez utile, — je ne veux pas dire dans l'intérêt seulement de la popularité, mais même de la clarté des aperçus, de l'intelligence et de la persuasion qui y tient, —

---

(1) M. le professeur *Reinhold*. — La seconde édition de ces lettres parut sous le nom de l'auteur à Leipzig, chez Goeschen, en deux volumes, 1790-92, in-8.

pour que je doive un témoignage public de ma reconnaissance à l'homme qui a mis ainsi la dernière main à des travaux auxquels je ne pouvais pas donner ce cachet de facilité.

Je saisirai cette occasion pour dire un mot des prétendues contradictions qu'on aurait découvertes dans un mien ouvrage passablement étendu, avant de l'avoir bien compris. Ces contradictions disparaissent toutes d'elles-mêmes quand on les envisage dans leur union avec tout le reste. — Dans la *Gazette littéraire* de Leipzig, 1787, n° 94, on donne ce qui se lit dans l'introduction de la *Critique de la raison pure*, édit. de 1787, p. 3, l. 7, comme étant en contradiction positive avec ce qui se trouve bientôt après, p. 5, l. 1 et 2 ; car dans le premier de ces passages, j'avais dit des connaissances *a priori*, que celles où il n'*entre* rien d'empirique sont *pures*, et j'avais donné comme exemple du contraire la proposition : Tout ce qui change a une cause. Je donne au contraire, p. 5, cette même proposition pour exemple d'une connaissance pure *à priori*, c'est-à-dire d'une connaissance qui ne *dépend* de rien d'empirique. — De là deux significations du mot *pur*, mais dont j'ai pris la dernière dans tout l'ouvrage. J'aurais pu sans doute prévenir le malentendu par cet exemple de la première espèce de propositions : Tout ce qui est *contingent* a une cause. Car il n'*entre* rien là d'empirique. Mais qui pense à toutes les occasions de malentendu? — Même chose m'est arrivée dans une note à la préface des *Principes métaphysiques de la physique*, p. XIV-XVI, quand je donne la déduction des catégories pour importante assurément, mais *non pour très-nécessaire*, tandis que j'affirme expressément cette nécessité dans la Critique. Mais il est facile de voir que, dans le premier de ces ouvrages, les catégories ne sont mentionnées que dans un but *négatif*, pour prouver que par elles *seules* (ou sans intuition sensible) il n'y a *pas de connaissance* possible des choses; ce que l'on voit déjà clairement tout en se bornant à l'*exposition* des catégories (comme simples fonctions logiques appliquées aux objets en général). Mais comme nous en faisons cependant un usage où elles appartiennent réellement à la *connaissance* des objets (de l'expérience), la possibilité d'une valeur objective de ces sortes de notions *à priori* a dû être particulièrement prouvée par rapport à la connaissance empirique, afin qu'on ne les jugeât pas sans signification aucune, ou d'*origine* empirique. C'était là le but *positif* par rapport auquel la *déduction* est sans aucun doute absolument nécessaire.

X

D'UN TON ÉLEVÉ

NOUVELLEMENT PRIS

EN PHILOSOPHIE

1796.

Le nom de philosophie, depuis qu'il a perdu sa première signification, celle d'une sagesse scientifique de la vie, fut de bonne heure recherché comme titre glorieux d'une intelligence adonnée aux spéculations exceptionnelles ; c'est maintenant je ne sais quelle révélation d'un mystère.— Les *ascètes*, dans le désert de l'île de Macquarie, appelaient leur vie *monastique* une philosophie. L'*alchimiste* se disait *philosophus per ignem*. Les *Loges* des temps anciens et des modernes sont des adeptes d'un mystère traditionnel dont ils ne *veulent* rien révéler (*philosophus per initiationem*). Enfin les derniers possesseurs de ce mystère sont ceux qui l'ont *en eux-mêmes*, mais qui ne *peuvent* malheureusement pas le révéler, ni le communiquer à tout le monde par la parole (*philosophus per inspirationem*). Si donc il y avait une connaissance du sursensible (qui seul est un vrai mystère au point de vue théorique), qui peut certainement être révélé à l'entendement humain au point de vue pratique, ce sursensible résultant de l'entendement comme faculté de connaître *par notions*, serait cependant bien inférieur à ce qui pourrait être perçu immédiatement par l'entendement, comme faculté de l'*intuition*. L'entendement discursif doit employer beaucoup de travail à l'analyse et ensuite à la synthèse de ses notions suivant des principes, et s'élever péniblement de degrés en degrés dans le progrès de la connaissance, quand au contraire une *intuition intellectuelle* embrasserait d'un seul coup d'œil, et ferait connaître immédiatement l'objet. — Celui-là donc qui croit être en possession de l'intuition intellectuelle verra avec dédain l'entendement discursif; et réciproquement, la facilité d'un tel usage de la raison est une forte tentation d'admettre hardiment une semblable faculté intuitive, et de recommander très-spécialement une philosophie qui la prend pour fondement ; ce qui s'explique facilement par le penchant naturel des hommes à l'égoïsme, penchant que favorise secrètement la raison.

Ce n'est pas seulement la paresse naturelle, mais aussi la vanité humaine (une liberté mal comprise), qui fait que ceux qui *ont de quoi vivre,* largement ou parcimonieusement, comparés à ceux qui sont dans la nécessité de travailler pour vivre, se tiennent pour *notables* (*Vornehme*). L'*Arabe* ou le *Mongole* méprise le citadin et se croit au-dessus de lui, parce qu'il trouve plus agréable de circuler dans les déserts avec ses chevaux et ses brebis que de travailler. Le *Toungouse des bois* (*Waldtunguse*) croit décocher à son

frère une malédiction, quand il lui dit : « Puisses-tu
élever toi-même ton troupeau comme le *Buriate!* »
Celui-ci lui rend avec usure son imprécation en disant : « Puisses-tu labourer la terre comme le *Russe!* »
Ce dernier dira peut-être, suivant sa manière de voir :
« Puisses-tu être assis à une machine à tisser comme
l'Allemand! » Tous, en un mot, s'estiment supérieurs
en raison même qu'ils se croient dispensés de travailler. D'après ce principe, les choses en sont récemment venues à ce point, qu'une prétendue philosophie,
suivant laquelle on n'a pas besoin de *travailler*, parce
qu'il suffit de prêter l'oreille à l'oracle qui est au dedans de soi et d'en jouir pour acquérir d'une manière
fondamentale toute la sagesse à laquelle peut prétendre la philosophie, se proclame sans déguisement. Elle se fait même d'un ton qui montre qu'elle
n'entend pas être comparée à ceux qui, — *scolastiquement,* — se croient obligés d'avancer lentement et
avec circonspection, en s'élevant de la critique de leur
faculté de connaître à la connaissance dogmatique,
mais qu'elle ne veut être comparée qu'à ceux-là qui,
— *à la façon du génie,* — sont capables d'acquérir
d'un seul regard sur leur intérieur, tout ce que le travail soutenu peut donner, et bien au delà. Permis à
quelques-uns de *s'enorgueillir* pédantesquement des
sciences qui demandent du travail, comme les mathématiques, l'histoire naturelle, l'histoire ancienne, la

philologie, etc., et même la philosophie, en tant qu'elle est obligée de descendre au développement méthodique et à la composition systématique des notions; mais nul autre que le philosophe de l'*intuition*, qui ne procède point par le travail herculéen de la connaissance de soi-même, mais qui s'élevant au-dessus de ce moyen démontre de haut en bas, par une apothéose facile, ne peut *s'illustrer*, attendu qu'il parle de sa propre autorité, et qu'il n'en doit compte à personne.

Au fait maintenant :

Platon, non moins mathématicien que philosophe, admirait les propriétés de certaines figures géométriques, par exemple du cercle; il y trouvait une espèce de *finalité*, c'est-à-dire une utilité pour la diversité de la solution d'un seul et même problème (par exemple, dans la théorie des lieux géométriques), en partant d'un seul principe, comme si les conditions de la construction de certaines notions de quantité s'y trouvaient placées *à dessein*, quoiqu'elles puissent être aperçues et démontrées nécessairement *à priori*. Mais la finalité n'est concevable que par le rapport de l'objet à un entendement comme cause. V. *Critique du jugement*, édit. 1790, p. 271.

Or l'entendement, comme faculté de connaître *par notions*, ne pouvant nous servir à étendre notre connaissance *à priori* au delà de notre idée (comme il arrive cependant en mathématiques), *Platon* a dû admettre pour nous autres hommes des *intuitions à priori*, mais qui n'avaient pas leur première *origine* dans *notre* entendement, car notre entendement n'est pas une faculté intuitive, ce n'est qu'une faculté discursive ou de penser. Cette origine ne pourrait être que dans un entendement qui serait en même temps le principe fondamental de toutes choses, c'est-à-dire l'entendement divin. Ces intuitions *directes* pouvaient être nommées *directement* des *prototypes* (idées). Mais notre intuition de ces idées divines (car nous avons dû cependant avoir une intuition *à priori*, quand nous avons voulu comprendre la faculté des propositions synthétiques *à priori* en mathématiques pures), comme copie (*ectypa*) en quelque sorte, comme images obscurcies de toutes choses, que nous connaissons synthétiquement *à priori*, n'est qu'*indirectement* innée ; notre naissance a obscurci ces idées, en nous en faisant oublier l'origine. C'est une conséquence de la chute de notre esprit (appelé âme aujourd'hui) dans un corps, des liens duquel la philosophie a pour tâche maintenant de s'affranchir peu à peu (1).

(1) Platon du moins se montre conséquent dans cette manière de raisonner. Il avait sans doute présente à l'esprit, quoique d'une manière obscure, la question qui n'a été posée clairement et littéralement que depuis peu : « comment les jugements synthétiques *à priori* sont-ils possibles? » S'il avait alors pu prévoir ce qui ne devait être trouvé que plus tard, à savoir, qu'il y a certainement des *intuitions à priori*, non pas de l'entendement humain, mais des intuitions sen-

Nous ne devons pas non plus oublier *Pythagore*, dont nous savons sans doute trop peu de chose pour pouvoir décider quoi que ce soit de certain sur le principe métaphysique de sa philosophie. Comme les prodiges des *figures* (de géométrie) l'avaient fait chez Platon, les prodiges des *nombres* (de l'arithmétique), c'est-à-dire une espèce de finalité, et une utilité déposée comme par intention dans la propriété de l'arithmétique, pour la solution de plusieurs problèmes rationnels de mathématiques, où l'intuition *à priori* (espace et temps), et pas seulement une pensée discursive doit être supposée, éveillèrent l'attention de Pythagore ; il vit une espèce de *magie* dans la seule possibilité non-seulement d'étendre les notions de quantité en général, mais aussi d'en faire comprendre les propriétés particulières et pour ainsi dire

sibles (sous les noms d'espace et de temps); qu'ainsi tous les objets des sens ne sont que de simples phénomènes subjectifs, que leurs formes mêmes, que nous pouvons déterminer mathématiquement *à priori*, ne sont pas les formes des choses en soi, mais celles (subjectives) de notre sensibilité, lesquelles par conséquent valent pour tous les objets de l'expérience possible, mais rien de plus ; il n'aurait pas cherché l'intuition pure (dont il avait besoin pour se rendre raison de la connaissance synthétique *à priori*) dans l'entendement divin, et ses prototypes de tous les êtres, comme objets existant par eux-mêmes, et n'aurait pas ainsi allumé le flambeau du mysticisme.—Car il voyait bien que, s'il voulait affirmer qu'il pouvait percevoir *empiriquement* dans l'intuition qui est le fondement de la géométrie, l'objet même en soi, le jugement géométrique et toute la mathématique ne serait qu'une science expérimentale ; ce qui répugne à la *nécessité*, qui (avec l'intuivité) est précisément ce qui lui assure un rang si élevé parmi les sciences.

mystérieuses. — L'histoire dit que la découverte du rapport numérique entre les sons, et de la loi suivant laquelle seule ils forment une musique, le conduisit à penser que les mathématiques (comme science des nombres) renfermant aussi le principe de la musique (et même, comme il le paraît, *à priori,* à cause de sa nécessité), il y a en nous une intuition obscure d'une nature ordonnée numériquement par une intelligence qui la domine. Cette idée, ensuite appliquée aux corps célestes, produisit encore la doctrine de l'harmonie des sphères. Or, rien n'anime plus les sens que la musique. Et comme le principe qui vivifie l'homme est l'*âme*, comme aussi la musique, d'après Pythagore, ne repose que sur des rapports numériques perçus, et (ce qui est très-digne de remarque), que le principe vivifiant dans l'homme, l'âme, est en même temps un être libre et se déterminant lui-même; la définition de l'âme : *anima est numerus se ipsum movens,* est jusqu'à un certain point intelligible et admissible dès qu'on suppose qu'il a voulu faire ressortir, par cette faculté de se mouvoir soi-même, la liberté, par conséquent, ce qui distingue l'âme de la matière, qui est par elle-même sans vie, et ne peut être mise en mouvement que par quelque chose d'extérieur. C'était donc sur la *mathématique* que *philosophaient Pythagore* et *Platon,* lorsqu'ils regardaient toute connaissance *à priori* (qu'elle eût pour objet une intuition ou une notion) comme intellectuelle, et qu'ils croyaient trouver par cette philosophie un *mystère* où il n'y a pas de mystère; et il n'y en a pas, non parce que la raison peut répondre à toutes les questions qui lui sont proposées, mais parce que son oracle devient muet quand la question s'élève si haut qu'elle n'a plus de sens. Quand, par exemple, la géométrie propose quelques-unes des *belles* propriétés du cercle (comme on peut en voir dans *Montucla*), et qu'on se demande ensuite d'où lui viennent ces propriétés qui semblent renfermer une espèce de finalité et de vaste utilité, on ne peut répondre qu'une chose : *Quærit delirus quod non respondet Homerus.* Celui qui veut résoudre philosophiquement une question mathématique donne dans une contradiction ; par exemple : d'où vient que le rapport *rationnel* des trois côtés d'un triangle rectangle ne peut être que celui des nombres 3, 4 et 5? Mais celui qui *philosophe* sur une question mathématique, croit rencontrer ici un mystère, et par cette raison voir quelque grandeur immense où il ne voit rien. C'est précisément à couver une idée qu'il ne peut élucider pour lui-même, ni communiquer aux autres, qu'il fait consister la véritable philosophie (*philosophia arcani*), où le talent poétique trouve matière à délirer dans le sentiment et la jouissance; ce qui est assurément beaucoup plus agréable et plus brillant, que la loi de la raison qui veut qu'on s'acquière une fortune par le travail, mais où la misère et le luxe offrent le spectacle ridicule d'une philosophie qui parle d'un *ton sublime.*

La philosophie d'*Aristote* est au contraire un labeur. Je ne le considère ici (ainsi que les deux précédents) que comme métaphysicien, c'est-à-dire comme un penseur qui résout toute connaissance *à priori* en ses éléments, et comme ouvrier de la raison (*Vernunftkuenstler*) qui les recompose en les déduisant des catégories. A ce titre, son travail, dans l'étendue qu'il lui donne, a conservé son utilité, quoiqu'il ait en vain essayé *par la suite* d'étendre les principes applicables au sensible (sans qu'il ait aperçu le saut dangereux qu'il avait à faire ici), jusqu'au sursensible, que ses catégories n'atteignaient pas. Il eût été nécessaire de régler et d'apprécier auparavant l'organe de la pensée en lui-même, la raison, d'après ses deux champs, le théorique et le pratique; mais ce travail était réservé aux temps suivants.

Ecoutons et apprécions maintenant le nouveau ton sur lequel on philosophe (avec lequel on peut se passer de philosophie).

Que des personnes *haut placées* philosophent, si elles s'élevaient même aux sommets de la métaphysique, il y a là pour elles un très-grand honneur, et s'il leur arrive (ce qui est à peine inévitable) de commettre quelque bévue scolaire elles ont droit à l'indulgence, parce qu'elles ont daigné se mettre avec elle sur le pied de l'égalité civile (1). — Mais si ceux qui veulent être philosophes *agissent en personnages (vornehmen thun)*, ils ne méritent aucune indulgence, parce qu'ils s'élèvent au-dessus de leurs *égaux*, et en violent l'inaliénable droit de liberté et d'égalité dans des choses de simple raison.

Le principe de vouloir philosopher par l'influence

(1) Il y a cependant une différence entre philosopher et faire le philosophe : faire le philosophe s'entend du ton prétentieux et hautain, quand le despotisme sur la raison du peuple (et même sur sa propre raison) par l'enchaînement à une foi aveugle, est donné pour de la philosophie. De cette espèce est, par exemple, « la Croyance à la légion fulminante du temps de Marc-Aurèle » ainsi qu'« au feu miraculeusement sorti des ruines de Jérusalem pour jouer pièce à Julien l'Apostat ; » croyance qui est donnée pour de la véritable philosophie, dont le contraire est appelé la foi du charbonnier (comme si les charbonniers, au fond de leurs forêts, avaient en conséquence le droit d'être incrédules par rapport aux fables qu'on leur débite). Il faut mettre au même rang l'assurance que c'en est fait de la philosophie depuis deux mille ans, parce que « le Stagirite a fait de telles conquêtes à la science qu'il n'a laissé que fort peu de chose à faire à ses successeurs. » Les niveleurs de la constitution politique ne sont pas seulement ceux qui, à la suite de *Rousseau*, veulent que tous les citoyens soient égaux entre eux parce que chacun est tout ; ceux-là le sont également qui veulent que tous soient égaux entre eux parce qu'à l'exception d'un seul tous ne sont rien. Ils sont monarchistes par envie. Il placent sur le trône tantôt Platon, tantôt Aristote, parce que conscients de leur propre impuissance, ils ne supportent pas la comparaison odieuse avec d'autres contemporains. De cette manière (surtout par ce dernier sentiment) l'homme élevé fait le philosophe en ce qu'il met fin à toute philosophie ultérieure par l'obscurantisme. — On ne peut pas mieux placer ce phénomène sous son vrai jour que ne l'a fait Wolff, dans une fable qui vaut à elle seule une hécatombe (V. *Revue mensuelle de Berlin*, nov. 1795, dernière feuille).

d'un *sentiment* plus élevé, est le mieux fait pour le ton sublime : qui peut en effet combattre mon sentiment? Si je puis faire croire encore que ce sentiment n'est pas en *moi* purement subjectif, qu'il peut être exigé de chacun, qu'il a donc aussi une valeur objective et qu'il est comme une partie de la connaissance, qu'il n'est par conséquent pas raisonné à peu près comme une simple notion, mais qu'il a presque la valeur d'une intuition (de l'appréhension de l'objet même); j'ai alors le grand avantage sur tous ceux qui sont obligés de se justifier avant de pouvoir se glorifier de la vérité de leurs assertions. Je puis donc parler d'un ton d'autorité, comme un plaideur qui est dispensé de produire le titre de sa possession (*beati possidentes*). — Vive donc la philosophie par sentiment! elle nous conduit tout droit au fait! Adieu les arguties par notions, qui ne nous conduisent que par les détours des caractères généraux, et qui, avant même d'avoir une matière qu'elles puissent immédiatement travailler, demandent des formes déterminées auxquelles cette matière puisse être soumise! Et, tout en admettant que la raison ne peut pas expliquer grand'chose touchant la légitimité de l'acquisition de ces sortes d'aperçus, il y a toujours ce fait de certain : « La philosophie a des mystères qui *peuvent être perçus par le sentiment* » (1).

(1) Un célèbre professeur de ces mystères s'exprime ainsi : « Tant

Il s'agit maintenant d'une comparaison avec cet appât sensible d'un objet qui peut cependant se ren-

» que la raison, comme législatrice de la volonté, est obligée de dire au
» phénomène (il s'agit ici des actions libres des hommes) : *tu me plais,*
» *tu ne me plais pas,* elle devra regarder les phénomènes comme des pro-
» duits des réalités. » D'où il conclut que la législation de la raison n'a
pas seulement besoin d'une *forme,* mais aussi d'une *matière* (d'une étoffe,
d'une fin) comme principe déterminant de la volonté, c'est-à-dire qu'un
sentiment de plaisir (ou de déplaisir) *doit précéder* dans l'objet, quand la
raison doit être pratique.—Cette erreur, qui anéantirait toute morale
si on la laissait faire son chemin, et qui ne laisserait debout que la
maxime du bonheur, qui n'est proprement susceptible d'aucun principe objectif (parce qu'elle diffère suivant la différence même des sujets),
cette erreur, dis-je, ne peut être certainement mise en évidence par la
pierre de touche des sentiments. Ce *plaisir* (ou déplaisir), qui doit nécessairement *précéder la loi,* afin que l'action ait lieu, est *pathologique;*
mais celui *avant lequel* doit nécessairement marcher la loi, pour qu'il
existe, est *moral.* Le premier a pour raison des principes empiriques
(la matière de la volonté), celui-ci un principe pur *à priori* (où il s'agit
seulement de la forme de la détermination volontaire). — Le sophisme
(*fallacia causæ non causæ*) peut aussi être mis ici facilement à découvert, puisque l'eudémoniste présente le plaisir (*le contentement*) qu'un
honnête homme doit avoir la perspective de ressentir un jour par la
conscience qu'il aura de s'être bien conduit (par conséquent la perspective de sa *félicité* future) comme le *mobile* propre de sa bonne conduite
(conforme à la loi). Car devant le regarder auparavant comme honnête
et obéissant à la loi, c'est-à-dire comme une personne en qui *la loi
précède le plaisir,* pour qu'il éprouve un jour dans sa conscience d'avoir
vécu honnêtement, la joie de l'âme, il y a dans le raisonnement un
cercle où rien n'aboutit, puisqu'on prend la joie de l'âme, qui est une
conséquence, pour *cause* de cette conduite.

Quant au *syncrétisme* de quelques moralistes, de faire de *l'eudémonie,*
si ce n'est entièrement, du moins *en partie,* le principe objectif de la
moralité (tout en accordant que l'eudémonie a aussi quelque influence
subjective et secrète sur la détermination volontaire prise du devoir),
c'est cependant le droit chemin qui conduit à la négation de tout principe. Car les mobiles secrets qui proviennent de la considération du
bonheur, quoiqu'ils déterminent aux mêmes actions que les motifs qui
découlent des principes moraux purs, altèrent et énervent cependant le
sentiment moral même, dont la valeur et la dignité consistent précisément
à n'obéir qu'à la loi, sans faire attention au bonheur, et même en s'élevant
au-dessus de toutes ses recommandations.

contrer dans la raison pure.—Jusqu'ici on n'avait entendu parler que de *trois* degrés de la croyance, jusqu'à son évanouissement dans une parfaite incertitude : la science, la foi et l'opinion (1).

(1) On se sert du terme moyen dans le sens théorique, et qui signifie aussi quelquefois, tenir quelque chose pour *vraisemblable*. Mais alors il faut bien remarquer qu'on ne peut dire de ce qui dépasse toutes les limites possibles de l'expérience, qu'il soit *vraisemblable*, ni qu'il soit *invraisemblable*, et que le mot foi n'est pas non plus applicable dans le sens *théorique* par rapport à un tel objet. — Par l'expression : telle ou telle chose est *vraisemblable*, on entend un état moyen (de l'assentiment) entre opiner et savoir. Et alors arrive ce qui a lieu pour tous les autres états moyens, c'est qu'on en peut faire ce qu'on *veut*. —Mais si quelqu'un dit, par exemple, qu'il est au moins *vraisemblable* que l'âme survit à la mort, il ne sait pas *ce qu'il veut ;* car on appelle vraisemblable ce qui a de son côté, pour être réputé vrai, plus de la moitié de la certitude (de la raison suffisante). Les raisons doivent donc renfermer dans leur ensemble un savoir partiel, une partie de la *connaissance* de l'objet dont on juge. Or, si l'objet n'est pas celui d'une connaissance à nous possible (telle est la nature de l'âme, comme substance vivante, même en dehors de la liaison avec un corps, c'est-à-dire comme esprit), il n'y a pas de jugement à porter, ni vraisemblablement, ni invraisemblablement, sur la possibilité ; car, les prétendues raisons de connaître appartiennent à une série qui n'approche pas de la raison suffisante, par conséquent pas de la connaissance même, puisqu'ils se rapportent à quelque chose de sursensible, dont, comme tel, il n'y a pas de connaissance spéculative possible.

Il en est de même de la foi au *témoignage* de quelque autre chose qui doit regarder le sursensible. La croyance d'un témoignage est toujours quelque chose d'empirique ; et la personne au témoignage de laquelle je dois croire, doit être un objet d'une expérience. Mais si elle est un être sursensible, je ne puis alors être assuré de son existence, ni par conséquent qu'il existe un tel être qui m'atteste cela, par aucune expérience (parce qu'il y a là contradiction). Je ne puis pas non plus y arriver par voie de conclusion, en partant de l'impossibilité subjective de pouvoir m'expliquer le phénomène d'une parole intérieure qui m'est adressée, autrement que par une influence surnaturelle (en conséquence de ce qui a été dit du jugement par vraisemblance). Il n'y a donc pas de foi spéculative au sursensible.

Mais dans le sens pratique (moralement pratique) une foi au sur-

On en produit un nouveau, qui n'a rien du tout de commun avec la logique, qui ne doit pas être un progrès de l'entendement, mais une prévision sensitive (*prævisio sensitiva*) de ce qui n'est point du tout un objet des sens ; c'est-à-dire un *pressentiment* du sursensible.

Il est évident qu'il y a là un certain tact mystique, un saut (*salto mortale*) des notions à l'inconcevable, une faculté de saisir ce que n'atteint aucune notion, une attente de mystères, ou plutôt un appât dont ils sont les moyens, mais en réalité le renversement des

---

sensible n'est pas seulement possible, elle en est même inséparable. En effet, la somme de la moralité en moi, quoique sursensible, par conséquent pas empirique, est cependant donnée avec une autorité et une vérité incontestable (par un impératif catégorique); mais elle prescrit une fin qui, considérée théoriquement, sans une puissance d'un créateur du monde qui y conduise, est inaccessible par mes seules forces (le souverain bien). Mais *croire* en lui d'une manière moralement pratique, ce n'est pas en admettre théoriquement et par avance la réalité comme vraie, afin d'en tirer une lumière propre à faire comprendre la fin prescrite, et des mobiles pour agir, car déjà la loi de la raison y suffit objectivement ; mais c'est pour agir suivant l'idéal d'une fin, comme s'il y avait réellement un pareil gouvernement du monde, parce que cet impératif (qui ne prescrit pas la foi, mais l'action) contient du côté de l'homme obéissance et soumission de sa *volonté* à la loi, et en même temps du côté de la *volonté* qui lui prescrit une fin, une faculté conforme à cette fin (faculté qui n'est pas celle de l'homme), en considération de laquelle la raison humaine peut sans doute prescrire les actions, mais non la conséquence de actions (la fin à obtenir), qui n'est pas toujours, ou totalement au pouvoir de l'homme. Il y a donc déjà, dans l'impératif catégorique de la raison pratique, quant à la matière, qui dit à l'homme : je veux que tes actions soient en harmonie avec la fin dernière de toutes choses, la supposition d'une volonté législative, qui contient tout pouvoir (de la volonté divine); il n'est donc pas besoin de l'y faire entrer d'une manière spéciale.

têtes au profit du mysticisme. Car un pressentiment est une obscure prévision ; il contient l'espoir d'une solution, mais qui n'est possible dans les questions de la raison que par des notions. Quand donc ces questions sont transcendantes et ne peuvent conduire à aucune *connaissance* propre de l'objet, elles doivent promettre une communication surnaturelle (une illumination mystique); ce qui est la mort de toute philosophie.

Platon, l'académicien, a donc été, quoique involontairement (car il n'usait de ses intuitions intellectuelles que dans un sens rétrospectif pour *expliquer* la possibilité d'une connaissance synthétique *à priori*, et non d'une manière *prospective* pour étendre la connaissance par cette idée lisible dans l'entendement divin), le père de tout mysticisme *en philosophie*. — Mais je ne voudrais pas confondre Platon l'*épistolographe* (depuis peu traduit en allemand) avec le précédent. Celui-ci veut, indépendamment « des quatre *choses* » requises pour la connaissance, le *nom* de l'objet, la » *description*, l'*exposition* et la *science*, une *cin-* » *quième* (roue au chariot), à savoir, l'objet même » et sa *véritable existence.* »—« Cet être immuable, » qui ne s'aperçoit que dans l'âme et par l'âme où » s'allume d'elle-même une lumière, comme d'une » étincelle jaillissante de feu, il prétend (comme phi- » losophe illuminé) l'avoir saisi, bien cependant qu'on » n'en puisse absolument parler au peuple, parce

» qu'on serait à chaque instant convaincu d'igno-
» rance. Toute tentative de cette espèce serait péril-
» leuse, parce que ces hautes vérités seraient expo-
» sées à un mépris grossier, et (ce qui est ici la seule
» chose raisonnable) que l'âme pourrait se livrer à des
» espérances chimériques et à la vaine présomption
» de connaître de grands mystères. »

Qui ne voit ici le mystagogue, qui ne délire pas seulement pour lui seul, mais qui fait en même temps partie d'une association, et qui, parlant à ses adeptes, en opposition avec le peuple (par lequel il faut entendre tous ceux qui ne sont pas initiés), fait de la *hauteur* avec sa prétendue philosophie ?

Dans la nouvelle langue mystico-platonicienne on dit : « Toute la philosophie des hommes ne peut indiquer qu'une aurore ; le soleil doit être pressenti. » Personne cependant ne peut pressentir un soleil, s'il n'en a jamais vu ; car il pourrait bien arriver que sur notre globe le jour succédât régulièrement à la nuit (comme dans la *Genèse* mosaïque), sans qu'on vît jamais de soleil, à cause des nuages qui couvriraient constamment le ciel, et que tout cependant allât son train suivant cette succession (de jour et de saison). Dans un pareil état de choses, un vrai philosophe ne *pressentirait* pas un soleil, il est vrai (car ce n'est pas son affaire), mais il pourrait peut-être *présumer* en conséquence, pour expliquer ce

phénomène par l'hypothèse d'un pareil corps céleste, et rencontrer assez juste. — A la vérité, il n'est pas possible de voir dans le soleil (le sursensible) sans percevoir ; mais on peut très-bien *le* voir d'une manière réfléchie (par la réflexion de la raison illuminant l'âme moralement), et même suffisamment au point de vue pratique, comme le faisait *Platon* l'ancien. Au contraire, les néoplatoniciens « ne nous donnent certainement qu'un soleil de théâtre, » parce qu'ils veulent *nous* faire illusion par des sentiments (pressentiments), c'est-à-dire par quelque chose de purement subjectif, qui ne donne aucune notion de l'objet, pour nous attirer par la présomption de la connaissance d'un objectif transcendant. — Le philosophe sentimentaliste qui platonise de la sorte est inépuisable en expressions figurées, destinées à faire comprendre ce pressentiment ; par exemple : « appro-
» cher de si près la sagesse divine qu'on peut enten-
» dre le *frôlement* de sa robe. » Il n'est pas moins fécond dans l'éloge de l'art par le *faux Platon* :
« puisque s'il ne peut lever le voile d'Isis, il sait du
» moins le rendre si léger, qu'on peut pressentir la di-
» vinité qu'il recouvre. » Quel est le degré de cette finesse du voile, c'est ce qu'on ne nous dit pas ; mais il reste probablement assez épais pour qu'on puisse faire ce qu'on veut du fantôme : car autrement il y aurait vision ; ce qui devait être évité.

La même cause est soutenue, à défaut de bonnes preuves, par des « analogies, des vraisemblances » (dont il a déjà été question tout à l'heure), qu'on donne pour des arguments, ainsi que « la crainte de rendre la raison impuissante, en l'énervant par une sublimation métaphysique si débilitante, qu'elle pourra difficilement tenir dans la lutte avec le vice (1). » C'est

(1) Ce que le platonicien a dit jusqu'ici est, en ce qui concerne le traité de son thème, de la pure *métaphysique*, et ne peut par conséquent intéresser que les principes formels de la raison. Mais insensiblement la métaphysique insinue l'*hyperphysique*, c'est-à-dire pas à beaucoup près des principes de la raison pratique, mais une théorie de la *nature* du sursensible (de Dieu, de l'esprit humain), et entend la filer « pas aussi finement. » L'exemple suivant fera voir *combien vaine et nulle* est une philosophie qui s'attache ici à la matière (à l'objet) des notions pures de la raison.

La notion transcendantale de Dieu, comme *être de tous les êtres le plus réel*, ne peut être omise en philosophie, si abstraite qu'elle soit; car elle appartient à l'entendement, et sert en même temps à épurer toutes les notions concrètes, qui peuvent entrer plus tard dans la théologie appliquée et dans la religion. Or, on se demande si l'on peut concevoir Dieu comme *ensemble* (complexus, aggregatum) de toutes les réalités, ou comme leur *principe* suprême? Si je suppose la première de ces alternatives, je devrai donner des exemples de cette matière dont j'ai composé l'Etre suprême, afin que la notion ne soit pas tout à fait vide et sans signification. Je lui attribuerai donc un *entendement*, ou même une *volonté*, etc., comme autant de réalités. Mais l'entendement que je connais est une faculté de *penser*, c'est-à-dire une faculté discursive de représentation, ou une faculté qui est possible par un caractère commun à plusieurs choses (de la différence desquelles je dois faire abstraction dans la pensée), par conséquent pas sans *limitation* du sujet. Un entendement ne doit donc pas être regardé comme une faculté de penser. Et comme je n'ai pas la moindre notion d'un autre entendement, qui serait une sorte de faculté intuitive, celle d'un entendement que je plaçais dans le Souverain Etre est entièrement vide de sens. — De même, quand je lui attribue une autre réalité, une *volonté* par laquelle il est cause de toutes choses hors de lui, je suis forcé de l'admettre telle que le contentement qu'il y trouve (*ac-*

au contraire, c'est dans ces principes *a priori* que la raison pratique sent particulièrement une force, qu'elle

quiescentia) ne dépende absolument point de l'existence des choses qui lui sont extérieures, car il y aurait là limitation (*negatio*). Or, ici encore je n'ai pas la moindre notion, je ne puis donner aucun exemple d'une volonté dans laquelle le sujet ne fonde pas sa satisfaction sur le *succès* de ce qu'il veut, et qui par conséquent ne *dépende* pas de l'existence de l'objet extérieur. La notion d'une volonté du Souverain Etre, comme d'une réalité qui lui est inhérente, comme celle qui précède, est donc ou une notion vide et vaine, ou (ce qui est encore pis) une notion anthropomorphique, qui, si elle passe dans la pratique, comme c'est inévitable, corrompt toute religion, la convertit en idolâtrie. — Si maintenant je conçois l'*ens realissimum* comme *fondement* de toute réalité, alors je dis : Dieu est l'être qui contient le principe de tout ce qui est dans le monde ; *ce qui nous oblige, nous autres hommes, de supposer une intelligence* (par exemple de tout ce qu'il y a de finalité dans le monde). Il est l'être principe de l'existence de tous les êtres cosmiques, non par la nécessité de sa *nature* (*per emanationem*), mais suivant un rapport qui nous oblige, *nous, hommes*, à reconnaître *une volonté libre*, pour en comprendre la possibilité. Ici la *nature* du Souverain Etre (sa nature objective) peut nous être entièrement inaccessible, et tout à fait en dehors de la sphère de toute connaissance théorique à nous possible, et cependant rester (subjectivement) une réalité pour ces notions *au point de vue pratique* (pour la conduite de la vie); réalité à l'égard de laquelle on ne peut établir qu'une simple *analogie* de l'entendement et de la volonté de Dieu avec les deux facultés dans l'homme et sa raison pratique, quoiqu'au point de vue théorique il n'y ait aucune analogie. De la loi morale que nous prescrit avec autorité notre propre raison, et non de la théorie de la nature des choses en soi, sort donc la notion de Dieu, que la raison pratique pure nous oblige de nous *faire à nous-mêmes*.

Quand donc l'un des forts qui proclament aujourd'hui par inspiration une sagesse qui ne leur donne aucune peine, parce qu'ils prétendent attraper cette déesse par la queue de sa robe et s'en être rendus maîtres, dit : « qu'il méprise celui qui pense se *fabriquer* son *dieu*, » c'est là un des traits de la caste au ton *élevé* (comme particulièrement favorisée). Il est clair en effet qu'une notion qui doit procéder de notre raison, doit être notre œuvre. Mais si nous voulions la tirer de quelque phénomène (d'un objet de l'expérience), le fondement de notre connaissance serait empirique, et sans valeur pour personne, par conséquent inutile à la certitude pratique apodictique, qui doit avoir une loi universellement obligatoire. Bien plus, nous devrions n'a pas pressentie d'ailleurs ; c'est bien plutôt par un empirisme supposé (qui est par cette raison inutilement donné comme législation universelle) que la raison est énervée et paralysée.

Enfin la nouvelle sagesse allemande invite *à philosopher par sentiment* (non sans doute, comme celle d'il y a quelques années, pour ranimer et *fortifier* le *sens* moral *par la philosophie*), comme à une épreuve ; elle y trouvera nécessairement sa perte. Tel est son défi : « Le caractère le plus sûr de la vérité de la philosophie humaine n'est pas de nous rendre plus certains, mais meilleurs. » On ne peut exiger de cette épreuve que l'amendement de l'homme (opéré par un sentiment mystérieux) soit attesté par un essayeur qui en mettrait la moralité au creuset ; car chacun peut facilement apprécier le titre des bonnes actions ; mais s'il s'agit de dire combien elles contiennent de fin dans le sentiment, personne n'en peut donner un témoignage d'une *valeur publique*. Tel il

comparer tout d'abord une sagesse, qui nous apparaîtrait en personne, à la notion que nous nous serions faite, comme à un prototype, pour nous assurer si cette personne correspond aussi au caractère de ce prototype de notre façon ; et dans le cas même où nous n'y trouverions rien qui y contredit, il serait cependant impossible absolument d'en reconnaître l'accord avec ce prototype, autrement que par une expérience sursensible (parce que l'objet est sursensible). Ce qui est contradictoire. La *théophanie* fait de l'idée de Platon une *idole*, qui ne peut être honorée que par superstition. Au contraire la *théologie*, qui part des notions de notre propre raison, propose un *idéal* qui nous force à prier, puisqu'il résulte des plus saints devoirs, indépendants de la théologie.

devrait être cependant s'il devait prouver que ce sentiment rend en général les hommes meilleurs, lorsque au contraire la théorie scientifique est inféconde et inerte. La pierre de touche demandée ne peut donc être donnée par aucune expérience ; elle doit être cherchée dans la seule raison pratique, ou elle est donnée *a priori*. L'expérience interne, le sentiment (qui est de sa nature empirique et contingent) n'est excité que par la voix de la raison (*dictamen rationis*), qui parle clairement à chacun, et qui est capable d'une connaissance scientifique, et n'est pas une règle pratique particulière pour la raison, et comme introduite par le sentiment ; ce qui est impossible, une pareille règle ne pourrait jamais avoir une valeur universelle. On doit donc pouvoir reconnaître *a priori* quel principe est capable de rendre les hommes meilleurs, pourvu toutefois qu'il soit porté clairement et constamment à leur âme, et qu'on fasse attention à l'impression puissante qu'il exerce sur eux.

Or, chaque homme trouve dans sa raison l'idée du devoir, et tremble à sa voix d'airain, lorsque les passions le sollicitent à l'enfreindre. Il est persuadé qu'alors même que toutes les passions seraient conjurées contre elle, la majesté de la loi que lui prescrit sa propre raison, doit les vaincre toutes, et que sa volonté doit par conséquent pouvoir en venir à bout. Tout ceci peut et doit être présenté à l'homme, sinon scientifiquement, du moins avec clarté, afin qu'il soit assuré de l'autorité de la raison qui lui commande, et de celle de ses ordres mêmes. La théorie va jusque là. — Si maintenant je suppose un homme qui se demande : Qu'est-ce qui fait en moi que je puis sacrifier les attraits les plus intimes de mes appétits, et tous les désirs qui procèdent de ma nature, à une loi qui ne me promet aucun avantage en retour, qui ne me menace d'aucune peine en cas de transgression ; à une loi que j'honore d'autant plus même qu'elle est plus stricte et qu'elle offre moins en compensation ? Cette question excite l'âme entière par l'admiration qu'occasionne la grandeur et la sublimité des dispositions intérieures de l'homme, comme par l'impénétrabilité du mystère qui la recouvre (car la réponse : c'est la liberté, serait tautologique, parce que la liberté est précisément le mystère même). On ne se rassasie pas de contempler ce spectacle, ni d'admirer en soi-même une puissance qui ne cède à aucune puissance de la nature ; et cette admiration est tout juste le sentiment produit par les idées, sentiment qui pénétrerait profondément dans l'âme, et ne manquerait pas de rendre les hommes moralement *meilleurs*, si, en sus de l'enseignement de la morale dans les écoles et dans les chaires, les docteurs s'attachaient d'une manière particulière à l'exposition fréquente de ce mystère.

Il s'agit donc ici de ce qui *manquait* à *Archimède*,

et qu'il ne trouva pas, je veux dire d'un point fixe où la raison puisse appuyer son levier, de telle façon, il est vrai, qu'elle le pose, non sur le monde actuel ni sur le monde à venir, mais uniquement sur son idée intérieure de liberté, qui est donnée comme fondement assuré par l'inébranlable loi morale, pour de là mettre en mouvement, par ses principes, la volonté humaine, malgré même la résistance de la nature entière. Tel est donc le mystère qui ne peut être *sensible* qu'après un long développement des notions intellectuelles, qu'après l'examen soigneux des principes, c'est-à-dire le travail. — Il n'est pas donné empiriquement (proposé à résoudre à la raison), mais *a priori* (comme un aperçu réel dans les limites de la raison), et qui étend même la connaissance rationnelle jusqu'au sursensible, mais au point de vue pratique seulement; non pas, sans doute, par un *sentiment* qui servirait de fondement à une connaissance (le sentiment mystique), mais par une *connaissance* claire qui agit sur le sentiment (le sentiment moral). — Le ton de celui qui s'estime posséder ce véritable mystère ne peut être élevé; car le savoir dogmatique ou historique seul donne cette enflure. Le savoir du dogmatique tempéré par la critique de sa propre faculté, le rend inévitablement mesuré dans ses prétentions (modeste); mais la fatuité de l'historien, la lecture de *Platon* et des classiques, qui ne servent qu'à former le goût, ne peuvent autoriser, avec de la critique, à faire le philosophe.

Dans un temps comme le nôtre, où il est de mode de se parer du titre de philosophe, et où le philosophe de la *vision* (s'il peut y en avoir un semblable) pourrait bien finir par se faire de nombreux partisans, grâce à la facilité d'atteindre sans effort, par un bond hardi, le faîte de la connaissance (car l'audace est contagieuse), il ne m'a pas semblé inutile de châtier cette prétention : la police du royaume des sciences ne peut la tolérer.

La manière dédaigneuse de traiter le *formel* de notre connaissance (ce qui est cependant la principale affaire de la philosophie) comme une pédanterie, en l'appelant « une *fabrique de formes,* » confirme le soupçon d'un dessein secret de proscrire en réalité, sous couleur de philosophie, toute philosophie véritable, et de chanter hautement victoire :

> Pedibus subjecta vicissim
> Obteritur, nos exæquat victoria cœlo.   (Lucret.)

Mais on verra par l'exemple suivant le peu de succès laissé à cette tentative par la vigilance d'une critique toujours attentive.

L'essence de la chose consiste dans la forme (*forma dat esse rei,* disaient les scolastiques), en tant que cette essence doit être connue de la raison. Si cette chose est un objet des sens, alors la forme des choses est dans l'intuition (comme forme des phénomènes), et même la mathématique pure n'est qu'une théorie des formes de l'*intuition* pure ; de même que la métaphysique, comme philosophie pure, fonde souverainement sa connaissance sur les *formes de la pensée* auxquelles tout objet (matière de la connaissance) doit être subsumé. A ces forces tient la possibilité de toute connaissance synthétique *a priori,* connaissance d'une réalité incontestable. — Or, le passage au sursensible auquel la raison nous porte irrésistiblement, et qu'elle ne peut effectuer qu'au point de vue moralement pratique, n'est opéré par la raison qu'au moyen de lois (pratiques), qui ont pour principe non la matière des actions libres (leur fin), mais bien leur forme, l'utilité de leurs maximes pour l'universalité d'une législation en général. Dans le double champ (de la théorie et de la pratique), la *production d'une forme* n'est pas conçue arbitrairement, comme pourrait l'être celle d'une *esquisse* ou d'un *mode de fabrication* (à l'usage d'un Etat); c'est un travail préalable, fait avec soin et scrupule, avant toute *manipulation* de l'objet donné, sans y penser même, travail qui a pour but d'accepter et d'apprécier notre propre faculté (la raison). Au contraire le digne homme, qui s'annonce comme l'oracle de la vision du sursensible, ne pourra pas se justifier de l'avoir fait consister dans un traité mécanique des intelligences, et de ne l'avoir décoré du nom de philosophie que pour l'honneur.

Mais à quoi bon toute cette dispute entre deux partis qui sont, en définitive, animés d'un dessein également louable, celui de rendre les hommes sages et justes ? — C'est du bruit pour rien, une querelle par malentendu, où il n'est besoin d'aucune réconciliation; une explication réciproque suffit pour arriver à une conclusion qui rendra l'accord plus intime encore à l'avenir.

La divinité cachée, devant laquelle nous fléchissons tous deux le genou, est la loi morale en nous, dans son inviolable majesté. Nous en entendons la voix sans doute, nous en comprenons même très-clairement les ordres, mais en l'écoutant nous doutons si elle vient de l'homme, de la toute-puissance de sa propre raison, ou si elle part d'un autre dont la nature lui est inconnue, et de ce qu'elle dit à l'homme par sa propre raison. Au fond, peut-être ferions-nous mieux de laisser là cette recherche, puisqu'elle est toute spéculative, et que ce qui se présente à faire (objectivement) est toujours le même, quelque principe qu'on admette pour fondement : il y a seulement cette différence que le procédé didactique de ramener, par une méthode rationnelle, la loi morale en nous à des notions claires est seul *philosophique,* tandis que celui de personnifier cette loi, et de faire de la raison moralement législative une Isis voilée (tout en ne lui attribuant d'autres qualités que celles qu'on trouve par la première méthode), est une manière *esthétique* de se représenter exactement la même chose; manière dont on peut assurément user, quand, par la première, on a tiré au clair les principes, pour animer cette Idée par une exposition sensible, quoique seulement analogique. Mais il y aura toujours là un certain danger de tomber dans les visions chimériques qui sont la mort de toute philosophie.

La faculté de *pressentir* cette divinité serait donc une expression qui ne signifierait autre chose qu'être conduit par le *sens* moral aux notions de devoir, avant d'avoir pu s'*éclaircir* les principes dont dépend ce sentiment. Ce pressentiment d'une loi, traité méthodiquement, politiquement, se transforme en une connaissance claire; ce qui est l'œuvre propre de la philosophie, sans laquelle cette expression de la raison serait la voix d'un *oracle* (1) exposé à toutes sortes d'interprétations.

(1) Ce commerce de mystères est d'une tout autre espèce. Ses adeptes ne font aucune difficulté de convenir qu'ils ont allumé leur flambeau chez Platon, et ce prétendu Platon confesse naïvement, si on lui demande en quoi cette lumière consiste, qu'il ne peut le dire. Tant mieux! car il est entendu que lui, comme un autre Prométhée, en a immédiatement tiré l'étincelle du feu du ciel. On peut parler tout à son aise d'un ton élevé quand on est d'une antique et noble race, et qu'on peut dire : « dans ce siècle de sagesse, tout ce qui est dit ou

Du reste, « si, sans admettre cette proposition d'accommodement, comme Fontenelle le disait dans une autre occasion, « M. N. veut absolument croire aux oracles, personne ne l'en peut empêcher. »

» fait par sentiment, est regardé comme mysticisme. Pauvre Platon !
» si tu n'avais pas pour toi le sceau de l'antiquité, et si l'on pouvait
» prétendre à l'érudition sans t'avoir lu, qui voudrait te lire encore
» dans un siècle *prosaïque* où la plus haute sagesse consiste à ne voir
» que ce qui est à nos pieds, à n'admettre que ce qui peut se saisir avec
» les mains ! » — Mais, par malheur, le raisonnement conclut mal ; il prouve trop ; car un philosophe extrêmement prosaïque, *Aristote*, a bien aussi en sa faveur le cachet de l'antiquité ; et, à ce compte, il pourrait aussi prétendre à être lu ! — Au fond, toute philosophie est bien un peu prosaïque ; et le conseil de philosopher aujourd'hui d'une manière poétique pourrait bien être pris pour celui qu'on donnerait à un marchand de ne plus écrire désormais en prose ses livres de commerce, de les rédiger en vers.

XI

ACCOMMODEMENT

D'UN

DIFFÉREND MATHÉMATIQUE

RÉSULTANT D'UN MALENTENDU.

1796

Dans un article de la *Revue mensuelle de Berlin* (mai 1796), j'avais, par forme d'exemple du mysticisme, auquel des questions mathématiques peuvent conduire, placé dans la bouche d'un pythagoricien mystique en fait de nombres, la question de savoir : « Ce qui fait que le rapport rationnel des trois côtés d'un triangle rectangle ne peut être que le nombre 3, 4, 5. » — J'avais donc regardé cette proposition comme vraie. M. le docteur et professeur *Reimarus* la réfute, et prouve (dans le même recueil n° 6) que d'autres nombres que ceux-là peuvent être dans le rapport indiqué.

Rien ne semble donc être plus clair que de nous comprendre dans une question toute mathématique (où, en général, il n'y a presque pas de désaccord). Aussi, le différend provient-il d'un malentendu. Le même mot a été pris par chacun de nous dans un sens particulier ; aussitôt après s'en être expliqué l'un à l'autre, la difficulté a disparu, et les deux parties ont eu raison. — Thèse et antithèse présentent donc le rapport qui suit.

R. dit (ou du moins il conçoit ainsi sa proposition) :

« dans le *nombre* infini *de tous les nombres possibles* (conçus *séparément*), il y a, en ce qui concerne les côtés du triangle rectangle, plus de rapports rationnels que ceux qui sont représentés par ces nombres 3, 4, 5. »

K. dit (c'est du moins ainsi qu'il conçoit la contre-proposition) : dans la *série* infinie *de tous les nombres progressifs dans l'ordre naturel* (depuis zéro par l'addition successive d'une unité), il n'y a pas d'autre rapport rationnel de ces côtés *entre ceux qui se succèdent immédiatement* (par conséquent comme *unis*) que celui des nombres 3, 4, 5. »

Les deux propositions ont pour elles des preuves strictes, et ni l'un ni l'autre des contendants n'a le mérite d'être l'inventeur de ces preuves.

Il ne s'agit donc plus que de décider lequel des deux a été cause du malentendu. — Si la question (*Thema*) était purement mathématique, cette faute serait imputable à K.; en effet la *proposition* exprime d'une manière *universelle* la propriété en question des nombres (sans penser à la série qu'ils forment). Mais la question ne doit servir ici que comme exemple du désordre introduit avec les mathématiques par le mysticisme numérique des Pythagoriciens, quand on *veut philosopher* sur des propositions arithmétiques. Et alors on pouvait bien supposer que cette *antithèse* serait prise dans le sens suivant lequel un mystique pouvait espérer de trouver quelque chose de *singulier* et d'esthétiquement remarquable parmi les propriétés des nombres ; telle est une liaison limitée à trois nombres qui se tiennent immédiatement dans la série infinie des nombres, quoique les mathématiques n'y trouvent rien de merveilleux.

M. *Reimarus*, je l'espère, ne m'accusera donc pas d'avoir été cause qu'il ait pris la peine inutile de prouver une proposition dont personne, que je sache, n'a jamais douté.

XII

ANNONCE

DE LA PROCHAINE CONCLUSION D'UN TRAITÉ

DE

PAIX PERPÉTUELLE

EN PHILOSOPHIE.

1796

SECTION PREMIÈRE.

Heureux espoir d'une prochaine paix éternelle.

Du degré le plus bas de la nature vivante de l'homme, jusqu'à son degré le plus élevé, jusqu'à la philosophie.

Chrysippe, dans son rude langage de stoïcien, dit (1) : « La nature a donné au porc, en guise de *sel,* une âme, pour qu'il ne se corrompe pas. » C'est le plus bas degré de la nature humaine avant toute culture, l'instinct purement animal. Mais c'est comme si le philosophe avait jeté, en disant cela, un regard prophétique sur les systèmes physiologiques de notre temps; excepté qu'aujourd'hui au lieu du mot âme on emploie de préférence le mot *force vitale* (en quoi l'on a raison, parce qu'on peut bien conclure de l'effet à une *force* qui le produit, mais pas immédiatement à une substance particulièrement appropriée à cette espèce d'effet). Or il fait consister la vie dans

(1) Cicer. *de Natura Deor.* ii, 160.

l'*action* (*Einvirkung*) de forces excitantes (dans l'excitation vitale) et dans la faculté de *réagir* sur les forces excitantes (la faculté vitale), et il appelle *sain* l'homme dans lequel une excitation proportionnelle produit un effet qui n'est ni trop fort ni trop faible. L'opération *animale* de la nature serait au contraire *chimique*, et serait naturellement suivie de la corruption. En sorte que la corruption ne devrait pas être (comme on le croyait autrefois) une conséquence et une suite de la mort ; c'est au contraire la mort qui devrait être une conséquence de la corruption. — La *nature* est ici représentée dans l'homme avant son humanité, par conséquent dans son universalité, telle qu'elle agit dans l'animal, pour développer seulement des forces que l'homme peut ensuite appliquer suivant des lois de liberté ; mais cette activité et son excitation ne sont point pratiques ; elles ne sont que mécaniques encore.

A.

DES CAUSES PHYSIQUES DE LA PHILOSOPHIE DE L'HOMME.

Si l'on *fait abstraction* de la *conscience*, qui distingue l'homme de tous les autres animaux, qui en fait un animal *raisonnable* (qui ne peut avoir qu'*une seule* âme, puisqu'il n'a qu'une conscience), le *pen-*

chant à se servir de cette faculté pour raisonner, et même pour raisonner par simples notions, c'est-à-dire pour *philosopher*, prend un caractère méthodique. Il tend à vexer autrui par la polémique philosophique, c'est-à-dire à *disputer*. Et comme il n'est pas facile de le faire sans passion, il va jusqu'à *quereller* en faveur de sa philosophie, et même jusqu'à *faire une guerre* ouverte en masses réunies les unes contre les autres (école contre école, comme armée contre armée). Ce penchant, ou plutôt cette *démangeaison* doit être regardée comme une des bienfaisantes et sages institutions de la nature; elle s'en sert pour préserver l'homme d'un grand mal, celui de tomber en pourriture, malgré sa vie corporelle.

De l'action physique de la philosophie.

Cette action est la santé (*status salubritatis*) de la raison, comme effet de la philosophie. — Mais comme la santé de l'homme (d'après ce qui précède) est un mouvement continuel de la maladie à la santé et réciproquement, la seule *diète* de la raison pratique (comme une sorte de gymnastique de cette raison) ne suffit pas pour maintenir l'équilibre qu'on appelle santé; la philosophie doit agir (thérapeutiquement) comme *remède* (*materia medica*); remède dont l'usage exige des administrateurs et des médecins (ces derniers ont seuls le droit de prescrire cet *usage*). A propos de quoi la police doit veiller à ce que de vrais médecins, des médecins habiles et non de simples amateurs, s'arrogent le droit de *conseiller l'étude de telle ou telle philosophie*, et qu'ainsi on ne déshonore pas un art dont on ne possède que les premiers éléments.

Le philosophe *Posidonius* est un exemple de la philosophie, comme moyen médical, par l'expérience faite sur sa personne en présence du grand Pompée (Cicer. *Tuscul.* quæst. II, 61) : par une vive attaque contre l'école d'Epicure, il surmonta un violent accès de goutte, la fit descendre aux pieds, sans lui permettre de se fixer au cœur ou à la tête, et prouva par là l'*effet physique* de la philosophie, tel que la nature l'envisage (la santé corporelle), lorsqu'il déclamait sur la proposition *que la douleur n'est pas un mal* (1).

(1) Il est plus facile en latin qu'en grec d'éviter l'équivoque dans les expressions *souffrance* (*malum*) et *péché* (*pravum*). — Par rapport au bien-être et à la *souffrance* (la douleur), l'homme (comme tous les êtres sensibles) est soumis à la loi de la nature et purement passif; par rapport au *péché* (et au bien moral), il est soumis à la loi de la *liberté*. La première contient ce que l'homme *souffre*; la seconde, ce qu'il *fait* librement. Par rapport au *destin* la *distinction* entre le droit et le gauche (*fato vel dextro, vel sinistro*) est une simple différence dans le rapport extérieur de l'homme. Mais quant à la liberté et au rapport de la loi à ses inclinations, c'est une distinction dans l'intérieur de lui-même. — Dans le premier cas le *droit* est opposé à l'*oblique* (*rectum obliquo*); dans le second, le droit est opposé au *courbe*, au rabougri, au tordu (*rectum pravo s. varo, obtorto*).

Si les Latins ont assigné à l'événement malheureux le côté gauche,

De l'apparence de l'impossibilité d'une paix perpétuelle en philosophie.

Le *dogmatisme* (celui de l'école de Wolf, par exemple) est un oreiller pour dormir, et le terme de toute animation, bien que l'animation soit cependant le bienfait de la philosophie. — Le *scepticisme*, qui, lorsqu'il est absolu, est le contraire du dogmatisme, n'a rien avec quoi il puisse exercer sur la raison mobile quelque influence, parce qu'il ne fait usage de rien. — Le *modérantisme*, qui tient le milieu, croit trouver dans la *vraisemblance* subjective la pierre de touche des sages, et pense qu'en accumulant un grand nombre de principes isolés (dont aucun n'est en soi démonstratif) il suppléera au défaut de la raison suffisante; mais ce n'est pas là une philosophie; il en est de ce remède (la *doxologie*), comme de la teinture contre la peste ou de la thériaque vénitienne, qui *ne sont bonnes à rien*, à cause de la *trop grande propriété* qu'elles ont en tous sens.

_{c'est peut-être parce qu'on est moins habile à repousser une attaque avec la main gauche qu'avec la droite. Mais si, dans les présages, quand l'augure avait tourné ses regards vers ce qu'on appelait le temple (le midi), il regardait comme favorable l'éclair de gauche, c'est peut-être par la raison que le Jupiter Tonnant, qui était imaginé regardant l'augure, tenait la foudre de la main droite.}

De la possibilité d'une paix perpétuelle en philosophie, dans le système de la philosophie critique.

La philosophie *critique* est celle qui ne commence pas par *essayer* de bâtir ou de renverser des systèmes, ou seulement (comme le modérantisme) d'établir un toit sans maison, pour avoir, au besoin, un abri. Elle commence au contraire par l'examen de la *faculté* de connaître de la raison humaine (quel qu'en soit le dessein), et ne sophistique pas ainsi quand il s'agit de questions philosophiques qui ne peuvent trouver leur solution dans aucune expérience possible. — Or, il y a cependant quelque chose dans la raison humaine qui ne peut être connu par aucune expérience, et dont les effets pouvant être révélés par l'expérience, et dès lors absolument ordonnés (et même suivant un principe *à priori*), prouvent cependant la réalité et la vérité. C'est la notion de la *liberté*, et la loi qui en émane de l'impératif catégorique, c'est-à-dire qui prescrit d'une manière absolue. — Grâce à cet impératif, des *idées* qui seraient entièrement vaines pour la raison purement spéculative, quoique cette raison nous y renvoie inévitablement comme à des principes de connaissance de notre fin dernière, reçoivent une réalité pratique, bien que moralement pratique seulement ; celle de nous *comporter* comme si leurs objets

(Dieu et l'Immortalité), qu'on peut par conséquent envisager à cet égard (pratiquement) comme des postulats, étaient donnés.

Cette philosophie, qui est toujours sur le pied de guerre (contre ceux qui confondent les phénomènes pris à contre-sens avec les choses en soi), et par là même toujours inséparable de l'activité rationnelle, fait naître l'espoir d'une éternelle paix entre les philosophes, d'un côté par suite de l'impuissance des preuves *théoriques* du contraire, de l'autre par la force des raisons *pratiques* en faveur de ses principes. Cette paix offre en outre l'avantage de tenir toujours en haleine les facultés du sujet constamment menacé, et de favoriser ainsi par la philosophie le dessein de la nature, qui est de vivifier constamment le sujet, de le préserver d'un sommeil léthargique.

A ce point de vue, on doit préférer la prétention d'un homme qui, toujours actif et encore dans l'âge de la force, s'est illustré non-seulement dans sa partie (les mathématiques), mais aussi dans un grand nombre d'autres, le regarder non comme un messager de malheur, mais comme un *vœu* (*Gluekcwunsch*), lorsqu'il refuse absolument aux philosophes une paix qui leur permette de se reposer commodément sur de prétendus lauriers (1).

---

(1) Si la guerre pouvait être évitée,
Et la sagesse être écoutée,
Tous les hommes vivraient en paix.
Quant aux philosophes, jamais. KAESTNER.

En effet, une paix semblable ne manquerait guère d'énerver les facultés, et tromperait les intentions de la nature par rapport à la philosophie, comme moyen constant de pousser l'humanité à sa fin dernière. Au contraire, une constitution guerrière n'est pas encore la guerre; elle peut et doit bien plutôt la prévenir par une prépondérance décisive des raisons pratiques sur les raisons contraires, et assurer ainsi la paix.

B

FONDEMENTS HYPERPHYSIQUES DE LA VIE DE L'HOMME AU PROFIT D'UNE PHILOSOPHIE PRATIQUE.

Grâce à la raison, l'âme de l'homme a reçu un *esprit* (mens, νοῦς), qui fait que sa *vie* n'est pas soumise au pur mécanisme de la nature et à ses lois techniquement pratiques, mais qu'elle peut être réglée sur la spontanéité de la *liberté* et sur ses lois moralement pratiques. Ce principe de vie ne se fonde pas sur des notions du *sensible*, qui toutes présupposent (avant tout usage pratique de la raison) une *science*, c'est-à-dire une connaissance théorique; il procède au contraire étroitement et immédiatement d'une idée du *sursensible*, de la *liberté* et de l'impératif moral catégorique, qui nous la révèle. Il fonde ainsi une philosophie dont la théorie n'est pas, il est vrai (comme les mathématiques), un bon instrument (propre à toutes sortes de fins), par conséquent un simple moyen, mais qu'*il est obligatoire en soi* de mettre en pratique.

Qu'est-ce que la philosophie comme doctrine qui est, de toutes les sciences, la plus nécessaire à l'homme ?

C'est celle, comme le nom le fait assez voir, qui a pour objet la *recherche de la sagesse*. La sagesse est l'accord de la volonté avec la *fin dernière* (le souverain bien). Et comme cette fin, en tant qu'elle est accessible, est aussi un devoir et réciproquement, en ce sens que si elle est un devoir, elle doit aussi être accessible, est une loi des actions, mais une loi morale, la sagesse pour les hommes n'est autre chose que le principe interne de la *volonté* de suivre les lois morales, quel qu'en puisse être l'*objet,* parce qu'une volonté déterminée par un objet empirique peut bien servir de base à une règle techniquement pratique, mais pas à un *devoir* (qui n'est pas un rapport physique).

Des objets sursensibles de notre connaissance.

Ce sont *Dieu*, la *liberté* et l'*Immortalité*. — 1° *Dieu* comme être qui oblige tous les autres ; 2° la *Liberté* comme faculté que possède l'homme d'assurer l'accomplissement de ses devoirs (comme préceptes divins) contre toute puissance de la nature ; 3° l'*Immortalité*, comme état où le bonheur ou le malheur de l'homme doit être en rapport avec son mérite moral.

— On voit que ces trois choses forment en elles comme l'enchaînement des trois propositions d'un *raisonnement* attributif; et comme aucune réalité objective ne peut leur être théoriquement accordée, parce qu'elles sont des idées du sursensible, on ne leur en conçoit une possible, si elles en sont susceptibles d'ailleurs, qu'au point de vue pratique, comme *postulats* de la raison moralement pratique (1).

Parmi ces idées, la moyenne, celle de liberté, dont l'existence est contenue dans l'impératif catégorique, qui ne permet aucun doute, est accompagnée des deux autres. L'impératif supposant le principe suprême de la *sagesse*, par conséquent aussi la fin dernière de la volonté parfaite (la suprême félicité d'accord avec la moralité), contient seulement la condition sans laquelle seule cette fin peut être atteinte. En effet l'être qui

(1) Un *postulat* est un impératif pratique, donné *à priori*, dont la possibilité n'est susceptible d'aucune explication (par conséquent d'aucune preuve). On ne postule donc pas des choses, ou en général l'*existence* de quelque objet, mais seulement une maxime (règle) de l'action d'un sujet. — Si donc il y a devoir d'agir pour une certaine fin (le souverain bien), je dois aussi pouvoir admettre qu'il y a des conditions sous lesquelles seules l'accomplissement d'un devoir est possible, quoique ces conditions soient sursensibles, et que nous ne puissions en avoir (théoriquement) aucune connaissance.

peut seul opérer cette équitable rétribution est Dieu ;
et l'état dans lequel seul cette justice peut être rendue
à des êtres raisonnables faisant partie de ce monde
d'une manière parfaitement d'accord avec cette fin
dernière, est celui d'une durée de vie déjà fondée dans
la nature même, c'est-à-dire l'*immortalité*. Car si la
durée ultérieure de la vie n'avait pas là sa raison
d'être, elle n'indiquerait qu'une *espérance* d'une vie
à venir, mais pas une vie future nécessaire à supposer
par la raison (en conséquence de l'impératif moral).

Résultat.

C'est donc un simple malentendu, ou une confusion
des principes moralement pratiques de la moralité avec
les principes théoriques sans lesquels seuls les premiers
peuvent être donnés par rapport à la connaissance
du sursensible, s'il y a encore débat sur ce qu'enseigne
la philosophie comme science de la sagesse ; et l'on
peut *annoncer* avec fondement de cette science, parce
qu'on ne peut et qu'on ne pourrait plus rien lui opposer de sérieux, *La prochaine conclusion d'un
traité de paix perpétuelle en philosophie.*

SECTION DEUXIÈME.

Espoir douteux d'une prochaine paix perpétuelle en philosophie.

M. *Schlosser*, écrivain de beaucoup de talent, et (comme on peut le croire) très-disposé à procurer le bien, pour se distraire de la manutention réglementaire et forcée des lois par des loisirs cependant occupés, a fait une descente inattendue dans l'arène de la *métaphysique,* où il a trouvé plus de querelles envenimées que dans la spécialité qu'il venait de quitter. — La philosophie critique, qu'il croit connaître, quoiqu'il n'en ait vu que les plus récents résultats, et qu'il doit nécessairement avoir mal compris, parce qu'il n'a pas suivi avec assez d'attention la voie qui doit y conduire, l'a excité et en a fait le maître « d'un jeune homme qui (à ce qu'il paraît) voulait étudier la philosophie critique, » sans que lui-même l'eût d'abord apprise pour le dissuader de le faire.

Il se propose seulement de réfuter autant que possible la critique de la raison pure. Son conseil ressemble à l'assurance de ces bons amis, qui promettaient aux brebis que si elles voulaient seulement renvoyer les chiens, ils vivraient avec elles, comme des frères, dans une paix perpétuelle. — Si le disciple écoute ce conseil il devient un jouet entre les mains du maître, qui « fortifie son goût (comme dit celui-ci) par les écrivains de l'antiquité (dans l'art de persuader par des raisons subjectives d'assentiment, au lieu de la méthode de conviction par des raisons objectives. Alors il est sûr que l'élève se laissera donner la *vraisemblance (verisimilitudo)* pour la *probabilité (probabilitas)*, et la probabilité dans les jugements qui ne peuvent absolument procéder de la raison qu'*à priori*, pour la certitude. « Le langage inculte, *barbare*, de la philosophie critique » ne lui plaira pas, quand toutefois la *manière* de parler *du bel esprit*, transportée dans la philosophie, doit bien plutôt passer pour barbare. Il gémit en voyant que « c'en est fait des pressentiments, des échappées sur l'intelligible, de tout génie poétique, dont les ailes doivent être coupées » (si la philosophie prévaut).

La philosophie, dans la partie qui a pour objet la *théorie du savoir* (dans la théorique), et qui, tout en ayant pour but principal de mettre un frein aux prétentions de la connaissance théorique, ne peut cependant pas être passée sous silence, se voit également obligée, dans la partie pratique, de revenir à une *métaphysique* (des mœurs), comme à un ensemble de principes purement *formels* de la notion de liberté, avant qu'il soit question de la fin des actions (de la matière du vouloir). Notre philosophe anticritique ne tient aucun compte de cette marche graduée, ou plutôt il la connaît si mal qu'il entend tout de travers le principe qui peut servir de critérium à tout *droit* : *Agis suivant une maxime telle que tu puisses vouloir en même temps qu'elle devienne une loi universelle*; il lui donne une signification qui le restreint à des conditions empiriques, et le rend impropre à servir de canon à la raison moralement pratique pure (comme il faut bien cependant qu'il y en ait une). Il se jette ainsi dans un tout autre champ que celui qui lui est indiqué par ce canon ; de là les conséquences absurdes qu'il tire.

Mais il est évident qu'il ne s'agit pas ici d'un principe de l'usage des *moyens* propres à une certaine FIN (car alors ce principe serait pragmatique, et non moral) ; qu'il ne s'agit pas de savoir si la maxime de ma volonté, devenue loi universelle, ne répugne pas à la maxime du vouloir d'un *autre*, mais bien de savoir si elle ne se contredit pas *elle-même* (ce qui peut se reconnaître par la simple notion *à priori*, d'après le principe de contradiction, sans aucun rapport expérimental, par exemple: « Si la communauté de biens ou la propriété est compatible avec ma maxime, » contradiction qui est un signe infaillible de l'impossibilité de l'action. — Une pure ignorance, peut-être aussi un peu de mauvais penchant à la chicane, pouvait donner lieu à cette attaque, laquelle cependant ne peut porter atteinte à l'*annonce d'une paix éternelle en philosophie*. Car un traité de paix qui porte que : si seulement les parties se comprennent réciproquement, le traité est immédiatement conclu (sans capitulation), peut aussi être annoncé comme conclu, du moins comme tout près de l'être.

Tout en représentant la philosophie simplement comme *science de la sagesse* (ce qui est effectivement la signification propre du mot), elle doit cependant être aussi regardée comme science du *savoir*, en tant que cette connaissance (théorique) comprend les notions élémentaires employées par la raison pure, en supposant que la chose ait lieu pour faire connaître à la raison ses bornes. Il peut donc à peine être question de philosophie entendue dans le premier sens, à savoir : si l'on *doit confesser* librement et ouvertement ce qu'on sait réellement et d'où on le sait en fait de son objet (le sensible et le sursensible), ou si on le suppose seulement au point de vue pratique (parce que cette supposition est nécessaire à la fin dernière de la raison)?

Il peut arriver que tout ce qu'un homme regarde comme *vrai* ne le soit pas (car il peut se tromper); mais il doit être *véridique* dans tout ce qu'il dit (il ne doit pas *tromper*), que sa parole soit purement intérieure (devant Dieu), ou qu'elle soit aussi extérieure. — La transgression de ce devoir de véracité est le mensonge. Il peut donc y avoir un mensonge intérieur aussi bien qu'un mensonge extérieur ; et tous les deux peuvent être réunis, ou bien encore se contredire.

Un mensonge, interne ou externe, est de deux sortes ; suivant 1° que l'on donne comme *vrai* ce qu'on sait ne l'être pas, 2° que l'on donne pour *certain* ce qu'on sait être subjectivement incertain.

Le *mensonge* (« du père des mensonges, par lequel tout mal est entré dans le monde ») est proprement le point corrompu dans la nature humaine ; le *ton de la véracité* (à l'exemple de certains marchands chinois, qui mettent en lettres d'or sur leurs enseignes : « Ici on ne trompe pas »), principalement en ce qui regarde le sursensible, est le ton ordinaire. — Le précepte : *Tu ne dois pas mentir* (dans l'intention même la plus pieuse), pris intérieurement pour principe dans la philosophie, comme science de la sagesse, n'aurait pas l'avantage seulement d'y établir une paix perpétuelle, mais aussi d'en assurer à jamais l'avenir.

FIN.

TABLE DES FRAGMENTS.

Avertissement de l'auteur. 1
I. Explication nouvelle des premiers principes de la connaissance métaphysique. 1
II. Recherche sur la clarté des principes de la théologie naturelle et de la morale. 79
III. Essai sur l'introduction en philosophie de la notion des quantités négatives. 127
IV. Avertissement d'Em. Kant sur l'ensemble de ses leçons pendant le semestre d'hiver de 1765 à 1766. 189
V. De la Forme et des Principes du monde sensible et de l'intelligible. 207
VI. Correspondance philosophique entre Kant et Lambert. 277
VII. Qu'est-ce que s'orienter dans la pensée. . . . 315
VIII. Détermination de la notion d'une race humaine. . 343
IX. De l'usage des principes téléologiques en philosophie. 373
X. D'un ton élevé nouvellement pris en philosophie. 421
XI. Accommodement d'un différend mathématique résultant d'un malentendu. 451
XII. Annonce de la prochaine conclusion d'un traité de paix perpétuelle en philosophie. 457

ERRATA.

Page 1 ligne 5 *au lieu de :* défendra, *lisez :* soutiendra.
— — 13 —— soutenant, — répondant.
— 210 à 274, titre courant *au lieu de :* Monde sensible, *lisez :* du monde sensible.

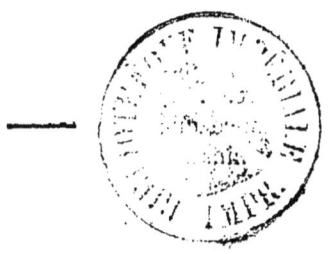

www.ingramcontent.com/pod-product-compliance
Lightning Source LLC
Chambersburg PA
CBHW050239230426

43664CB00012B/1761